学以成人

《论语》的智慧

陆卫明　李　红　著

西安交通大学出版社
XI'AN JIAOTONG UNIVERSITY PRESS

图书在版编目(CIP)数据

学以成人：《论语》的智慧／陆卫明，李红著. —
西安：西安交通大学出版社，2023.8
ISBN 978－7－5693－3187－5

Ⅰ.①学… Ⅱ.①陆… ②李… Ⅲ.①《论语》—研
究 Ⅳ.①B222.25

中国国家版本馆 CIP 数据核字(2023)第 066599 号

书　　名	学 以 成 人　《 论 语 》的 智 慧 XUE YI CHENGREN　《LUNYU》DE ZHIHUI
著　　者	陆卫明　李　红
策划编辑	王斌会
责任编辑	张　娟
责任校对	张静静
装帧设计	伍　胜
出版发行	西安交通大学出版社 （西安市兴庆南路 1 号　邮政编码 710048）
网　　址	http://www.xjtupress.com
电　　话	(029)82668357　82667874(市场营销中心) (029)82668315(总编办)
传　　真	(029)82668280
印　　刷	西安日报社印务中心
开　　本	880mm×1230mm　1/32　印张　10.125　字数　231 千字
版次印次	2023 年 8 月第 1 版　2023 年 8 月第 1 次印刷
书　　号	ISBN 978－7－5693－3187－5
定　　价	49.00 元

如发现印装质量问题,请与本社市场营销中心联系。
订购热线：(029)82665248　(029)82667874
投稿热线：(029)82668525

今天应该如何品读《论语》

　　记得有一次,笔者应邀在九校联盟(C9)大学生夏令营活动中作讲座,题为"《论语》中的人生智慧"。开讲前,有一位清华大学的女生提了这样一个问题:"老师好,我没有踢场子的意思。我想问的一个问题是,《论语》这本书自古至今有这么多人熟读、精读、背诵、研究,至今还能给您留下多大的创造空间?"

　　我相信她没有踢场子的意思,但这问题的确有踢场子的气势。问题提得非常有水平。其实,我是特别喜欢富有挑战性的问题的。我当时的回答是:"起码还有以下三个方面的工作值得继续去做:一是历朝历代的人对《论语》的注疏极多,分歧很大,有不少疑难句子古今未有确解,而对其中的核心要义、具体范畴及其思想体系的理解差异也很大,对此可以通过比较研究,深入探求《论语》的智慧真谛,在这方面尚有很大的研究空间;二是把《论语》中的精义、精华提炼出来,并加以系统化,赋予其时代价值,在这方面仍然有很多现代诠释工作要做;三是《论语》的大众化、普及化,这是一项极为重要而艰难的事业,在这个方面要做的事情更多。在上述三个方面给我们留下的科研、教学的创造空间依然很大。"听完后她说:"老师,这下我明白了。"讲座结束后,她又对我说:"没想到《论语》还有这么大的现实意义,回去就开始逐字逐句地研读《论语》。"

清代文学家、文艺评论家张潮有言道:"古今至文,皆血泪所致。"①诚如斯言!大凡能流传数千年而未被湮没的著作,都是圣贤们用精血铸就的文化经典,《论语》就是这样一部杰作。

《论语》是这样一本著作:它不仅记录着孔子的言行,同时记录着其弟子与时人的言行;它表面上看起来并无严密逻辑,但整体上却浑然一体;它涉及内容十分丰富,但有一以贯之的精神母题;它不仅属于古代社会,也属于当代社会;它不仅属于中国,也属于整个世界。"神人之言微,圣人之言简,贤人之言明",《论语》仅有一万五千多字,但是字字珠玑,句句精彩,经久不衰,历久弥新,具有穿越时代、朝代,跨越国界、民族的力量。

《论语》这本经典著作,实在太重要了。在中国传统社会里,它是最重要的经典,而且没有之一。在中国现代社会里,它仍然是中华优秀传统文化最重要的经典之一。因此,研究与解读《论语》的著述可以说是汗牛充栋。今天我们还能为这本宝典做些什么?也许在深入研究的

---

① 张潮:《幽梦影》,中华书局 2008 年版,第 166 页。

基础上，继续做好《论语》的大众化、普及化工作，就是我们的应尽义务与当务之急。

对今人来说，研读《论语》，主要读两类著作：一是权威性的大众化的注释本，二是义理本。《论语》注释本多如牛毛，但是仁者见仁、智者见智，注解分歧极大。读者学《论语》，可以首先从权威性的大众化的注释本读起，至于什么版本好，本书有专门阐释，在此暂且按下不表。《论语》与《道德经》一样，作为中华优秀传统文化中两本最重要的经典，必须逐字逐句地读，慢慢地读，细细地读，反复地读。这是功夫，功夫要下到；这是基础，基础不牢，地动山摇。但是，仅仅读注释本是不够的，人们读完注释本，知识还是碎片化的。碎片化的知识虽然也有价值，但是毕竟是有局限的，真正的智慧是系统的知识。因此，还要读第二类著作：义理本。就是要把《论语》中的精义、精华提炼出来，把微言大义阐发出来，并且把它系统化。

本书属于义理本。我们并不想把本书写成连篇引用、艰涩难懂的高头讲章，也不想把它写成游谈无垠、天马行空的无厘头作品，而只想把本书写成厚积薄发、深入浅出的轻灵文字，并形成独特的内容体系。

关于本书的框架体系，要特别说明以下两点。

一是独创体系。根据我们的研究，《论语》是以仁学为核心，围绕着为人、为学、为政三位一体的内容而展开的，因此，本书的主体结构就是根据这样的逻辑框架进行设计的。这是我们经过多年潜心研究而构建的一个全新的框架体系，大家在读《论语》的过程中可以发现，几乎《论语》中的所有内容都可以纳入这个框架体系。所以，我们认为这是基本符合《论语》的原意的。

二是具体构架。为说清这个问题,先讲一个看问题的方法论原则。一般都认为,事物往往是一分为二的。而事实上,事物往往是一分为三的。一分为三是比一分为二更为精细的法则。正如一个小孩看电视,说这是好人,那是坏人。但是除了好人坏人,还有不好不坏的人呢!毛泽东也总是把一个群体分为三种人,即左派、中派、右派,采取支持左派、争取中派、孤立右派的策略。① 一个事物的发生发展往往有三个阶段。对一个事物的评价也往往有三种观点:赞成的、反对的、调和持中的。所以,大家以后碰到一些问题,如果用一分为二的观点解决不了的话,可以尝试用一分为三的观点去分析问题、解决问题,因为这是一个更为精确的方法论原则。

根据一分为三的法则,本书的宏观框架包括总论、主体内容与结语三部分。本书的主体内容可以分为以下三大部分:第一部分是第一编,《论语》其书。这属于总论部分,包括《论语》的地位、《论语》的编者、《论语》的真谛、《论语》的主题、从《论语》看孔子、读《论语》的境界,等等。这样可以使我们对《论语》这本著作有一个整体的宏观把握。第二部分包括第二编、第三编、第四编,是主体部分,主要讲述《论语》的为人、为学、为政三大智慧,我们可以从中汲取极为丰富的精神营养与人生智慧。第三部分是第五编,《论语》的现代价值,属于总结性质的内容。

总之,本书既有宏大叙事的框架建构,又有具体而微的内容阐发。

---

① 《毛泽东选集》(第一卷),人民出版社 1991 年版,第 6 页。

圣人道大,概括《论语》的内容体系,是有很大风险的,但这是一个富有诱惑与挑战的事,价值极大,值得去冒险。

关于本书秉持的准则,具体地说,有以下三大准则。

一是专业化而非随意化。所谓专业化,是相对于随意化而言的。比如,有人把《论语》说成是怎么样使人们过上快乐生活的"心灵鸡汤"式的著作,把"小人"解释为"小孩儿",把"邦有道,谷"中的"谷"解释为"五谷丰登"等,这些低级错误不应该有。如果缺乏起码的学术功底,肆意阐发,甚至断章取义,那么在专业性和权威性方面就会有很大的问题,这类作品的价值就十分令人生疑。其实,要真正精通《论语》并不容易。《论语》学是一门非常专业的学问,其研究资料以《论语》为主,但并不仅仅局限于《论语》一书,还有《孔子家语》《礼记》《史记》《大学》《中庸》《孟子》《荀子》《韩非子》《传习录》,以及古代儒家学者的注释本等诸多相关资料。从其思想源头看,还必须研究"五经"(《诗经》《尚书》《礼记》《周易》《春秋》),甚至还要研究《道德经》等,这是一个庞大的知识体系,需要有多年的专业积累。要尽可能忠实原意,并在此基础上阐发它的微言大义、高深哲理。真正的经典大众化需要"深入浅出",而不是"深入深出""浅入浅出"。

二是体系化而非碎片化。所谓体系化,是针对碎片化而言的。知识碎片化是一种令人担忧的现象。碎片化的知识会导致碎片化的观念,碎片化的观念会导致碎片化的思维,碎片化的思维会导致碎片化的情绪,碎片化的情绪会导致碎片化的爆发,总之,碎片化的知识,在数字化、元宇宙时代随时随地可以获取,在现代社会其实并无多大价值。只有条理化、系统化、创造性的智慧,才是真正有价值的存在。1945 年 4 月 20 日,毛泽东在中国共产党第七次全国代表大会上指出:"什么是理论? 就是有系统的知识。"①只有有系统的知识,才是理论,才是真正的智慧,才可能游刃有余、左右逢源。

在不少人看来,《论语》是一部语录体作品,很难说有完整的内在逻辑,这其实是一个极大的误解。目前市场上流行的不少与《论语》相关的作品,内容大多支离破碎,几乎不成体系。这样就把《论语》碎片化了,严重地损害了《论语》的整体性、系统性及其重大价值。

三是大众化而非庸俗化。所谓大众化,原本是针对小众化而言的。有一种观点认为《论语》一直是一种"高大上"的存在,一般大众无法弄得明白,"高处不胜寒"。这种担心并非多余,因此,推进《论语》的大众化,是一项重大的社会工程,势在必行。但是,在《论语》大众化的过程中,也产生了一种低俗化、庸俗化的倾向。比如,有人大讲孔子是不是私生子、"子见南子"等问题,还有人说孔子讲"惟女子与小人为难养也"是他与老婆吵架后发的牢骚话之类无厘头的东西,这些都是属于低级趣味的言论。真正的大众化,一是要抓住事物的根本,把握理论精义,二是要与大众的思想与情感打成一片,以人们喜闻乐见的语言、形式来表达。总之,要做到简约而并不简单,通俗而并不庸俗。

本书面向的对象是社会大众,适合广大教育工作者、企事业单位管理人士、大学生、中学生及其他社会公众学习参考,因此尽可能以大众

---

① 中共中央文献研究室编:《毛泽东在七大的报告和讲话集》,中央文献出版社 1995 年版,第 147 页。

化的语言,与大众的思想情感打成一片,尽量以准确、简洁、明快、生动的文字详尽地讲解《论语》的智慧,力求做到内容为王,深入浅出,雅俗共赏,精益求精,希望大家能够喜欢。

最后,还想与大家分享笔者写的一首小诗:

跟着我

一起

向前走

最好景

还在

那后头

陆卫明 李 红

2023 年 7 月

目录

第一编

《论语》其书

《论语》究竟是一本什么性质的书？本书是谁编的？其"一以贯之"的道究竟是什么？内在逻辑体系又是怎样的？在中国历史上处于什么样的地位？有哪些好的版本？今天应当如何去读？深入了解这一系列问题，是研读、理解《论语》的必经之路。

一、从《白鹿原》说起

《论语》所蕴含的人生智慧及其现代价值，有目共睹、有口皆碑。在这里，请允许笔者从小说《白鹿原》中的一个案例说起，于细微处见真章。

（一）小说评判标准

陕西是一个文化大省。陕西的著名作家陈忠实先生写过一部著名的小说《白鹿原》，并于 1998 年获得了茅盾文学奖，该小说也被改编成影视作品、话剧、舞剧、秦腔等多种艺术形式，反响很好，这的确是一部好小说。笔者认为判断一部小说好不好，主要有三个标准：一是是否具有历史的厚重感，也就是说，一部好小说必须能够真实地记录并形象地反映一段特殊历史。获得茅盾文学奖的作品一般都有这个特色，看了这些小说就会对那些特殊的历史岁月有独特深刻的认知与体悟。二是是否具有深厚的文化底蕴，也就是说一部好的小说必须要有文化含金量。作为真正具有中国气派、民族特色的好小说，必须具有深厚的中华优秀文化的底蕴,否则就会缺乏广泛的群众基础,难以经远,比如,如果一个中国作家连"四书"、《道德经》这些经典都没读过或者没读懂,是不可能有深厚的文化底蕴的,更谈不上文化自觉、文化自信与文化自强。三是文字是否具有哲理与文采。"言之不文,行之不远",一部好小说中必须要有许多令人怦然心动、发人深省的哲思名言。这是笔者提出的一个观点,对此大家可以讨论。有志于搞小说评论的各位同人不妨从上述三个维度加以考察,也许会有益处。从这三个标准来看,《白鹿原》这部小说的确写得精彩。其一,它真实地记录并形象地反映了我国民国时期某一时段的历史,是一部史诗性的巨著。其二,其中蕴含的儒家文化的底蕴相当浓厚。其三,文字也不乏哲理与文采,警句迭出,发人深省。可以说,这是陈先生用生命写就的一部皇皇巨著。

(二)《白鹿原》的儒学底蕴

《白鹿原》具有深厚的儒学底蕴,这是本节着重讲的内容。

《白鹿原》这部小说中塑造的灵魂人物是谁? 可能有人说是白嘉轩,有人说是白灵,也有人说是黑娃,见仁见智,可以理解。笔者认为是"朱先生"(朱辰熙),他可以说是近代中国的"最后一代大儒"。朱先生是有人物原型的,那就是宋明理学四大流派之一——关学的最后一代传人蓝田人牛兆濂。陈先生为了塑造精神偶像"朱先生"的形象,几乎把有关牛兆濂的文章读完了,因此"朱先生"其人形象饱满,熠熠生辉。

话说作为一代大儒,朱先生一生带了很多弟子,但是他认为自己最得意的弟子,是曾经参加过革命也当过土匪头子的黑娃(鹿兆谦),也是他的关门弟子。为什么呢? 因为以前很多人来拜朱先生为师,都是为名为利而来的,想走读书做官的路子。并不是说为名为利就不好,人毕竟不能不食人间烟火,但是,精神境界毕竟不是那么高了。唯有黑娃,由于在此之前经历了大风大浪、大起大落,对人生感到十分迷惘,甚至对人生的价值也产生了怀疑,他想弄清楚人活着到底有什么意义,要把人生的本质弄个明白!如果这个问题弄不明白,人必然是漂泊无依的。他是除了现实世界以外还有另一个世界的人。因此朱先生认为,黑娃的求学动机非常纯正,这就是孔子说的"为己之学",为学的主要目的,就是为了提升自己,只有把自己铸造成器,才能更好地服务社会。此后,他就在朱先生的指导之下,开始认真研读《论语》。怎么读的?每天一大早起来,先练武,等到天色蒙蒙亮,就找块大岩石,坐下来读《论语》,隔一段时间就去朱先生那儿汇报读书心得,请教疑难问题,这种读经典的方法是正确的。其间,他对《论语》中的一句话死活读不懂。什么话呢?就是《论语·雍也》中的一句话:"人之生也直,罔之生也幸而免。"当时,他的第二个妻子高玉凤,书香门第出身,是断文识字的,她给黑娃的解释是:人过得好是因为正直,但是不正直的人也能侥幸避免灾祸。也就是说,只有正直的人才能过得好,心术不正的奸佞之人一般来说迟早会遭受灾祸,之所以还没有遭受灾祸只是由于侥幸而已。黑娃听了这个解释,犹如遭受电击一般,深受震撼。他结合以前的人生经历、所见所闻,终于大彻大悟,从此决心"学为好人",走上人生正道。

"学为好人"四个字,在《白鹿原》这部小说中出现过十多次。一般而言,文学作品中要尽量避免重复,但是"学为好人"四个字在这部小说出现十多次,是故意重复强调的,可见陈忠实先生对这四个字的重视程度。这四个字的确抓住了孔子所创立的儒家学说的核心主旨:"学以成人",或者说"学为君子"。陈忠实先生只是通俗化、形象化地把它表达为"学为好人",这也可以视作经典大众化的一个案例。关学的代表人物冯从吾先生曾经讲过"做好人,存好心,行好事",可以说是对关学宗旨的极好概括。黑娃从此判若两人。一句话,可以改变一个人的人生轨迹! 这并不是神话,这就是经典的力量!

《白鹿原》中把白鹿村称作"仁义白鹿村"。小说中有这样一个故事情节。白鹿村的李寡妇迫于生计,把自己的一块好地卖给鹿子霖后又高价转手卖给白嘉轩,这件事李寡妇做得当然不地道。小心眼的鹿子霖决定先下手为强,把地占为己有,把不明缘由的白嘉轩惹火了,两人就在地头扭打起来,打得头破血流。经常与白、鹿两家来往,医术高明的冷先生及时阻止了这场打斗。白嘉轩和鹿子霖两人均气不过,都准备打官司,一决雌雄。白嘉轩找到了他的姐夫朱先生写诉状。朱先生写好诉状后,让白嘉轩回家再读,只见上面写道:"致嘉轩弟:倚势恃强压对方,打斗诉讼两败伤;为富思仁兼重义,谦让一步宽十丈。"白嘉轩读罢连连感叹"惭愧惭愧"。而鹿子霖从冷先生那里也得到了朱先生写的字条,内容字迹相同,只是开头变成了"致子霖兄"。三天后,两人在冷先生的邀请下,在酒桌上互相道歉,重归于好,同时慷慨地提出:地归原主,白家和鹿家各自接济李寡妇一些粮食和银圆,帮助她渡过难关,并且当面毁了买地的契约,李寡妇感动得说不出话来。朱先生的参与使白、鹿两家终于化干戈为玉帛,一时传为佳话。这个故事很有典型意义,反映了中国传统社会的"礼治"传统,也是孔子的"无讼"理想的生动体现。小说中提到的"乡约"取材于著名的《吕氏乡约》。这与现实社会中提倡的基层社会的"自治"思想是否有贯通之处呢? 对乡村自治是否具有一定的借鉴意义呢? 答案是肯定的。白、鹿二人的这个义举被广泛地传播,也很快传到了县令古德茂那里,他不禁大为感动,写了一纸批文,上书"仁义白鹿村"几个大字。从此,白鹿村也被人称为仁义庄。这仁义两个字，正是孔子所创立的儒家文化的主旨，孔子强调仁，孟子侧重义，孔孟之道的精神旗帜就是仁义！这仁义两个字，抓住了儒学的核心要义，是中华优秀传统文化的一大精神标识。

从《白鹿原》中的这个故事，我们可以看到，《论语》这部经典对中国的影响何其深远。在当今社会，《论语》仍然深刻地影响着中国人的思想观念与行为，只是"日用而不知"罢了。

(三)高山仰止

《论语》留给后人的智慧，首推人生智慧。所谓人生智慧，主要体现在自我修养与人际关系两大方面。《论语》留给我们的人生智慧，是一座取之不竭、用之不尽的精神宝库。

《论语》留给后人的智慧，还有政治哲学智慧。政治哲学主要指的是上升到哲理形态的治国安邦的学问。中国有"半部《论语》治天下"的说法。也许有人觉得这句话过于夸张，其实，从治国理念上来说并不夸张。大道至简，治国理念并不复杂。如果真正能够把《论语》中的治国理念提炼出来，结合当今的国际、国内情势，赋予其时代内涵，进行创造性转化、创新性发展，并落实到具体的制度与政策之中，就能使之焕发出新的生命活力，产生出巨大的政治能量。

《论语》留给后人的智慧，又何止这些！它还是一本百科全书式的著作，涉及政治、经济、文化、社会、外交，以及教育、文学、绘画、音乐等，应有尽有，琳琅满目，美轮美奂，美不胜收。如果我们仔细品读这本经典，就好似进入一座文化大观园，令人流连忘返。《论语》这本经典在当今时代已被创造性地广泛运用到治国理政、经济发展、社会治理、精神文明与生态文明建设、外交等各个领域，并取得了巨大的实绩。它不仅对解决当代中国发展过程中面临的问题具有重要的智慧启迪，而且对解决当今世界变迁过程中人类面临的整体问题提供了重大的时代借鉴。

汉代大史学家司马迁对《论语》发出这样的赞叹："诗有之：'高山仰止，景行行之。'虽不能至，然心向往之。余读孔氏书，想见其为人。"①《论语》是一座人类文化的富矿，取之不尽，用之不竭，值得我们进一步深挖与阐发。

二、《论语》的地位

要讲清《论语》在历史上的地位，就要从中华传统文化的主体框架谈起。

（一）儒道互补

中华传统文化的基本框架，可以用四个字来概括：儒道互补。说到这里，也许有人会问，佛教呢？中华传统文化中不是一直讲儒释道合一吗？这是因为中华文化自从孔子以后就走上了世俗化、哲理化的轨道，从而避免了宗教全面统治社会的局面。这与西方曾经历基督教全面统治是不一样的。至于儒学，虽然在一些时代被称作"儒教"，但这更偏向教化的教，而非宗教的教，正如《中庸》中说的"修道之谓教"的教。有人说儒学也有与宗教类似的地方，但它肯定不是宗教。至于道，可分为道家与道教，真正的精华在道家。至于佛，主要也分为佛学与佛教。佛学对中华传统文化尤其宋明理学影响较大，与儒、道相融合，成为中华传统文化的重要组成部分。佛教与道教一样，都属于宗教，尽管信众

---

① 司马迁：《史记》，中华书局 2009 年版，第 331 页。

不少,但是对中华传统文化精神的影响是有限的。儒道互补构成了中华传统文化的基本框架,具体表现在诸多方面,比如:传统哲学中的阴阳对立统一观念;古典美学中以善为美及以和为美的审美情趣;古典文学中"文以载道"及崇尚自然的文论流派;有所为有所不为的人生智慧;中华民族性格中刚柔相济的品格,主要体现在士大夫"达兼穷独"的人生价值取向,等等。

儒道两家表面看来似乎有些对立,一个身在庙堂,一个身在江湖,但是,两者有很多互补的地方,更有不少融通之处。如果把《论语》与《道德经》进行深入比较研究,就可以发现两者在思想渊源(包括周礼、《周易》)、实质内容(包括民本思想、仁义道德、大同理想、无为而治等)、本体论基础(包括中庸思想、天人合一等)等方面均存在着诸多相类相通之处。

(二)两部最重要的经典

由于中华传统文化的基本框架是儒道互补,因此要真正弄懂中华传统文化,也就是狭义的"国学",就必须精通或者精读两部经典:《论语》和《道德经》。它们是中华优秀传统文化经典中的经典,如果连这两本经典都没有读过,或者说没有读懂,那么就无法真正理解中华传统文化或者"国学"。

著名国学大家张岂之先生曾经多次讲过:"《论语》和《老子》(亦名《道德经》或《道德经五千言》),是我国古代人文经典中最重要的两部著作。"①"在千万种人文经典中,我觉得两本最为重要,一是《论语》,是

---

① 张岂之:《中华文化的会通精神》,长春出版社 2016 年版,第 109 页。

孔子和他的学生的对话集；一是《老子》。"①这个说法很有见地。

从儒家系列来说，早在春秋战国时期，最重要的经典当然是"六经"，即《诗经》《尚书》《礼经》《乐经》《易经》《春秋》，又称"大六艺"，它们是早期中华文化的精华之所在。有不少著名国学大家，如马一浮先生就认为中华传统文化的精华就在于"六经"。众所周知，孔子删定六经，并将之作为聚徒讲学的教材。"自天子王侯，中国言六艺者，折中于夫子，可谓至圣矣！"②因此，可以说孔子在传承与弘扬中华优秀传统文化方面厥功至伟，为后人树立了一个良好的榜样。后来到战国时期，秦始皇统一六国后，"焚书坑儒"，使很多经典失传了，"六经"中的《乐经》也因此永远失传了，"六经"于是变成了"五经"。西汉初年，儒学重新兴起，汉武帝时设立了一个官方机构"五经博士"，这是一个学官名。"博士"一词在战国时期就出现了，在秦及汉初，博士主要负责掌管图书，"通古今以备顾问"。隋唐时期开始实行科举制度，科举考试的依据就是"五经"。唐代颜师古奉唐太宗之命考订五经经文，使其一致，形成《五经定本》，孔颖达又写成《五经正义》。这是当时科举取士的主要依据。宋代以降，"四书"（《论语》《孟子》《大学》《中庸》）开始兴起，尤其是南宋时期朱熹写成《四书章句集注》后，"四书"逐渐代替"五经"成为元、明、清时期科举考试的主要依据，当然"五经"也会考，"四书五经"都是科举考试的内容，但是重心在"四书"。朱熹认为，"四书"较"五经"更为精要，便于研学，也容易见效。所谓"'四子'，

---

① 张岂之：《张岂之谈中华优秀传统文化》，太白文艺出版社 2012 年版，第 101－102 页。
② 司马迁：《史记》，中华书局 2009 年版，第 331 页。

'六经'之阶梯"①。在这里朱熹把"四书"与"五经"的关系讲得很清楚了。可以这样说,"四书"是"五经"的浓缩版、精华版,"五经"内容较多、较杂,"四书"内容较为集中、精练,更加实用。正所谓"精义入神,以致用也"。(《易经·系辞下》)"四书"通了,"五经"自然懂了。如果说"四书"是"五经"的浓缩版,那么《论语》就是"四书"的浓缩版。"四书"中以《论语》最为重要、最为根本,处于最核心地位,其他三本书都是从《论语》派生出来的,或者说是对《论语》某一方面内容的弘扬与阐发。《孟子》一书最主要的内容就是把孔子在《论语》中讲的最核心的思想范畴"仁"发挥到了极致,形成了一整套"仁学"思想体系,主要从人性善的学说出发,从心性论、人格论、人伦说、仁政说等方面极大地继承与拓展了孔子仁学思想的深度与广度。程子(程颢、程颐兄弟俩的尊称)评价孟子有"大功于世","孟子性善、养气之论,皆前圣所未发"②。《中庸》一书最重要的贡献是把孔子非常推崇的"中庸"思想发挥到了极致。孔子的确非常推崇中庸,子曰:"中庸之为德也,其至矣乎!"(《论语·雍也》)子曰:"君子中庸,小人反中庸。"(《中庸》)《大学》一书则主要把孔子创立的儒家学说的"内圣外王"的人生理想发挥到了极致,"内圣外王"一词虽然典出《庄子·天下篇》,但一直被用来形容儒家的人生诉求,"内圣"是指道德主体良好的自我修养,尤其是道德修为,"外王"是指以天下国家为己任,实现自己的人生抱负,而这正是孔子首创的,在下文会讲到,在此暂不赘述。由此可见《论语》在儒家文化史上的卓越地位。在中国传统社会中,自汉代以降,中国知识

---

① 黎靖德:《朱子语类》(第7册),王星贤点校,中华书局1986年版,第2629页。

② 朱熹:《四书章句集注》,上海古籍出版社1995年版,第235页。

分子几乎无人不读、不精熟《论语》,许多百姓包括村野匹夫虽然识字不多甚至不识字,但是对《论语》中的许许多多名言警句也是耳熟能详,可见其社会化程度之高。这与科举考试以及私塾制度有密切关系,因为文化教育是经典社会化的根本途径。

从道家系列来说,最重要的经典自然非《道德经》莫属,后来的《庄子》《淮南子》等著作,尽管精彩非凡,但是从思想渊源来说都是从《道德经》派生而来的。

那么,《论语》与《道德经》哪个更为重要? 在中国传统社会,《论语》更加重要,这是由科举考试与文化教育制度所决定的。可以说《论语》是中国传统社会中最重要的经典。在现代社会,两者地位难分伯仲,由于在哲学上《道德经》的成就更高,因此,《道德经》的受众遍及海内外,影响广泛。

(三)伟岸的丰碑

在传统社会,《论语》对中华文明、中华文化以及中国社会历史的影响之深、范围之广,是如何估计都不过分的,尤其是对政治文化、人伦道德、文化教育、国民精神、风俗习惯的影响更为突出。

在现代社会,《论语》又被广泛应用到治国理政、精神文明建设、文化教育、企业管理等各个方面,显现出它的强大作用。在东亚地区,孔子创立的儒家学说在相当程度上影响着该地区文明发展的方向和进程,同时对世界文明与文化的影响也极为深远。

请看一则报道:

2019 年 3 月 24 日,国家主席习近平在法国尼斯会见法国总统马克龙。会见前,马克龙向习近平赠送了 1688 年法国出版的首部《论语导读》法文版原著。马克龙介绍说,《论语》的早期翻译和导读曾对孟德斯鸠和伏尔泰的哲学思想给予启发。这部《论语导读》原著目前仅存两本,一本送给习近平主席,另一本存放在巴黎的法国国立吉美亚洲艺术博物馆。习近平说:"这个礼物很珍贵,我要把它带回去收藏在中国国家图书馆。"①

这的确是一份特别的国礼。《论语》一书的世界性影响由此可见一斑。

从根本上说,《论语》在中华经典中的重要性,是由孔子在中华文化史上的重要地位所决定的。因为《论语》是研究孔子思想的最根本依据。关于孔子在中国文化史上的地位,更是无论怎样高的评价都不过分。来看两则来自著名学者的评论:

中国近代著名思想家梁启超先生说道:"苟无孔子,则中国当非复两千年来之中国,则世界亦非二千年来之世界也。"②

中国近代文化学者柳诒徵先生评价说:"孔子者,中国文化之中心也。无孔子,则无中国文化。自孔子以前,数千年之文化赖孔子以传,自孔子以后数千年之文化赖孔子而开。"③中国新儒学的开山之祖梁漱溟先生对此说十分认可。

孔子不仅是属于中国的,也是属于世界的。1984 年,美国出版了著名的《世界名人大词典》,孔子被列为世界十大思想家的首位。在英国出版的《人民年鉴手册》同样把孔子列为世界十大思想家和文化名

---

① 应强、孙浩、徐永春:《主席收到一份珍贵国礼》,《中国青年报》2019 年 3 月 26 日第 1 版。
② 梁启超:《饮冰室合集》(第 5 卷),中华书局 1989 年版,第 65 页。
③ 柳诒徵:《中国文化史》(上册),东方出版社 1988 年版,第 231 页。

人的首位。① 他是人类文化史上一座伟岸的精神丰碑。

三、《论语》的编者

《论语》作为一本影响了中国乃至世界几千年文化与文明发展进程的经典著作,究竟是谁编写的?

看到这个问题,也许会有人问:这是一个问题吗? 笔者曾经在课堂上问大学生这个问题,学生们都惊讶到把眼睛瞪得大大的。再问一遍这个问题,学生们的回答几乎千篇一律:孔子的弟子们编的。我继续问这是从哪里得到的答案? 他们说教材上都是这么说的,大家也都是这么认为的。

这看起来是一个不成问题的问题,居然也成了一个问题,看来其中必有问题。

其实,关于《论语》的成书问题,一直是学术界的一个未解之谜。这个问题由来已久,说法不一,争论不休,在这里略施一点考证功夫。

(一)传统说法

关于《论语》的编者,在中国古代社会有两种说法。

第一种说法,认为是孔子的门人编的。所谓门人,不仅包括孔子的弟子,也包括弟子的弟子。这种观点由来已久。

西汉时期著名学者刘向在《别录》中说:"鲁论语二十篇,皆孔子弟子记诸善言也。"②意思是说,《论语》是孔子众弟子所记善言的汇编。这应该是较早的说法。

---

① 《今日主角·我们为什么追了他 2500 多年》(视频),新华网官方账号 2021
年 9 月 28 日。
② 刘宝楠:《论语正义》(下),高流水点校,中华书局 1990 年版,第 772 页。

东汉大史学家班固(陕西扶风人)在《汉书·艺文志》中说得更明白:"《论语》者,孔子应答弟子,时人及弟子相与言而接闻于夫子之语也。当时弟子各有所记。夫子既卒,门人相与辑而论纂,故谓之《论语》。"①意思是说,孔子在世时,他与弟子及当时人们的各种对话还有其他言论,众弟子都有记录。孔子去世后,弟子们根据各自所记的笔记,并经过相互印证,共同编纂成《论语》一书。

宋代王应麟在他所写的《三字经》中也说:"《论语》者,二十篇。群弟子,记善言。"

这是主要的传统说法,几乎成了定论。到今天大多数人也是这么认为的。可见,学生们的回答的确是有所本的。

这种说法大体不差,我们也可从《论语》这本书中找到相关证据:

子张问行。子曰:"言忠信,行笃敬,虽蛮貊之邦行矣。言不忠信,行不笃敬,虽州里行乎哉?立,则见其参于前也;在舆,则见其倚于衡也。夫然后行。"子张书诸绅。(《论语·卫灵公》)

这段文字比较长且难,简单翻译如下:

孔子的弟子子张询问要怎么做才能在社会上通行无阻。孔子说:"说话忠信,行为笃敬,即使在僻远荒蛮的地方,也行得通。如果说话不忠信,行为不笃敬,即使在本乡州里,能行得通吗?站着,仿佛看见这几个字(言忠信,行笃敬)直立在眼前;坐车,仿佛看见这几个字依附在车辕的横木上。这样做了以后就能通行无阻。"子张当场把"言忠信,行笃敬"这几个字"书诸绅",即写在自己的束腰带上。这里特别要强调一下"书诸绅"三个字,什么意思呢?就是把孔子讲的这六个字写在

---

① 班固:《汉书》,中华书局1962年版,第1717页。

自己的束腰带上。

这段文字颇耐人寻味,给我们提供了一个非常生动的信息。人们可能会猜想,这束腰带是什么颜色的呢?白色的吗?居然还可以在上面写字。当时还没有毛笔,因为现在书法界普遍认为毛笔是战国时期秦国的大将蒙恬发明的。春秋时代人们究竟用的是什么书写工具呢?是否有类似于毛笔那样的书写工具呢?由于考古资料欠缺,有些细节还不得而知。但河南安阳殷墟出土的甲骨文中的确有类似毛笔这类书写工具写的字符,这是一个有趣的发现。上述选段的确可以证明弟子们对孔子的言论有随时记录的习惯。孔子讲了一句善言,子张立马记在束腰带上面,这是一种多么令人神往的学习氛围啊!可见,这种说法确乎是有依据的。

但是,不得不说,这种说法也存在着一些明显的漏洞。根据《论语》原文来看,有证据显示,书中的有些内容显然不像是孔子的弟子记的或编纂的。举两个例子:

第一个例子,请看以下这段文字:

长沮、桀溺耦而耕,孔子过之,使子路问津焉。长沮曰:“夫执舆者为谁?”子路曰:“为孔丘。”曰:“是鲁孔丘与?”曰:“是也。”曰:“是知津矣。”(《论语·微子》)

长沮、桀溺是当时的两个隐士,两人在一起耕田。孔子在两人身旁路过,应该是迷路了,让弟子子路向他们打听渡口在什么地方。长沮问:“那个在车上手执缰绳的人是谁?”子路说:“是孔丘。”长沮又问:“是鲁国的孔丘吗?”子路答:“是的。”长沮说:“那他应该知道渡口所在的地方的。”愣是不肯告诉他们渡口在哪里!言下之意是,孔子应该无所不知,为什么要问我们呢?可见,当时的隐士对孔子的学说及做法颇不认可。

这段文字有些怪异。中国历来有为尊者讳、为长者讳的传统。从《论语》中可以看到,弟子们一般称孔子为"子""夫子",只有孔子自己有时自称"丘"。古代私塾中学生们读到《论语》中的"丘"字,一般都要读作"某",直接读作"丘"就显得大不敬。两个隐士与孔子的人生观不合,对孔子有些不敬,称孔子为"孔丘"还情有可原,但问题是,子路作为孔子的弟子直呼孔子为"孔丘"就很不正常了,这在《论语》一书中绝无仅有。我们不禁要问,"孔丘"是子路可以称呼的吗?就算子路在背后直呼孔子为"孔丘"是可能的,但是《论语》如果均是孔子的弟子编写的话,那么也必然会对此作出修改的。据此推断,这段文字,不大可能是孔子的弟子所记所编的,而极有可能是后人附加上去的。

第二个例子,《论语·季氏》篇多数章节,记孔子语录时都称"孔子曰",与其他篇章所记的"子曰"的体例不符,可见本篇大多数内容并不是孔子的弟子所记的。

第二种说法,认为是孔子的弟子有若、曾参的门人编的。

这是宋明理学家程子的说法。

程子曰:"论语之书,成于有子、曾子之门人,故书独以二子以子称。"[1]程子说,在《论语》整本书中,对孔子的其他弟子一般称字或名,唯独对有若与曾参二人以"子"相称。他因而断定《论语》这本书是孔子的两个弟子有若与曾参的门人编的。因为"子"是古人对有道德有学问的人的尊称,对老师称"子",类似于现代人所称的"先生"。如老子、孔子、墨子、庄子、孙子等,如果这个人姓包,当然可以称作包子。这

---

[1]   朱熹:《四书章句集注》,上海古籍出版社 1995 年版,第 59 页。

不是调侃,而是表达敬意。程子提出的这个观点是一种创见,很有见地,在当时也是需要很大勇气的。此论一出,影响较大,几乎推翻了此前的传统说法,在此后一段时间里几乎又成了一种新的定论,甚至对近代著名学者梁启超先生都有影响。1920 年梁启超在他写的《孔子》一文中也说:"《论语》这部书,像是有子、曾子的门人记的。"①

程子这种考证方法的确颇有创见,令人耳目一新。有没有依据呢?依据当然是有的。我们还可以从《孟子》中找到一些佐证,为本说法提供另外一个有力印证:

> 昔者孔子没,三年之外,门人治任将归,入揖于子贡,相向而哭,皆失声,然后归。子贡反,筑室于场,独居三年,然后归。他日,子夏、子张、子游以有若似圣人,欲以所事孔子事之,强曾子。曾子曰:"不可。江汉以濯之,秋阳以暴之,皓皓乎不可尚已。"(《孟子·滕文公上》)

孔子去世后,弟子们为老师守孝三年之后,在收拾行李准备回去前,特地来向子贡作揖告别,相对而哭,泣不成声,然后才各自回去。子贡又回到墓地重新筑屋,独自又住了三年才回去。过了些时日,子夏、子张、子游认为有若有些像圣人,便想以侍奉孔子那样服侍他,竭力想让曾子同意。曾子说:"不行。曾经用江汉之水洗涤过,曾经在夏阳之下暴晒过,老师的道德学问的高洁纯粹是别人所不能比拟的。"这个提议虽然最后被曾子否决了,但由此可见,在孔门众弟子中,有若、曾参具有特殊地位,享有崇高威望。

但是,也不得不指出,程子这种说法显然也存有明显漏洞,主要有两个问题。

---

① 梁启超:《孔子与儒家哲学》,中华书局 2016 年版,第 61 页。

一是细节问题。

通读《论语》，就会发现，在《论语》一书中，对孔门弟子以子相称的，除了有若、曾参以外，还有冉有、闵子骞。比如：

"子华使于齐，冉子为其母请粟。"（《论语·雍也》）

"冉子与之粟五秉。"（《论语·雍也》）

"冉子退朝。"（《论语·子路》）

这里说的冉子就是孔子的弟子冉有，总共出现过三次。

此外，还有"闵子侍侧，訚訚如也。"（《论语·先进》）

这里说的闵子就是孔子的弟子闵子骞。

在逻辑学上说，如果是全称判断，只要有一个反例就可推翻这个论断，更何况在这里已有多个反例。

二是逻辑问题。

如果说《论语》中有的篇章出现"有子""曾子"这种称呼，那么可以推断这些篇章有可能是孔子的大弟子有若、曾参的门人所编的，这应该并无多大问题。但是，《论语》中很多篇章并没有出现"有子""曾子"这种称呼，那就没法证明这些篇章是有若、曾参的门人所编。比如说出现"子曰""孔子曰"的内容，就不能证明这是有若、曾参的门人编的。这是起码的逻辑问题。

因此，可以认为，程子的这种说法不完全成立，后来也没被普遍认可。

(二)基本结论

那么，《论语》究竟是谁编的呢？对此，笔者认为，有几个基本事实可以肯定。

一是《论语》主要是根据孔子弟子的笔记整理而成的。

弟子们有记笔记的好习惯，这是个很好的学习习惯。如果没有众弟子的辛勤笔录，我们今天也就看不到《论语》这本宝典了。

二是《论语》的主体内容应是在孔子去世三年内编成的。

孔子去世后，弟子们为其守丧三年。那么，在众弟子为老师守丧三年期间，他们在做什么？总不能终日无所事事，也不能整天"执手相看泪眼"吧？有一个合理的推断，就是作为对老师最好的缅怀与追思，大家自然就会想到，一起互对笔记，共同为老师编写一本书。因此，《论语》的大体结构与内容应该在当时已初具规模了。这应该是一个合理的推断。至于当时是否定名为《论语》，还难以确定。

三是《论语》主要是在曾子、有子主持下精编而成。

从现在看到的《论语》一书来看，体例完整，结构井然，字字珠玑，句句精彩，显然不可能是简单的笔记汇总，而是有专人主持精心编撰而成的。既然要精心编撰一本巨著，当然需要德高望重的人主持，相当于现在的主编。那么"主编"可能会是谁呢？上文提到过，曾参与有若在孔门弟子中具有崇高的地位与影响力，而《论语》中分别称他俩为有子、曾子。据此推断，主持编撰本书的人极有可能就是有若与曾参。

四是《论语》最终成书还有一个过程。

《论语》最早编撰于孔子去世以后，在战国时期可能已经成书。秦始皇"焚书坑儒"，《论语》也难逃劫难。西汉以后《论语》又在社会上得到了广泛传播。根据《汉书·艺文志》记载，西汉时《论语》有《鲁论》《齐论》《古论》三个版本，内容大同小异。《鲁论》二十篇，《古论》二十一篇，《齐论》二十二篇，《齐论》与《鲁论》最大的区别在于多了《问王》《知道》二篇。当时出现了不同的版本，本身说明了《论语》一书在形成过程中增加了后人附加上去的内容。西汉末年安昌侯张禹综合《鲁论》《齐论》，形成了《论语》二十篇。东汉大儒郑玄以张禹的书为底本，根据不同版本进行点校，形成《论语》定本，为后人所推崇，也就是现在流传的《论语》的版本。

最后作个简单的总结。总体看来，《论语》一书的主体内容是孔子去世后由孔门弟子共同编写的，其中有子、曾子贡献较大。《论语》在成书过程中有后代儒家学者增加的内容，是层层累积而成的，与史学中的"层累"是相似的。

也许有人会问：花那么多精力去考证《论语》的编者是谁，有意思吗？正如钱钟书先生所说，你只要知道鸡蛋好吃就行了，为什么偏要去知道下蛋的老母鸡呢？

考证《论语》的编者，表面看来，的确没有多大的用处，管它是谁编的，反正它就在那儿，不增也不减。但是对学术研究来说，这些却是需要深入研究的重要问题，是文本学的重要内容。另外，考证这个问题，给我们提供的最重要的启迪是：做学问需要具有怀疑精神。学贵为疑。不疑则不进，小疑则小进，大疑则大进。对此，胡适先生讲过一句名言："做学问要在不疑处有疑，待人要在有疑处不疑。"这句话讲得太好了！我们在做学问的时候，要树立一个理念：不要迷信一切约定俗成的说法，也不要迷信任何学术权威！这是一种科学的态度、科学的学风、科学的精神、科学的方法！

四、《论语》的真谛

为了读懂《论语》，首先需要搞清一个重要问题，那就是《论语》究竟说什么？换句话说，它究竟是一部什么性质的书，它的真谛是什么？如果连这个问题都没搞清楚，那么研读《论语》就会"误入藕花深处"

"沉醉不知归路",发生方向性错误。

对此问题,有着各种说法,这很正常。"横看成岭侧成峰,远近高低各不同。"正如不同的人看《红楼梦》有不同的看法,有人把它看作爱情小说,有人把它看作淫秽小说,有人把它看作历史小说,有人把它看作政治小说。由于看问题的视角不同,所看到的内容也不同。见仁见智,属于正常现象,可以继续讨论,但是,不能脱离常识,突破底线。

仔细品读《论语》,可以得出以下三点结论,供大家参考。

(一)百科全书式的书

深度研读《论语》,似乎进入了一个文化的大观园,五光十色,精彩纷呈,琳琅满目,美不胜收,时时可以邂逅孔子的智慧,令人叹为观止。《论语》包含的内容十分丰富,涉及政治、经济、社会、军事、文化、人生、教育、文学、音乐、绘画甚至养生等方方面面,小到言行举止、衣食住行、生活习惯,大到为人处世、教学原则、治国理政,应有尽有,可以从中汲取各种不同的智慧营养,包括哲学智慧、政治智慧、人生智慧、道德智慧、文艺智慧……王安石在《孔子》一诗中说道:"圣人道大能亦博,学者所得皆秋毫。"每每品读《论语》,常常会由衷地感叹:轴心时代涌现出来的包括孔子在内的那些天才的思想家,难道是从天下掉下来的吗?很多睿智的思想,现代人甚至还没有达到这样的高度,更不要说超越了!

孔子历来被看作"时之圣者""大成至圣先师""万世师表",这并不是无缘无故的。孔子说:君子有三畏,其中之一是"畏圣人之言"(《论语·季氏》)。对于神圣的东西,我们应该有敬畏之心。对于"圣人之言",也就是有大学问的思想家的言论,更应该持有敬畏之心。

不过,尽管如此,我们也不要人为地神化孔子,不要把他看作是一个无所不知、全知全能的"圣人",孔子自己也不以"圣人"自居。

举一个例子。有人说,孔子还是一个伟大的军事家,《论语》这本书还包含了丰富的军事思想,这就的确有点夸大其词了。《论语》中虽然也讲到"足兵、足食、民信之"这样的话,"足兵",就是有充分的军备,但这主要是从政治角度来说的,而不是从军事本身来讲的。《论语》中具体谈军事战略战术的内容几乎没有。相反,书中倒有这样一件事,有一次,卫灵公向孔子求教布阵打仗的事情,孔子回答说:"<u>俎豆之事,则尝闻之矣,军旅之事,未之学也。</u>"(《论语·卫灵公》)"俎豆之事",就是祭祀礼仪这些事情,我学过一些,至于"军旅之事",就是布阵打仗这样的学问,我可没学过。有人说,孔子之所以说这样的话,是因为觉得卫灵公实在不地道,是一个昏君,因此不屑于与他谈军事问题。这种说法也许有一些道理,但是事实上,卫灵公在当时也还算得上是一个不错的君主,虽然在生活作风方面荒淫无度,但是他有一个突出的优点,就是善于用人,对此,孔子多次讲过。孔子不与卫灵公谈军事问题,主要原因恐怕还在于他历来重视以德服人的"王道"、反对以力服人的"霸道",因而军事战争问题不是孔子关注的重点。对此,《孟子·梁惠王章句上》中有一段文字记载,可以作为佐证:

齐宣王问曰:"齐桓晋文之事,可得闻乎?"孟子对曰:"仲尼之徒无道桓文之事者,是以后世无传焉。臣未之闻也。无以,则王乎?"(《孟子·梁惠王章句上》)

齐宣王有一次问孟子:"齐桓公、晋文公实现霸业的事迹,能够请教一二吗?"孟子回答说:"孔门弟子不谈齐桓公、晋文公的霸道事业,所以后世没有传下来,我也没有耳闻。要不然,谈谈王道怎么样?"孟子所说的"仲尼之徒无道桓文之事者",道出了部分真相。孟子一生最为推重的人是孔子,他是最懂孔子的,对孔子的思想精髓把握得十分到位,并且有很多进一步的阐发。因此,要深化对《论语》的研究,还需要深入研究《孟子》这本著作。

我讲这个例子,丝毫没有贬低孔子的意思,想表达的观点是:不要把孔子及其言论无限神化,这样反而会有损孔子的形象。

(二)政治哲学著作

前面提到,《论语》一书内容十分广博,涉及人生哲学、伦理哲学、教育哲学、政治哲学等,但是,从总体来看,它主要是一本政治哲学著作,是治国安邦的学问。所谓政治哲学,就是上升到理论形态的治国安邦的学问,既然能够治理好一个国家社会,就没有理由管理不好一个组织、企业,更没有理由经营不好家庭、人生。

其实,只要明白孔子讲学的对象是谁,就会明白为什么说这主要是一本政治哲学著作了。

孔子讲学的对象,主要是君王与士大夫,而不是一般老百姓,因此,他讲的大多数内容是如何治国安邦的大学问。孔子一生研究的学问,或与学生讨论的大问题,就是如何治国安邦!中国古代有一种说法:半部《论语》治天下,讲的就是这个意思。明代大儒陈继儒有一本名著《小窗幽记》,哲理文采绝佳,大家有机会可以一读,其中也说:"要治世,半部《论语》;要出世,一卷《南华》。"①

说到这里,顺便提一下,中国传统文化中的经典著作,不少都是政治哲学著作。《论语》是政治哲学著作,《道德经》其实主要也是一本政治哲学著作,有不少人把它视作是修身养性的著作,这并不全面。老子

---

① 陈继儒:《小窗幽记》,成敏评注,中华书局 2013 年版,第 352 页。

多次提到的"侯王""士",就是君主与知识分子。比如:"道常无为,而无不为。侯王若能守之,万物将自化。"(《道德经·第三十七章》)大道顺应自然而为,就能无所不为。统治者如果能遵循大道而为,天下国家自然能够被治理得很好。这里讲的"侯王"就是统治者。又比如:"古之善为士者,微妙玄通,深不可识。"(《道德经·第十五章》)古代善于为士的人,微妙通达,深不可测,不是一般人可以理解的。这里讲的士,可以理解为知识分子。大家可以发现,老子讲学的对象与孔子讲学的对象是高度一致的。当然,对王、士的修养要求,自然也可以作为一般人的修养准则,从这个角度来看,无论是《论语》还是《道德经》,都涉及修身养性与人生哲学问题,但是,决不能把它看作是纯粹修身养性的著作,否则就是以偏概全了。

白岩松曾经说,如果说半部《论语》可以治理天下的话,那么四分之一部的《道德经》就可以治理天下。这句话说得虽然有些夸张,但还是蛮有见地的,道出了这两部著作的本质,两者都是有助于治国安邦的政治哲学著作。

(三)"三位一体"的内容

《论语》是一部语录体著作,它有没有一个逻辑体系? 如果有逻辑体系,那么它的内在逻辑结构是怎样的? 这些属于重大问题,也是研读《论语》的过程中必须搞清楚的问题。

至于《论语》的编排有没有一个逻辑体系,对此,有两种截然不同的说法:一种认为它的编排杂乱无章,完全没有逻辑性可言;另一种观点认为,它的编排有严密的逻辑结构。对于这两种观点,笔者认为各有偏颇。

从形式来看,目前流行本《论语》共二十章,既不是杂乱无章的,但也并非逻辑井然的,只能说它的编排有一定的逻辑性。但是从内容上看,有一个内在自足、逻辑自洽的理论体系。所谓理论是有系统的知识。看一个人的思想是否有自己的理论体系,一般有两大标准:一是看他是否提出了很多富有创造性的思想,二是这些创造性的思想是否具有内在的必然的逻辑联系。如果这两条标准成立的话,那么,我们可以认为,《论语》一书从内容上来说,的确具备了自己的理论体系。

那么,《论语》一书内在的逻辑结构是怎样的呢?

根据多年的研究,笔者认为《论语》一书是以仁学为核心,围绕着为人、为学、为政三位一体的内容而展开的。这是《论语》一书的主体框架,也是贯串《论语》一书的主线。几乎《论语》中的所有内容,均可纳入这个框架体系。

第一,《论语》一书的核心内核是仁学。这在后文会详细叙述,这里先按下不表。

第二,《论语》一书的主线是围绕为人、为学、为政三大方面而展开。

第三,为人、为学、为政三者具有内在的紧密的逻辑联系:为人是为学的目的,也是为政的前提;为学以为人为中心,以为政为目的;为政以为人为基础,以为学为途径。

因此,讲《论语》的智慧,主要有以下三大方面的具体内容:为人的智慧,为学的智慧,为政的智慧。这与现实人生、现实社会关联极为密切,具有极强的现实指导价值。

五、《论语》的主题

有句歌词写得好:所有的故事只能有一首主题歌。在《论语》中可以看到,孔子曾经两次说过,他的学说有"一以贯之"之道。"一以贯之"这个成语也来自《论语》。那么,孔子讲的"一以贯之"之道究竟是什么呢?

这个问题哲学意味比较浓厚,比较深奥一些,讲起来比较费劲,听起来也比较吃力,但这对把握《论语》这部书的精神实质,具有重要意义,不得不着重讲一下,因此,需要大家有些耐心。学习研究经典著作,不要只停留在讲故事、听故事之上,还应该深入探讨一些大道、学理问题。大道、学理虽然看不见、摸不着,但是却蕴含着巨大的思想与精神力量。大象无形,力量无穷。

《论语》共二十篇,一万五千多字,篇幅虽然不是很长,但是影响却极其深远、广泛。只要把握了其中"一以贯之"之道,其他问题也就可以迎刃而解了。"纲举目张",此之谓也。孔子作为一个伟大的思想家,他的思想当然是有主题的。尽管《论语》一书涉及的内容极为广博,但是其精神母题则是统一的。

(一)仁为核心

孔子两次提到的"一以贯之"之道究竟是什么?对此,孔子自己没有明确说过,因而给后人留下了一个千古之谜。子贡以非常遗憾的口吻说:"夫子之言性与天道,不可得而闻也。"(《论语·公冶长》)意思是说,老师关于人性与天道的言论,是没有办法听到的。曾参倒是有解释,他说老师所说的"一以贯之"之道,可用两个字概括:忠恕。现在看来,曾参的解释不无道理,但没有完全解释到位。

现代学者对孔子思想的核心问题的探讨,也一直没有一个确切的结论。有的说是礼,有的说是仁,有的说是中庸,有的说是中和……诸如此类,争论不休,见仁见智,可以理解。

纵观《论语》全书,可以发现,孔子的学说体系中思想范畴很多,诸如仁、义、礼、智、信、勇、忠、恕、中庸,等等,但是主要集中在礼与仁两大范畴,而且礼仁一体,密不可分。笔者认为其中最核心的内容是仁,具体理由主要有以下两点。

1. 礼是继承而来,仁是独特创造

在孔子的思想体系中,礼是继承而来的,仁是他的独特创造。礼有大礼与小礼之分。大礼是指一整套规范长幼有序、维护社会秩序的典章制度,就是礼制。小礼是指社会上一系列待人接物的礼仪、礼节、礼数,等等。中国文化重礼,形成了一种礼教传统,自古以来就有礼义之邦的美誉。尤其是周公作礼,是中国文化史上的一件具有里程碑意义的大事,以至于辜鸿铭把"中国文明的精髓"概括成一个字"礼"。①

当然,孔子十分推崇礼,并且主张"为国以礼"(《论语·先进》),就是以礼制来治理国家。他提出:"非礼勿视,非礼勿听,非礼勿言,非礼勿动。"(《论语·颜回》)不符合礼教的东西不看,不符合礼教的言语不听,不符合礼教的话语不说,不符合礼教的事情不做。他说:"不学礼,无以立。"(《论语·季氏》)总之,一切均要以礼为依归。"一日克己复礼,天下归仁焉。"(《论语·颜渊》)大家能够做到克制自己以符合礼的要求,天下就达到仁的境界。但是,礼的思想并不是孔子所创造的,而是继承发展而来的。

子曰:"殷因于夏礼,所损益可知也;周因于殷礼,所损益可知也。"(《论语·为政》)孔子说:"商朝从夏朝继承而来的礼仪制度,所减少和增加的内容是可以知道的;周朝从商朝继承而来的礼仪制度,所减少和

---

① 辜鸿铭:《中国人的精神》,海南出版社1996年版,第15页。

增加的内容也是可以知道的。"句子中的"损益"一词很美,就是减少和增加的意思,换个现代汉语的词语来表达就是扬弃。

孔子热衷于古代的学问,对夏、商、周的礼仪制度的沿革可以说是了然于胸。他所崇尚的是周礼,并给予了高度肯定,他主张用周礼来治理国家,在晚年甚至以不复梦见周公为莫大的憾事。

子曰:"如有用我者,吾其为东周乎。"(《论语·阳货》)孔子说:"如果有人用我为政,我就在东方复兴周礼。"可见,他对周礼推崇的程度。

与此同时,孔子更强调仁。《论语》中讲到仁的地方有109次之多。当然在这以前,也有关于仁的一些说法,但是比较零散,缺乏系统性。孔子从不同角度对仁加以具体阐发,并把仁学思想系统化了。后来,孟子更是把孔子的仁学思想发展到了极致。

对此,著名学者李泽厚先生指出:"孔子思想的主要范畴是'仁'而非'礼'。后者是因循,前者是创造。"①这种说法不失为中肯之论。

2. 仁占据最核心的地位

在孔子的思想体系中,仁占据最核心的地位。在《论语》中,孔子提出的仁学思想,内容十分丰富,诸如仁者爱人,忠恕之道,知、仁、勇"三达德","恭、宽、信、敏、惠","温、良、恭、俭、让",等等。综合起来主要有仁、义、礼、智、信、勇这六德。当然,这六德并不是等量齐观的,而是有主次之分的。其中仁居首位,而且最为重要,为总体德目,称为"通德",其他的条目,包括义、礼、智、信、勇,都是由仁派生出来的,是具体的德目,称为"具德",都以仁为基础,是仁所决定的。如果没有了仁,义就成了江湖义气;如果没有了仁,礼就成了形式虚礼;如果没有了

---

① 李泽厚:《中国古代思想史论》,人民出版社1986年版,第16页。

仁,智就成了功利主义;如果没有了仁,信就成了小人之信;如果没有了仁,勇就成了匹夫之勇。"具德"是由"通德"派生出来的。这就是哲学中所说的"一"与"多"的关系。套用宋明理学家常用的说法,就是"理一分殊""月映万川"。什么意思呢?理就是天理,只有一个,但是它存在于万事万物之中。就好像月亮只有一个,但是在江河中有千万个月亮的影子。正所谓"千江有水千江月,万里无云万里天",万变不离其宗。

(二)仁之真义

《论语》的核心思想是仁,也就是孔子学说中的"一以贯之"之道。大多数学者也是这么认为的。而对于仁之真义的理解,学术界争议很大,的确可以用见仁见智来形容。

在《论语》中,孔子提到仁的地方很多,但是,他只是针对不同对象去讲,只讲什么是仁的,什么是不仁的,仁应该是什么样的,不应该是什么样的,却从未对仁作过一个明确界定,并且不同的弟子问仁,孔子的回答也是不一样的,内容侧重点也有所不同,这也是孔子因材施教的一个生动案例。比如:

樊迟问仁。子曰:"爱人。"(《论语·颜渊》)樊迟问什么是仁。孔子回答说:"仁就是爱人。"这大概是因为孔子认为樊迟这个弟子对他人的同情之心不足。仁的核心要义是爱人。这可以说是孔子对仁下过的一个最为简洁明了的定义。"仁者爱人"这个命题,对后世影响极大,它不仅成为一种人伦道德,更成为历代开明统治者的执政理念。

司马牛问仁。子曰:"仁者其言也讱"。(《论语·颜渊》)司马牛问什么是仁。孔子回答说:"仁的人,他说话是谨慎的。"这大概是因为孔子觉得司马牛这个弟子说话没有禁忌,提醒他说话不要太随意,要区分对象与场合,该说的说,不该说的别乱说。

颜渊问仁。子曰:"克己复礼为仁。"(《论语·颜渊》)颜渊问什么是仁。孔子回答说:"克制自己,让自己的行为回复到礼的标准,这就是仁。"孔子对颜渊最为器重,所以对仁就谈得高深多了。在这里,孔子着重阐述了礼与仁的关系。仁是礼的基础,礼是仁的目标,两者相辅相成,密不可分。

当然,孔子从不同角度出发谈论仁的地方还有很多。比如:

子曰:"人而不仁,如礼何? 人而不仁,如乐何?"(《论语·八佾》)孔子说:"一个人没有仁爱之心,如何遵守礼? 一个人没有仁爱之心,如何遵循乐?"这是孔子对仁与礼、乐之间关系的论述。仁是礼、乐的基础,离开了仁,礼与乐就没有了根基。

子曰:"仁远乎哉? 我欲仁,斯仁至矣。"(《论语·述而》)孔子说:"仁离我们很遥远吗? 我内心想得到仁,仁就自然可以得到。"这是孔子讲的实现仁的途径,为仁由己。每个人都可以依靠自己的努力,达到仁的境界。

子曰:"志士仁人,无求生以害仁,有杀身以成仁。"(《论语·卫灵》)孔子说:"志士仁人没有为了苟全自己的生命而损害仁义的,只有为了仁义的事业而牺牲自己的生命的。""杀身成仁"这个成语就典出于此,这是孔子讲的人生的最高境界,属于哲学的范畴。

诸如此类,不一而足。

这样,就给后人留下了一个千古之谜:孔子讲的仁究竟是什么? 西汉以来,众多后儒学者对此争论不休,留下了不计其数的讨论文字。

唐宋八大家之一韩愈说:"博爱之谓仁。"(《原道》)这是对仁的一个简明的定义。韩愈的说法与孔子的仁学确实有一定的相通之处,但是,这种说法并不准确全面。他把孔子提出的"仁"这个内涵丰富的哲学命题过于简约化了。上文说孔子的仁学思想十分宏富，一句话绝不能概括。现代中国著名学者冯友兰先生著有一本非常出名的经典作品《中国哲学简史》，此书在国内外影响极大，在国外被译为多种文字。冯友兰先生在本书中指出："有时候孔子用仁字，不光是指某一种特殊德性，而且是指一切德性的总和。"①冯友兰先生在这里说的"特殊德性"，是指具体的德行，即"具德"，属于道德范畴；"一切德性的总和"，是指总体的德行，即"通德"，属于哲学范畴。这种概括很有见地，但是还是没有讲明仁的具体内涵究竟是什么。

因此，关于孔子讲的仁的真义究竟是什么，成为学术界的一个难题，至今没有破解。那么，如何去破解这一难题呢？这里首先要解决方法论的问题，方法论至关重要。笔者认为，对此问题采用文本学的方法，是比较可行的。具体地说，要立足于文本本身，通过从特殊到一般、再从一般到特殊这样的循环回复、以至无常的过程，反复不断地验证研究结论的可靠性。这也是一种"以经解经"的好方法。根据这种原则与方法，就不难得出一个结论：孔子讲的仁，应该有体与用之分。

1. 仁之体

所谓体是指内在实质。仁之体就是指仁的内在实质。

学者蒋勋先生有过一个形象的比喻。他说仁就像是果实中最内在的核心。果实的核心部分就是仁。如杏仁、核桃仁、瓜子仁。"'仁'字就是种子里面最柔软的那个部分，要发芽的那个部分。"②这个比喻形象生动，赋予这个抽象的哲学命题以一种可触可摸的质感。不过，这个

---

①　冯友兰：《中国哲学简史》，北京大学出版社1996年版，第38页。
②　蒋勋：《美，看不见的竞争力》，中信出版社2015年版，第46页。

类比来自国学大家钱穆先生写的《论语新解》一书,并不是蒋勋先生的发明。

仁的内在实质是什么呢?简单地说,就是每个人人性中所固有的善良本性,实际上就是人的内在修为,即仁心、仁德。孔子学说的核心是仁心、仁德。根据《中庸》一书记载,孔子讲过一句名言:"仁者,人也。"这是一个非常伟大的命题。孟子继承了这个思想,提出"仁也者,人也,合而言之,道也。"(《孟子·尽心下》)意思是说,仁就是人,把仁与人合起来讲,就是道了。仁义的仁,与人类的人是等同的。换句话说,人是有道义的动物,人与其他动物的根本区别是,人有仁爱之心,其他动物没有。这是"人禽之辨"的重要内容。

宋明理学家把"仁者,人也"的命题发挥到了极致,把人伦道德上升到了天理的高度,认为人都有天理良心、良知良能。这些都是不学而知、不虑而得的东西。在这里,有两个例子很能说明问题。

明代,有个乡间老者问儒者韩贞,你到处讲良心,请问什么是良心?韩贞说,你问我什么是良心,我讲不清楚。但这也无妨,我可以让你知道什么是良心。你能不能把外套脱下来?老者脱下来了。韩贞又说,你把内衣也脱下来,裤子也脱下来。老者说:"愧不能也。"惭愧啊,裤子是不能脱的。韩贞说,那就是你的良心。

无独有偶。明代著名理学家王阳明有一次断案,审一个惯偷。这个惯偷不是什么江洋大盗,只是专偷别人家的扇子,可能有恋物癖。在审判的时候,这惯偷始初死不承认。后来王阳明把惊堂木一拍,说你把上衣脱了,他就把上衣脱了。接着他又把惊堂木一拍,说你把裤子也脱了。他马上用双手把要害部位给护起来了。王阳明说,你还是有良知的。于是就开始启发他,讲了天理良心、致良知、知行合一,等等,这惯偷醒悟了,最后承认了自己偷盗的事实。

这是对孔子"仁者,人也"这个命题的生动注解。人都有仁心、仁德,这从事实层面上说也是存在的,不过这里主要是从价值层面说的。一些人批孟子的"人性善"论,是从现实层面上说的,这完全属于不同层面的问题,风马牛不相及。从价值层面上说,人性中如果没有善良的本性,那就真的不算是人,甚至禽兽不如。

2.仁之用

用就是外在体现,仁之用,就是仁的外在体现。

仁之用究竟是什么呢？可以用孟子的一句话来概括:"亲亲而仁民,仁民而爱物。"(《孟子·尽心上》)这"亲亲、仁民、爱物"六个字,就是对仁之用的极好概括。

亲亲,就是爱自己的亲人。

子曰:"仁者人也,亲亲为大。"(《中庸》)孔子说:"仁就是人的本质,将爱亲人放在第一位。"将爱亲人放在第一位就是"亲亲"。一个连自己的亲人都不爱的人,很难想象他对朋友、同事及社会上的其他人有友爱之心,几乎可以说是不可能的。

仁民,就是爱社会上的大多数人。这就是孔子讲的"泛爱众"。

子曰:"老者安之,朋友信之,少者怀之。"(《论语·公冶长》)孔子的人生志向是让老年人得到安顿,让朋友相互信任,让孩子们得到关怀。这就是"仁民"。这既是孔子的人生志向,也是他对统治者的良好愿望,体现出孔子博大的人道主义情怀。

爱物,就是爱大自然的万物。

子钓而不纲,弋不射宿。(《论语·述而》)孔子只用鱼竿钓鱼而不用渔网捕鱼,且不射杀鸟巢中的鸟。这就是"爱物"。这是一种生态伦理思想,可持续发展的思想。中华优秀传统文化中的生态伦理思想非常丰富,是一笔极为宝贵的思想资源,其核心可以用一句话来概括:人与天地万物为一体。换成现代的话来说就是人与大自然是生命共同体。习近平总书记在讲生态文明建设问题时,多次引用过孔子讲的"子钓而不纲,弋不射宿"。

(三)为仁之方

为仁之方,就是实现仁的方法与途径。

既然人固有善良的本性,因此,要实现仁的目的,就有一个重要的途径,即孔子讲的"为仁由己"(《论语·颜渊》)。每个人都可以通过自己的努力,达到仁的境界。孟子在孔子"为仁由己"这个思想的基础上,又进一步提出了"求放心"的说法。他说:"学问之道无他,求其放心而已矣。"(《孟子·告子上》)所谓"求放心",就是找回迷失的本心、善心。小狗小猫丢失了,人们都会想方设法地去把它们找回来,最珍贵的本心、善心丢失了,怎么能不去找回来呢?孟子的"求放心"说对后世影响有多大呢?根据《托尔斯泰的日记》中的记载,1889 年 4 月,托尔斯泰读《孟子》时就说,孟子说要把失去的本心找回来,"美极了"。1889 年他开始创作《复活》这部小说,就是受了孟子"求放心"说的深刻影响。

总结一下,孔子讲的仁,有体和用之分,仁之体就是人的内在本质,内在修为,就是仁心、仁德。仁之用,就是仁的外在表现,将心比心、推己及人、推己及物,不但爱自己的亲人、朋友,而且爱社会上的大多数人,进而爱自然万物,最终实现大同社会的理想。

六、从《论语》看孔子

2013 年 12 月,诺贝尔文学奖获得者莫言先生在第八届孔子学院年会上致闭幕词,题为《我想象中的孔子》。其中说道,他原来印象中的孔子,作为大成至圣先师,应该是严肃刻板、不苟言笑的。看过不少孔庙中的孔子塑像,都是方方的脸庞,长长的眉毛,塌塌的鼻子,给人一种方正古板的印象。读了两遍《论语》,才发现孔子的形象不应该是这样的,而应该是生动活泼、风趣幽默的。

《论语》是我们研究孔子最原始的资料。从《论语》看孔子的形象,实在是一个最可靠的凭依,从中可以看出作为"时之圣者"的孔子确实具有多面的立体形象。

(一)孔子的刻板

孔子的确会给人一种刻板的印象,这种印象并非空穴来风,多是因为孔子讲求礼制的缘故。比如:

"*朝,与下大夫言,侃侃如也;与上大夫言,誾誾如也。*"(《*论语·乡党*》)孔子在上朝的时候,同下大夫说话,显得轻松而快乐;同上大夫说话,显得严肃而公正。

"*君命召,不俟驾,行矣。*"(《*论语·乡党*》)国君召见,还不等车马准备好就要动身应召。

"*事君尽礼,人以为谄也。*"(《*论语·八佾*》)按照礼节去侍奉君主,别人却认为这是在讨好君主。

"*食不言,寝不语。*"(《*论语·乡党*》)吃饭的时候不说话,睡觉的时候也不说话。

过于讲求礼制,未免给人留下这样一种严肃刻板、不苟言笑的印象。

(二)孔子的灵动

从《论语》中透射出来的孔子的形象是立体多面的。他满腹经纶,思想深邃,循循善诱,言必有中,哲理文采,相得益彰,风趣幽默,字字珠玑,可谓丰满极了。

1.孔子热衷学问

他在《论语》开篇就说:"学而时习之,不亦说乎?"(《论语·学而》)学习大道并经常温习且付诸实践,不是很愉快吗?

他自述:"十有五而志于学。三十而立。"(《论语·为政》)十五岁就开始立志为学,三十岁学问已初有所成。

他曾说:"十室之邑,必有忠信如丘者焉,不如丘之好学也。"(《论语·公冶长》)意思是说,有十户人家的地方,必然有像我这样忠信的人,但是没有像我这样好学的。这话听起来与其说似乎有些自誉,还不如说是一种自谦。

在《论语》中有关孔子好学的案例比比皆是,他以学习为人生最大乐事。

2.孔子喜爱音乐

子在齐闻《韶》,三月不知肉味,曰:"不图为乐之至于斯也。"(《论语·述而》)孔子在齐国听韶乐入迷,竟然达到"三月不知肉味"的境界,说没想到这音乐给人带来的愉悦竟能达到如此地步。不懂音乐的人大概一辈子都无法体会这种快乐。

子谓《韶》:"尽美矣,又尽善也。"谓《武》:"尽美矣,未尽善也。"(《论语·八佾》)孔子评价《韶》乐尽善尽美,《武》乐尽美未尽善。《韶》乐是上古虞舜时代的乐曲,而孔子一直向往那个时代,所以就极力地赞美那个时代的乐曲《韶》乐;而《武》乐,则是周武王时代的乐曲,由于周武王的天下是以臣子的身份讨伐天子商纣王而得来的,有杀伐之音,所以孔子对《武》乐的评价就不如《韶》乐那么高了。现代汉语中的"尽善尽美"这一成语即出于此。尽管在儒家美学中,善与美是相通的,但两者毕竟还是有所区别,不能混为一谈。

子与人歌而善,必使反之,而后和之。(《论语·述而》)孔子听到好的音乐,一定要歌者再唱一遍,然后和歌者一起唱。可见孔子十分喜爱音乐,而且在音乐方面天分极高。

子于是日哭,则不歌。(《论语·述而》)孔子在这一天为吊丧而哭泣,就不再唱歌。可见孔子除了吊丧等特殊的日子,几乎每天都会唱歌。至于吊丧的日子不歌,则体现出他的悲悯情怀。

这类例子还有很多。孔子可以说是一个音乐"发烧友",他对音乐十分痴迷,也颇有造诣。孔子重视仁义礼乐,并以此教化社会,这是他爱好音乐的根本原因。

3. 孔子喜欢诗歌

《论语》中讲的诗即《诗经》。子曰:"《诗》三百,一言以蔽之。曰:思无邪。"(《论语·为政》)《诗经》三百零五篇(三百篇是一个大致的说法),可以用一句话来概括它,就是思想纯正。这是孔子对《诗经》的总体评价。

子曰:"不学诗,无以言。"(《论语·季氏》)不学《诗经》,就没法说话,因为"言之不文,行之不远"。

子曰:"《关雎》,乐而不淫,哀而不伤。"(《论语·八佾》)《关雎》告诉我们,快乐不是没有节制的,悲哀却不至于过分悲伤。这是孔子的中庸思想在文艺评论中的应用,体现的是中和的审美情趣。

子曰:"小子何莫学夫诗?诗可以兴,可以观,可以群,可以怨。"(《论语·阳货》)孔子教导弟子们应该学习《诗经》,《诗经》可以用来抒发志向,可以用来观察民情,可以用来结交朋友,可以用来批评不道。

孔子对诗歌的认知、美学和社会功能的认识何等深刻！"诗可以兴，可以观，可以群，可以怨"，至今依然被诗学理论界视作金科玉律。

孔子对《诗经》情有独钟，在《论语》一书中，孔子多次谈及、引用《诗经》，据统计达十四次之多。司马迁在《史记》中记载，《诗经》"三百五篇，孔子皆弦歌之"（《史记·孔子世家》）。意即孔子对《诗经》三百零五篇都能吟唱。可惜的是，这些吟诵《诗经》的音乐失传了。在春秋战国时期，《诗经》几乎成为治国理政的经典著作，成为人们引经据典的重要根据，连对外交往时都要引用《诗经》。从《论语》《孟子》《荀子》等儒家经典中经常可以看到对《诗经》的引用，而且往往能够起到画龙点睛的神奇效果。

4.孔子讲究饮食

孔子讲究饮食，对此《论语·乡党》中有大量记载：

食不厌精，脍不厌细。食饐而餲，鱼馁而肉败，不食。色恶，不食。臭恶，不食。失饪，不食。不时，不食。割不正，不食。不得其酱，不食。肉虽多，不使胜食气。惟酒无量，不及乱。沽酒市脯，不食。不撤姜食。不多食。祭于公，不宿肉。祭肉不出三日。出三日，不食之矣。（《论语·乡党》）

粮食不嫌舂得精，鱼和肉不嫌切得细。粮食陈旧和变味了，鱼和肉腐烂了，都不吃。食物的颜色变了，不吃。气味变了，不吃。烹调不当，不吃。不是时令的东西，不吃。肉切得不方正，不吃。酱料调制不适当，不吃。席上的肉虽多，但吃肉的量不超过吃米面的量。只有酒不加限制，但不能喝醉。从市上买来的肉干和酒，不吃。每餐必须有姜，但也不多吃……林林总总，十分讲究。所有这些，也许在现代人看来过于矫情了，但从中可以看出，孔子不但十分讲究生活品质，而且非常讲求养生之道,其中还蕴含着深刻的礼制精神与礼仪规范。

5. 孔子钟情山水

子在川上曰:"逝者如斯夫! 不舍昼夜。"(《论语·子罕》)孔子在河边感叹:"时光像流水一样,一去不复返。"这是一句脍炙人口的名言,是一种对人生易逝、历史流变的深深感怀。

子曰:"知者乐水,仁者乐山。知者动,仁者静。知者乐,仁者寿。"(《论语·雍也》)其中的"乐"读"yào"。聪明的人喜欢水,仁德的人喜欢山。聪明的人好动,仁德的人好静。聪明的人快乐,仁德的人长寿。孔子乐山乐水,并以山与水比拟知与仁,动如流水不止,静似高山不动。文字灵动,意象生动,蕴意隽永,寓理于景,情境合一。"孔子登东山而小鲁,登泰山而小天下。"(《孟子·尽心上》)孔子登上东山,看鲁国变小了,登上泰山,看天下都变小了。登高望远,极目天际,心胸豁然开朗。"仲尼亟称于水。"(《孟子·离娄下》)孔子对水有极高的评价,因为水暗合着君子的众多品质。这就是孔子钟情山水的审美价值。

孔子是这样的人:他讲求礼制,追求仁义,满腹经纶,思想深邃,循循善诱,风趣幽默,超凡入圣……

孔子是一个学识渊博的学问家,一个卓尔不群的思想家,一个特立独行的知识分子,一个有使命担当的社会活动家,一个有卓越成就的教育家,亦是一个有世俗之心的普通人……有人说,去圣乃得真孔子。然而,去圣焉得真孔子?

七、读《论语》的境界

关于读《论语》有几重境界,程子说过一段话,意味深长,令人回味无穷。他说:"读《论语》,有读了全然无事者,有读了后其中得一两句而喜者,有读了后知好之者,有读了后直有不知手之舞之、足之蹈之者。"①在这里,程子实际上讲了人们读《论语》的四重境界。

(一)全然无事者

全然无事者,即读了等于没读,犹如东风射马耳,什么也没留下。这似乎不是什么境界,但是读了总比没有读强。读了以后,表面看似乎什么也没有留下,但可能会在心灵上甚至在潜意识中留下一些种子。一旦时机与条件适合,就会生根、发芽、开花、结果。所以说,这也是一种境界,或者可以说是没有境界的境界。

(二)得一两句而喜者

得一两句而喜者,即读了《论语》,得到其中若干名言警句,便沾沾自喜。不过假如有人在报告、写作过程当中,能够适当引用《论语》中的一两句名言警句,往往可以起到画龙点睛的神效,显得自己颇有文化底蕴,也是不错的。虽说这种文化底蕴有一定的水分,但是坚持下去,经常引用,就可能真的变得有文化了。

(三)知好之者

知好之者,即读了以后就喜欢上这本书了,这是比较高的境界。虽未入室,但已登堂。

子曰:"知之者不如好之者,好之者不如乐之者。"(《论语·雍也》)懂得学习的人不如喜爱学习的人;喜爱学习的人不如以学习为乐的人。这里孔子说到了学习的三个境界:"知之""好之""乐之"。到了"乐之"的阶段已经属于较高境界了。

---

① 朱熹:《四书章句集注》,上海古籍出版社 1995 年版,第 60 页。

（四）手之舞之、足之蹈之者

读了以后到了手舞足蹈那种境地，就进入高级境界了，比"好之"更高的境界是"乐之"。这就是程子说的最高境界。

电影《霸王别姬》中有句台词"不疯魔，不成活"，是说一个人要做成一件大事，必须达到一种痴魔的境地才行。在西安交大老教授中流行着一句话："科研虐我千百遍，我待科研如初恋"，很有意思。读《论语》也应该这样，达到这种"乐之"阶段，方是极高的境界。

在这里有必要对程子的说法做个补充。程子说的第四个境界还不是最高境界，最高的境界应是"知行合一"。因为读书与做人从来不是两回事情。如果一个人熟读了《论语》，而他的性情气质并没有起什么变化，那么就没有读好《论语》。明代理学家王阳明先生说："知者行之始，行者知之成。圣学只一个功夫，知行不可分作两事。"[①]诚哉斯言也！知行合一，才是出神入化的境界。

当然，不同年龄段的人读《论语》的收获是不同的，这与人的经历、阅历相关。事实上，不同年龄段的人在读同一著作时的体悟、收获是完全不一样的。对此，笔者有一定的体会。笔者经常应邀去政府部门、企事业单位、EMBA（高级管理人员工商管理硕士）班等去作各种国学讲座，包括有关《论语》的讲座。来听讲的人都是忙里偷闲，但是听得十分认真，体现出强烈的兴趣与求知欲。可是同样的内容在课堂上对大学生去讲，他们总是爱听不听的，有时真觉得对着他们讲课是浪费时间。两相对照，差别极大。有一次跟一个功成名就的董事长聊天，谈到此事及疑惑，他回答说："这很正常，估计我在大学那个年龄段也不会

---

① 王守仁：《传习录》，王晓昕译注，中华书局2018年版，第65页。

太关注这些,因为没有丰富的社会阅历与创业经历。"真是一语惊醒梦中人! 记得清代著名的文学家、文艺评论家张潮说过:"少年读书,如隙中窥月,中年读书,如庭中望月,老年读书,如台上玩月,皆因阅历之浅深,为所得之浅深耳。"①少年人读书,就好像从门缝窥月,因为阅历不足而使视野受到很大局限;中年人读书,就好像在庭院赏月,由于阅历广泛就能看个究竟,但是视野还会受到一定限制;老年人读书,就好像在露台玩月,因为阅历丰富就一览无遗了。阅历深浅不同,所得感悟均异。但是,一个人要成才,需要早觉醒,早觉醒总比晚觉醒好,人生成功的一大秘诀就在于比他人早觉醒并且快半拍。

此外,对于不同资质的人来说,读《论语》的感触与体悟也是大不相同的,这与读其他名著的效应也是一致的。记得老子说过:"上士闻道,勤而行之;中士闻道,若存若亡;下士闻道,大笑之。"(《道德经·第四十一章》)上乘资质的人听闻大道,就勤勉地把它付诸实践;中等资质的人听闻大道,若有若无;下等资质的人听闻大道,会大笑、讥笑它。

像《论语》与《道德经》这样的经典,应该成为国人的床头书,常读常新。对这些中华优秀传统文化的经典之作,我们的口号是:读一句算一句,读一段算一段,读一篇算一篇。日积月累,久久为功,到了一定的时候就会豁然开朗,融会贯通,并赋予其时代内涵与精神生命,融入我们的精神血脉,指导我们的思想行为,这样就到达了至善至美的化境。

八、读《论语》的方法

对一般大众来说,精通《论语》和《道德经》可能并不容易! 即使专

---

① 张潮:《幽梦影》,中华书局2013年版,第53页。

门研究国学的相关专家,能够真正精通《论语》和《道德经》的人也屈指可数。

如何才能真正读懂《论语》? 这是《论语》大众化的一大关键问题。

(一)研读途径

研究者与社会大众研读《论语》的方法应该有所区别。

对于研究者而言,应该大量阅读各种版本,多多益善。因为各种版本的《论语》对很多词句的解释有很多不同之处,甚至截然相反。通过研读各种版本,可以发现分歧、发现问题,并进行深入研究。直探义理,必须以考据为基础。如果连《论语》基本原句都没搞懂,或者理解错了,就没有阐发的基础了。

对于社会大众来说,广泛地去阅读各种版本的《论语》,不但不太现实,而且还会无所适从。因此,必须找到权威的大众化著作。其实,只要找到这种权威的大众化著作,《论语》是完全可以读懂的,而且还可以达到事半功倍的效果。

给大家推荐真正适合社会大众阅读的好的《论语》版本,这真不是一件容易的事,需对各种版本进行精心研读与比较。这的确是一个吃力不讨好的差事,说不定还会引起众怒。但是,"我不下地狱,谁下地狱"! 为了更好地推进《论语》大众化事业,这是一项必须要做的非常重要的工作。

对社会大众来说,要真正读懂、读通《论语》,主要应该研读以下两类著作:一类是译注本,即逐字逐句注释的著作。这是基础,基础不牢,地动山摇。这是功夫,功夫要下到。二是义理本,即阐发《论语》精义的著作。光是逐字逐句地读懂《论语》还不够,还要提炼出它的思想精华,上升到义理的高度,并形成一个体系,使它更好地为现实人生服务。

（二）注释本

注释、研究《论语》的著作，可以说是汗牛充栋。古本比较著名的有以下三种：何晏的《论语集解》，朱熹的《论语集注》，刘宝楠的《论语正义》。近代以来的注释本更是不计其数，如杨树达的《论语疏证》，钱穆的《论语新解》，杨伯峻的《论语译注》，钱逊的《论语读本》，李泽厚的《论语今读》，等等。

关于大众化的、权威性的注释本，很多搞国学研究的专家一般都会推荐杨伯峻先生的《论语译注》（以下简称"杨本"），不少中小学也把"杨本"作为指定读物。

客观而论，"杨本"是《论语》大众化过程中较早出现的一个版本，在《论语》大众化过程中确实功不可没。不过，现在看来，"杨本"注释存有不少明显的差错，在此也没有必要为尊者讳、贤者讳，学术为"天下之公器"，学术面前，人人平等。举几个例子。

📖 例一

子夏曰："贤贤易色。"（《论语·学而》）杨本的注解为，子夏说："对妻子，重品德，不重容貌。"现在中学教材多采用此说，大多学者也是这么解释的。但是，这句子中哪有妻子的字眼？显然有臆测成分在里边。朱熹对此的解释是，礼贤贤者改变了好色之心。传统的说法一直如此。把"色"解释为好色的"色"，这只是一种解释，可以成立。而事实上，在古汉语中，"色"还有一种解释，是脸色的"色"，如后来孔子在讲孝道的过程中，曾经讲到"色难"，即给父母好的脸色，是难能可贵的。这里的"色"解释为脸色的"色"更好一些。所以，"贤贤易色"，也可以理解为：礼贤贤人，要肃然起敬。当然，这仅仅是一家之言，可供讨论。朱熹的注解是通的,本文的讲解也是通的,但是唯独杨本的解释显然是有问题的。

📖 例二

子曰:"攻乎异端,斯害也已。"(《论语·为政》)杨本解释为,孔子说:"批判那些不正确的议论,祸害就可以消灭了。"这样的解释,问题较大。句中"也已",不是消灭的意思,不过是语气助词罢了,并没有实质意义。这在《论语》与《左传》等书中到处可以找到例证。至于句子中的"攻",应该是术业有专攻的"攻",而不是攻击的攻。此句真实的意思应该是:专攻异端学说,这是有害的。因为这不符合中庸之道。

📖 例三

子曰:"父在,观其志;父没,观其行;三年无改于父之道,可谓孝矣。"(《论语·学而》)这是孔子讲孝道的一段文字。前面两句没有争议,意思是父亲在世的时候要考察子女的志向,父亲去世以后,要观察子女的行为。问题在于对最后一句的理解。杨本的注解是,若是他对父亲的合理部分,长期地不加改变,可以说做到孝了。这个解释也有问题,"三年"就是三年,解释为"长期"就有些勉强,其中"合理部分"的解释也是附加上去的。其实这句话意思很明确:父亲去世后,三年之内不要更改"于父之道"(即事父之道),换句话说,子女在父亲在世时要行孝道,在父亲去后还要守心丧三年,这就是孔子强调的"三年之孝"。尽管"三年之孝"对现实社会来说已经有些不合时宜,但是这是古制,不能苛求历史、苛求古人。

此类例子,还有不少,不少注释常有臆测与附加的成分在里面,在后文还会提及。因此，作为注释本，"杨本"的确不太理想。

经过比较推求，以下两本著作是较好的注释本。

一是钱逊先生的《论语读本》。钱逊先生系国学大家钱穆先生之子，家学渊源深厚，加上研究史学出身，治学非常严谨。研究历史学出身的人，一般学风都严谨，有多少史料就说多少话。本书对《论语》的注释较为准确，并且通俗易懂。大家一定能读懂，值得推荐。当然不敢保证本书所有注释都是正确的，其中有个别注释也有待商榷，比如：书中把《论语·微子》篇中的"四体不勤、五谷不分，孰为夫子？"译为"我手脚不停地劳作，五谷还来不及播种，哪知你的老师是谁？"这样的解释恐怕还是有问题的。但总体看，这是一本难得的权威的大众化注释本。

二是南怀瑾先生的《论语别裁》。南先生为国学大家，采用讲中国历史故事的方式解读《论语》，用口语讲述，娓娓道来。《论语别裁》一经推出，立即洛阳纸贵。这实际上代表了一种经典大众化的趋势，方向是对的，因为大众多喜欢以听故事的方式接受学理，南怀瑾先生的《论语别裁》一书的确很不错，值得推荐。

尽管如此，书中也有一些小小的瑕疵，比如，有些文句解释也有问题（本书后文有涉及），所讲故事有些是"野史"，还有些许神秘色彩，如本书两次讲到"鬼是有的"云云，与子不语"乱、力、怪、神"也不相符。再举一例：

"唐棣之华，偏其反而。岂不尔思，室是远而。"子曰："未之思也，夫何远之有？"（《论语·子罕》）大家如果有空可以去看一看南怀瑾先生的《论语别裁》中对此段的解释，整整用了一页多的文字加以解释，但是总让人觉得不知所云。其实这段话并不复杂,前四句是《诗经》中的一首爱情诗,意思是说:唐棣花啊,在翩翩摇动。并不是我不思念你,而是你住的地方太远了。这首爱情诗写得太好了,情景交融,生动形象,情感细腻。后两句是孔子对此诗的点评:看来还是思念得不够深,否则又何远之有呢? 这个点评更加有趣。如果从义理上说,也可以引申为"为仁由己"的意思。把仁义比作爱情,只要去真心追求,往往就可以达到目的。这类问题书中还有一些,以后讲到的时候再说。

不过,瑕不掩瑜,总体来看不失为皇皇巨著,是一本专业化程度较高的通俗易懂的注释本。

(三)义理本

那么,有没有较为专业权威的大众化的义理本? 实事求是地说:"多乎哉,不多也!"

以前,一些中小学会向学生推荐《于丹〈论语〉心得》。这本书曾经大红大紫,争议也很大。现在不少人把它贬得太低了。客观而论,《论语》的注释本泛滥,但是义理本却凤毛麟角,这本书就属于少有的一本义理本,它在《论语》大众化过程中也功不可没,因此也不可轻估。但是,由于各种错讹,在权威性上有些问题。主要问题有两个。

一是对《论语》是本什么性质的书没有完全搞明白,甚至把它说成是教人们如何过上快乐生活的心灵鸡汤式的书,未免过于剑走偏锋。

二是对《论语》的一些句子的解释的确存有明显问题。举几个例子。

📖 例一

把"**君子不器**"(《**论语·为政**》)解释为"君子不是容器"。这个解释确有问题。器是相对于道而言的。《易传》中说:"形而上者谓之道,形而下者谓之器。"器是指具体的技能、技艺,道是指大道、真理。君子不器的真实意思是,君子不局限于具体的知识、技能,而要追求更高层次的大道真理。

📖 例二

把"**唯女子与小人为难养也**"(《**论语·阳货**》)中的"小人"解释为"小孩儿"。古汉语中从来没有把小人解释为小孩的,小人是相对于君子而言的。在孔子以前,君子与小人之辨,主要讲的是"有位者"与"无位者"的区别。孔子在这个基础上加了一个标准,即有德者与无德者的区别。此外,小人还有格局比较小的人的意思。"小人"这三种意思在《论语》中都有,但唯独没有把"小人"解释为"小孩儿"的。

📖 例三

子游曰:"事君数,斯辱矣;朋友数,斯疏矣。"(《**论语·里仁**》)将此句解释为,子游说:"如果你有事没事总是跟在国君(领导)旁边,虽然表示亲近,但离给自己招致羞辱就不远了;你有事没事总是跟在朋友旁边,虽然看起来亲密,但你们俩离疏远也就不远了。"这种解释是有问题的。为什么跟国君(领导)多交往,就会自取其辱?为什么与朋友多交往,朋友就会与你疏远?不通的。句子中的"事君",是有特殊含义的,就是《论语》中多次讲到的"以道事君",意思就是国君有过错,要加以劝谏。对待朋友也是如此,朋友有过错,要给以忠告。此句比较合理的解释应该为:君主或领导有过错,作为大臣或部下当然要加以劝谏,这是大臣或部下的职责所在,就是忠的意思,但是劝谏要注意分寸,否则就会自取其辱。与朋友交往也是这样,朋友有过失,要给以忠告,但不宜不注意分寸,否则他就会与你疏远了。

还有一些句读问题,在下文还会论及。

因此,这本书作为大众化的义理本,还是有些轻浅。

值得推荐的义理本有以下两本。

一是国内学者钟国兴、陈有勇合著的《孔子是个好老师》一书。比较专业,视角新颖,哲理文采俱佳,引人入胜,中学生都能读懂。因此,这是理想的义理本著作,值得推荐。不过,此书主要讲为学方面,还是有些局限。

二是日本近代化之父涩泽荣一所著的《〈论语〉与算盘》。其中不仅讲企业管理,而且讲到家庭教育、国家社会治理,甚至外交政策,通俗易懂,深入浅出,把《论语》的现代价值发挥得淋漓尽致。当然其中也存有系统性不足问题,很多内容值得进一步详细阐发。

本书也是一本《论语》大众化的义理本,笔者旨在把它写成一本专业化与大众化相结合的著作,融科学性与应用性、学理性与通俗性、历史性与现实性、理论性与实践性于一体,究竟怎么样,自有众口评说,同时也恳请读者与方家不吝赐教。

第二编

为人的智慧

《论语》一书主要是以仁学为核心，围绕着为人、为学、为政三位一体的内容而系统展开，包括为人、为学、为政三大智慧，本编主要讲为人的智慧。《论语》中的为人智慧，内容极为丰富，主要将之概括并具体化为以下四个方面：修己、齐家、处世、交友。

一、修己

讲人生智慧，先得从孔子的修己说讲起。

所谓修己，就是修身，自我修养问题。《论语》中没有出现"修身"的术语，而只用了"修己"的概念。我们尽量用当时的语言来概括孔子的思想，这样能够更好地适应他的语境。后来《中庸》一书中说："自天子以至于庶人，一是皆以修身为本。"孟子也说："天下之本在国，国之本在家，家之本在身。"（《孟子·离娄上》）内容都是相通的，并且有承继发展关系。由此可见，个体的自我修养在儒家学说中的重要地位。

（一）理想人格

孔子的"修己说"，内容非常丰富。首先要讲的是，追求什么样的理想人格。《论语》中讲到的"圣者""仁者""贤者""君子""成人""完人"等，实际上都是一种对理想人格的诉求，只是圣贤的程度有所不同而已。在当今社会，尤其值得大力倡导并发扬光大的理想人格包括君子人格、中行人格、独立人格。

1. 君子人格

孔子倡导的首要的理想人格是君子人格。

(1)何谓君子

《论语》中讲到君子的地方有 107 次之多,孔子倡导与强调的君子人格,后来经过儒家学者的不断阐发,逐渐深入人心,君子形象也成为国人追求的人格符号。君子文化,在中华传统文化中占有相当重要的地位,正所谓"谦谦君子,温润如玉"。

那么,君子人格究竟是什么样的? 在现代社会中如何做一个君子呢? 对此,我们首先得弄清楚,孔子心目中的"君子"到底是什么样的。从下面这句话中,我们或许可以得到一个基本答案:

子曰:"质胜文则野,文胜质则史。文质彬彬,然后君子。"(《论语·雍也》)

这个句子中有几个关键词,要解释一下。所谓的"质"就是本质,内在的品质。"文"就是外表,外在的体现。"野"就是粗野,"史"就是轻浮。"文质彬彬",就是本质与外表的和谐统一。这句话的意思是说,如果一个人内在的品质胜过了外表,就显得粗野了。如果一个人的外表胜过了内在的品质,就显得轻浮了。只有内在的品质与外在形象和谐统一,才是真正的君子。"文质彬彬"这个成语,就典出于此。中国是一个诗词大国,也是一个成语大国,有一百四十多个成语都出自《论语》,可见《论语》一书对现实社会文化影响之深。

在这里,顺便说两件相关的事情。第一件事情是,在大学时期,笔者有一个中文系的校友,这女生长得漂漂亮亮,很秀气,单名一个"野"字,显得十分特别。不少同学不理解,认为名字很奇怪。其实,这个名字还是蛮有文化底蕴的,取"质胜文"之意,赋予"野"以特殊意蕴,寄予了父母对她的期望,希望她的内在品质胜过外在形象。一个好的名字,不仅可以令人印象深刻,而且名字与命运也的确具有一定的关联,所谓"名者,命也",这在心理学上也是有一定依据的。因为一个有文化底蕴并赋予美好寓意的名字,不断地被提及,对一个人有积极的心理暗示作用,这就是名字与命运为什么有一定相关性的缘由。有不少名人的名字也与《论语》有关,这在下文还会提到。

第二件事情是,有一次笔者在苏州的湖畔论坛作讲座,这个论坛一直办得很不错,有不少国内外知名人士都曾在这个论坛上作讲座。笔者讲座的题目为"《论语》中的人生智慧"。课后有一位老者问我一个问题,"文胜质则史"中的"史",为什么解释为"轻浮",有依据吗?《现代汉语词典》或《辞海》中有把"史"解释为"轻浮"的吗?这个问题问得很好。其实,对这个问题朱熹解释过的,他说:"史,掌文书,多闻习事,而诚或不足也。"①这里的"史",就是指史官,为君王、诸侯记录起居言行的史官,经常出于各种原因不能如实记录,对君王有利的事情就记下来,甚至肆意夸大,而一些对君王不利的事情往往就不记了,刻意抹杀,因此所记内容,往往并不真实可靠,诚信就成问题了,所以就显得轻浮。

"文质彬彬",是对君子形象的集中概括,用现代汉语来形容,就是内外兼修。**子曰:"君子义以为质,礼以行之,孙以出之,信以成之。君子哉!"(《论语·卫灵公》)**君子要以道义为根本,行为讲究礼仪,语言讲究谦逊,做事讲究诚信,这才是君子啊。君子讲究道义、礼仪、谦逊、诚信,其中道义、诚信是内在的品德,礼仪、谦逊则是外在的行为,内外

---

① 朱熹:《四书章句集注》,上海古籍出版社 1995 年版,第 107 页。

兼修就体现出来了。

关于君子人格的说法有很多。如果说,文质彬彬是对君子形象的总体概括,那么,君子又有哪些具体品质与德行呢?对此,孔子在不同的场合,针对不同的对象,从多个角度、各个层面加以阐述,涉及君子的理想追求、君子的内在修养、君子的外在形象、君子的言行准则、君子的立身处世、君子与小人的区别,等等,对后人的影响极为深远。在这里举几个例子。

子曰:"君子有九思:视思明,听思聪,色思温,貌思恭,言思忠,事思敬,疑思问,忿思难,见得思义。"(《论语·季氏》)君子在九种情形下需要深入思考:看问题要思考是否看得透彻,听人说话要思考是否听得明白,待人接物时要思考脸色是否温和,外貌仪表要思考对人是否恭敬,说话要思考是否忠诚,做事要思考是否敬业,遇到疑问要思考是否应该向别人请教,愤怒的时候要思考是否会带来祸患,在利益面前要思考是否合乎道义。"君子有九思"这句话非常有名。著名书法家于右任先生给友人题词,就喜欢题"君子有九思"这五个字。有一个少年班的学生,名为"九思",笔者见了很高兴,对这个学生说:"你父母不简单,给你取了一个这么有文化底蕴的名字。"后来得知这名学生在各方面都很优秀。大家可能知道,有一部电视连续剧《蜗居》,其中有一个人物叫"宋思明",名字是个好名字,但人不能脱离仁、义,否则就可能走上歧途。

子曰:"君子有三畏:畏天命,畏大人,畏圣人之言。"(《论语·季氏》)君子对三种神圣的事物要有敬畏之心:敬畏自然天命,敬畏贤德大人,敬畏圣人的话。俗话说:头顶三尺有神明。对于神圣的东西,我们都应该心存敬畏,否则就可能胡作非为。人们只有知所敬畏,才能避免陷入人生误区。首先来讲"畏天命"。天命是什么,天命是否存在?

天命是冥冥中存在的一种不可抗拒的力量,实际上就是自然、社会中存在的客观规律,当然是存在的。比如,自然界中的种瓜得瓜、种豆得豆,人类社会还有各种因果定律,这些都是天命。在天命的面前,人类显然就太渺小了。"人定胜天"这个命题是荀子提出来的,但是他讲这个命题是有前提的,那就是顺应自然。去掉这个大前提,"人定胜天"就不成立。人们只有在顺应自然规律的前提下才能有所作为,并不可能为所欲为。孔子经常讲君子要知天命、畏天命,不知命,则不可能成为君子。后来孟子继承发展了孔子顺应天命的思想,提出了"立命"的命题,他说:"夭寿不二,修身以俟之,所以立命也。"(《孟子·尽心上》)寿命有长短,以修身养性的方式等待天命,这就是对待命运的正确方法。这就是"立命",我们现在讲"安身立命",讲的就是这个道理。张载讲的"为生民立命",又进了一步,如果说孟子讲的"立命"是从个体意义上说的,那么张载讲的"立命"则是从群体意义上说的。其次来讲"畏大人"。所谓大人,实际上是指朝廷中的仁者、贤者,即有位有德者。孔子其实一点也不迂腐。有一句话"工欲善其事,必先利其器",可能有人以为是谚语,其实这是孔子讲的一句名言:<u>子贡问为仁。子曰:"工欲善其事,必先利其器。居是邦也,事其大夫之贤者,友其士之仁者。"</u>(<u>《论语·卫灵公》</u>)子贡问怎样实行仁德。孔子说:做工的人想把活儿做好,必须首先使他的工具锋利。居住在这个国家,就要侍奉大夫中的那些贤者,与士大夫中的仁者交朋友。朝廷中的仁者、贤者,就是大人。为什么要善于与朝廷中的仁者、贤者结交,与他们搞好关系呢?与一般人交往,当然也很快乐,很有价值,但是朝廷中的仁者、贤者,他们是国家社会的栋梁,也是普通人生命中的贵人,他们见多识广,对个人的人生事业会有极大的帮助,所以值得敬畏。可见,孔子并不是不食人间烟火。最后是"畏圣人之言"。对有大学问的思想家的言论,一定要有敬畏之心。有个网络红人公开声称:《论语》与《道德经》这些经典是指引人类走向毁灭的灯塔! 如此欺世盗名之徒,居然也会有人追捧,可见有些人的文化素养亟待提高。

子曰:"君子有三戒:少之时,血气未定,戒之在色;及其壮也,血气方刚,戒之在斗;及其老也,血气既衰,戒之在得。"(《论语·季氏》)君子有三种清规戒律:年少的时候,血气尚未稳定,要戒女色,这是大白话,不需要具体解释了;到了壮年,血气方刚,要戒好狠斗勇,否则可能会死于非命,不仅危及自身的人身安全,还会对社会造成危害;到了老年,血气已经衰弱,要戒贪求,一定要做阳光老人,给年轻人提供更多的机会,人缘自然就好了。孔子说的"君子有三戒",主要是讲君子在人生在不同阶段的修养重点,同时也是人生不同阶段的养生之道。顺便说一下,《论语》中涉及的孔子的养生之道内容挺丰富的。俗语说:人生七十古来稀。在古代,孔子活了七十三岁,确实属于高寿了,除了遗传因素以外,与他的养生之道也大有关涉。

子夏曰:"君子有三变:望之俨然,即之也温,听其言也厉。"(《论语·子张》)孔子的弟子子夏说,君子往往会使人感到有三种变化:远远望去庄严可畏,接近他时却感到温和可亲,听他说话则感觉他严肃认真。这表面上是在说君子的修养,实际上是在描写老师孔子,是对孔子形象的精细素描,令人印象深刻。现在做教师、干部的人们可以学习孔子这种威而不猛的形象。

孟子接着讲"君子有三乐"。

孟子曰:"君子有三乐,而王天下不与存焉。父母俱存,兄弟无故,一乐也;仰不愧于天,俯不怍于人,二乐也;得天下英才而教育之,三乐也。"(《孟子·尽心上》)除了平治天下之外,君子有三大乐事:父母健在,兄弟安好,这是第一大乐事;抬头无愧于天,低头无愧于人,这是第二大乐事;得到天下的优秀人才并教育他们,这是第三大乐事。事实上,孟子讲的君子之乐有四种。这可以看作孟子对孔子君子之道的承继、丰富与发展。

此外,孔子所讲的有关君子的名言警句还有不少,为后人所津津乐道。

子曰:"君子不器。"(《论语·为政》)这句格言非常著名,经常被今人所引用。君子要志存高远,不要局限于具体的知识、技能,要有追求大道真理的更高志向。

子曰:"君子不忧不惧。"(《论语·颜渊》)君子不忧愁,不恐惧。为什么呢?因为君子依据仁心仁德为人做事,扪心无愧,不怕夜半鬼来敲门,何有忧惧可言。

子曰:"君子欲讷于言而敏于行。"(《论语·里仁》)君子说话要谨慎而行动要敏捷。

子曰:"君子耻其言而过其行。"(《论语·宪问》)君子应该言行一致,以言过其实为羞耻的事情。

这些都是君子人格的具体特征与体现,内容非常多,就不一一列举了。

总之,孔子倡导的君子人格,对现实人生有着重要的镜鉴意义。中国文化历来讲求君子之道、君子之风,正所谓"谦谦君子,温润如玉"。在日常生活中,如果我们每个人都有君子之风,那么这个社会就会和谐得多。尤其是领导干部,更应成为现代君子,这不仅关乎个体的自我修养与人格魅力,也事关国家民族之大计。

（2）君子小人之辨

"万物皆有对。"与君子相对应的则是小人。君子与小人就是这样一对范畴。孔子在《论语》中还经常讲到"君子小人之辨"，就是讲君子与小人的区别。

为了讲清这个问题，先要讲一下在古汉语中君子与小人的概念。在孔子以前，所谓"君子小人之辨"，主要讲的是有位者与无位者的区别。君子一般是指"有位者"，主要指统治者，小人主要是指"无位者"，就是老百姓。在这个基础上，孔子又把"有德"与"无德"作为区分君子与小人的重要标准，有德者就是君子，无德者就是小人，所谓"君子小人之辨"，就成了有德者与无德者的区别，这是他的重要贡献。《论语》中的君子与小人之辨，这两种意思都有，但主要讲的是后者，我们现在讲的"以小人之心度君子之腹"中的君子与小人，就是指"有德者"与"无德者"。当然，在《论语》中讲的"小人"，除了一般老百姓、卑鄙小人之外，还有一种意思是格局不够大的人。如孔子有个学生樊迟（亦名樊须）有一次向孔子请教如何种庄稼，孔子答道：教种庄稼，我比不上老农夫。樊迟不甘心，又向孔子请教如何种蔬菜，孔子答道：教种蔬菜，我比不上老菜农。樊迟走了以后，孔子说了一句话："小人哉，樊须也！"（《论语·子路》）这里说的"小人"，应该不是卑鄙小人的意思，是指格局比较小的人的意思。

君子与小人有什么区别呢？对此，孔子在《论语》中有十几处讲到这个问题，留下了许多脍炙人口的名言警句，为大家所耳熟能详。

子曰："君子喻于义，小人喻于利。"（《论语·里仁》）君子重义，可以用义去引导他；小人重利，只能以利去引导他。君子与小人看重的东西很不相同，两者当然有高下之分，劝喻君子与小人的主要方法也有所不同。

子曰："君子和而不同，小人同而不和。"（《论语·子路》）君子虽然与你的观点不同，但是可以与你保持团结；小人虽然与你的观点相同，但是却不能保持团结。君子与小人的胸襟大小一目了然。这是一句非常有名的格言，"和而不同"这一成语就典出于此。这是中华文化的一个重要命题，代表着中华文化的一种社会观，不仅一个国家、社会内部要提倡"和而不同"，而且在国际社会中也要倡导"和而不同"，因为国际社会也是一个大家庭，这是一种博大的包容精神，是一种中国智慧。

子曰："君子周而不比，小人比而不周。"（《论语·为政》）这里的"周"，是团结的意思，"比"，读作 bì，是勾结的意思。这句话的意思是说：君子能够团结众人，但是不结党营私；小人结党营私，但是不能团结众人。这与"和而不同"有着异曲同工之妙。君子与小人的做派相差极大。

子曰："君子坦荡荡，小人长戚戚。"（《论语·述而》）君子心地无私，故而胸怀坦荡；小人斤斤计较，因此常常患得患失。君子与小人的气度很不相同。

子曰："君子泰而不骄，小人骄而不泰。"（《论语·子路》）君子内心安泰，能够心平气和地与他人平等相处，从来不骄横、耍威风；小人内心不安泰，往往骄横无理，好在人前耍威风，显示出不可一世的样子。君子与小人的涵养大相径庭。

子曰："君子上达，小人下达。"（《论语·宪问》）君子追求的是形而上之道，小人追求的是形而下之器。君子与小人追求的目标很不相同。

子曰："君子怀德，小人怀土。"（《论语·里仁》）君子关心的是道德学问，小人关心的是土地财产。有人把句子中的"土"解释为"家乡"，这种解释是不通的,因为君子与小人所关心的东西一定有对应关系,道德与家乡有什么对应关系呢?这里讲的土应该是土地的意思,土地多了,财产就多了。小人追求的是土地财产。正如辛弃疾所说:"求田问舍,怕应羞见,刘郎才气。"(《水龙吟·登建康赏心亭》)

子曰:"**君子求诸己,小人求诸人。**"(《论语·卫灵公》)君子遇到问题,着重从自身找原因;小人遇到问题,往往委过于他人。君子与小人面对问题时的态度大相径庭。

子曰:"**君子成人之美,不成人之恶,小人反是。**"(《论语·颜渊》)君子努力成全他人的好事,不帮助别人做坏事,而小人却与之完全相反。"成人之美"这一成语就出于此处。君子"乐道人之善",以赞美他人的优点、长处为乐,这也是一种美德。

林林总总,还有很多,就不一一举例了。君子与小人的人品德行,已经高下立判。亲君子、远小人,这是我们要坚守的一大准则,对于干部选用来说尤其重要。

讲到这里,顺便讲一下对一种流行观点的看法。现实生活中经常听到一种说法:"君子是斗不过小人的。"以至于引出我们要不要做君子的疑问来。这种说法由来已久,的确道出了部分事实真相,究其原因,大约主要是由于君子宅心仁厚,与人为善;小人心怀叵测,不择手段。但是,这是一种似是而非的观点。理由有三:第一,君子小人之辨,是一种价值层面上的对决,君子立在道义的制高点上,就等于处于不败之境;第二,得道多助,失道寡助,这是一条铁则,这是君子必胜小人的道理;第三,不要忘了还有因果定律的存在,小人可能得逞于一时,但不可能得逞于一世,如果以二三十年为周期的话,善有善报,恶有恶报,不是不报,时候未到,时候一到,一报还一报,这种因果法则,可以看得很清楚。从这种意义上说,君子难斗小人,这是一个伪命题。

2.中行人格

孔子推崇的第二种理想人格为中行人格。

子曰:"不得中行而与之,必也狂狷乎!狂者进取,狷者有所不为也。"(《论语·子路》)找不到奉行中道的人,只好退而求其次而跟狂者、狷者交往了。狂者积极进取,狷者有所不为。

在这里,孔子明确地把个性分为三种:狂者、中行、狷者。句子中的"中行"就是奉行中道的人,狂者就是外倾、狂放的人,狷者就是内倾、内秀的人。对这三种个性,应该怎么看呢?

先来说中行人格。这是孔子极为推崇的理想人格。以前北京大学有一个著名的文化学者叫张中行,就取名于此,他是20世纪末未名湖畔三雅士之一,与季羡林、金克木合称"燕园三老",果然名实相符。孔子强调中行人格,实际上就是尊崇奉行中道的人,或者说是中庸之道在人格上的体现。

为了讲清这个问题,在这里有必要讲一下中庸之道。这也是中华文化中极为重要的一种思维方式与价值理念。孔子对中庸之道十分崇尚。

子曰:"中庸之为德也,其至矣乎!民鲜久矣。"(《论语·雍也》)中庸作为一种德行,是至高无上的。人们已经很少能够长久地奉行它了。

仲尼曰:"君子中庸,小人反中庸。"(《中庸·第一章》)君子崇尚中庸,小人则反对中庸。

孔子把中庸称作"至德",就是最高的德行,并把它作为区分君子与小人的一大分水岭,可见孔子对中庸之道的推崇程度。《中庸》一书中说"极高明而道中庸"(《中庸·第二十六章》)。事实上后来儒家、道家、佛学均十分崇尚中庸之道,使之成为中国传统哲学的一个十分重要的命题,对中华文化产生了深远影响。当然,并不是说只有中华文化讲中庸,古希腊时期的亚里士多德写过一本名著《政治学》,其中就讲过"中道"原则,与中庸之道比较接近,但是,"中道"思想在西方文化中从来不占主导地位。

那么,什么是中庸之道呢? 不少人把它理解成和事佬、和稀泥、折中主义、调和主义,这是一种普遍的误解。中国传统的中庸之道,绝不是折中主义、调和主义。冯友兰先生说,中庸可用三个字来概括:"勿太过",就是"不为已甚""因为行事过分,就将适得其反"①。说白了就是不要走极端。那么什么是极端呢? 在孔子看来,极端主要有两种:一是"过",做过头了;二是"不及",没有达到要求。

子贡问:"师与商也孰贤?"子曰:"师也过,商也不及。"曰:"然则师愈与?"子曰:"过犹不及。"(《论语・先进》)这里的"师",是子张的名,"商",是子夏的名,他们都是孔子的弟子。子贡问:"子张和子夏哪个更贤明一些?"孔子回答说:"子张'过'了,常常超过了要求,子夏'不及',常常达不到要求。"子贡又问:"那子张是不是比子夏做得好一些?"孔子讲了一句名言:"过犹不及。""过犹不及"这个成语就典出于此。在孔子看来,过和不及其实是一回事,属于两个极端,并没有什么本质上的差别。

1939 年,毛泽东在给张闻天的一封信中说:"'过'的即是'左'的东西,'不及'的即是右的东西。"②经常有人问,什么是"左倾"错误,什

---

① 冯友兰:《中国哲学简史》,赵复三译,中华书局 2015 年版,第 34 页。
② 中共中央文献研究室编:《毛泽东书信选集》,中央文献出版社 2003 年版,第 131 页。

么是右倾错误？很简单，所谓"左倾"就是超越时代要求了，右倾就是落后于时代要求了。"左倾"或者右倾，主要就是这样的概念，都是以主观与客观、理论与实际相脱离为特征，这些都是极端的东西，都要排除的。

　　总之，所谓中庸之道，就是要排除过和不及、"左"和"右"这两个极端，我们要以公正客观、不偏不倚的立场来看待问题、处理问题。对于中庸的智慧，可以用以下八个字来概括：不偏不倚，博采众长。这八个字，就是中庸之道的核心要义。如果还需要补充的话，那就加上"因时制宜"这四个字，因为中庸之道主张"时中"，反对"执一"。举一个例子，大家就能明白什么是中庸之道了。比如，现在大学中经常搞辩论赛，辩论双方所持命题一般都比较极端，不极端不好辩，没有辩论空间。但是双方各持一端的命题中都有一定的合理成分，或者是部分真理。中庸的智慧就是要把各持一端的命题中的合理因素提炼出来，并把它组合成一个整体，以此作为看待问题、处理问题的方法论原则。这就是中庸之道。中华传统文化中，无论儒家、道家还是佛学都无不赞同中庸之道。这既是哲学的智慧、政治的智慧，也是人生的智慧、生活的智慧，对中华民族的思维方式与价值观念的影响甚为深刻。

　　理解了中庸的核心要义，大家就可以发现中华文化与社会生活的方方面面无不体现着中庸的智慧。如中国古典音乐非常强调中和之美，这是中庸在音乐方面的体现。中国传统书法则强调收放自如、结构稳定，这是书法中的中庸哲理。中国古人取名字，名和字也往往体现中庸原则。如孔子有个弟子子贡，姓端木，名赐，字子贡，赐与贡都有就平衡了。唐宋八大家之一韩愈，名愈，字退之。愈就是过头了，所以要"退之"，就是要拉回来，这样就平衡了。"退之"两字也典出《论语》。中国菜往往把很多东西放在一起，煮成一锅，最后你中有我、我中有你，谁也分不清谁了,形成色、香、味俱全的美味佳肴,如此等等,不一而足。总之,中庸之道在各个方面都有体现,尤其是集中体现在两个方面:一是领导智慧,二是人格修养。从领导智慧上说,作为一个好的领导,必须站在公正客观的立场上来看待问题、处理问题,千万不要只站在自己的利益上考虑问题或站在一派的立场上去打击另一派,如果这样的话,必然不能妥善解决问题,还会引发各种不必要的矛盾。关于管理的本质有不同的说法,但是说一千道一万,可用一句话来概括,那就是各种关系的协调。说白了就是要把各种势力摆平,使之各司其职。一个领导者如果不懂得中庸之道,是难以当好领导的。从人格修养上说,就体现在孔子所说的中行人格。中行人格,本质上就是中庸之道人格化的体现。《道德经·第五十八章》中说:"是以圣人方而不割,廉而不刿,直而不肆,光而不耀。"为人方正,但不要生硬,讲求原则,但不锋利,直言不讳,但不放肆,自带光芒,但不耀眼。讲的就是中行人格。荀子说:"君子宽而不僈,廉而不刿,辩而不争,察而不激,寡立而不胜,坚强而不暴,柔从而不流,恭敬谨慎而容。夫是之谓至文。《诗》曰:'温温恭人,惟德之基。'此之谓矣。"(《荀子·不苟》)意思是说,君子对人宽厚而不怠慢,坚守原则而不尖刻伤人,能言善辩而不强词夺理,洞察一切而不过于偏激,卓尔不群而不争强好胜,坚毅刚强而不残忍粗暴,宽柔温和而不随波逐流,恭敬谨慎而能容人之过。这些都是崇高的德行。《诗经》中说的"温温恭人,惟德之基",说的就是这个意思。这与老子、孔子讲的中行人格一脉相承。

孔子向来强调知行合一、身体力行,极力推崇中行人格,他是这么说的,也是这么做的。《论语》中有这样一段文字,是弟子们对孔子形象的一个描述:

子温而厉，威而不猛，恭而安。(《论语·述而》)孔子为人温和但也严肃，有威严但不凶猛，既恭敬又安泰。

这是对孔子的形象的生动素描，是中行人格的极好典范。对领导干部来说，应该给人以庄重威严、和蔼可亲、严肃认真的感觉。

说完了中行人格，再来说说狂者与狷者这两种人格。

孔子认为，中行人格，是最为理想的人格。但是，中行并不容易做得到，奉行中道的人也并不多见。退而求其次的个性，就是狂者与狷者。狂者与狷者，虽然不是理想人格，都各有偏颇，但并非一无是处，它们各自也有可取之处。我们看待他人，主要还是应该看他的优点与长处，并学习他人身上的长处与优点，这样才能不断地提高自己、完善自己。

那么，狂者有什么优点呢？孔子讲"狂者进取"。狂者的优势在于积极进取，奋发有为。而狷者的优点又是什么呢？孔子讲"狷者有所不为"，狷者的优势在于做人做事知道有底线。套用老子的一句话，就是"知止不殆"(《道德经·第四十四章》)，"止"是底线、边界的意思。如果我们每个人都知道底线、边界，不要去突破底线、边界，就不会发生危险。有领导干部在办公室的墙上挂着"知止不殆"的字条，时时提醒自己，不管在任何时候、任何情况下，做人做事都不要突破底线、边界，这样就不会走入人生的误区。如果能够把狂者与狷者两者的优势结合在一起，既积极有为，又有所不为，那就上升到中行人格的境界了。有一个专有名词，叫作"狂狷之士"，就是指把狂者和狷者的优势结合在一起的人，这是一个褒义词，指豪杰之士。在中国古代历史上能被称作"狂狷之士"的人并不多，诸葛亮算一个，王阳明算一个，也许近代的曾国藩也可以算一个。如果有人称你是"狂狷之士"，那么就是对你莫大的褒奖。

如果说,狂者与狷者已是退而求其次的人格的话,那么,太狂与太狷则是两种极端的人格,就没有什么可取之处了。"反者道之动"(《道德经·第四十章》),任何事情发展到了极端,就会走向反面。如果一个人个性太狂,无疑是一种自杀行为。陕西有一句俗话:"狗狂挨砖,人狂挨揍。"狗太狂是要挨砖块的,人太狂是要挨揍的。庄子讲过一个寓言故事,蛮有意思的。说的是战国时期,吴王有一次带领一群大臣登上了一座猴山。山上的猴子看见打猎的队伍来了就纷纷逃散了。但是,偏偏有那么一只猕猴,不但不逃,反而在树枝中间跳来跳去,示威,展示它灵巧的身段。起初,吴王向它放了一箭,这只猴子敏捷地伸出爪子把那支飞箭接住了,还摇来晃去,惹得吴王大怒,命令臣下一齐放箭,结果就把猴子射成了"刺猬",把它射死了。(《庄子·徐无鬼》)庄子讲这个寓言故事有什么寓意呢?就是想告诉人们一个道理:人啊,千万不要像那只猴子一样,这么张狂,连死都不知道怎么死的。如果一个人个性太狷,也同样不好。例如,干部队伍中出现的一种现象,就是"不作为",说什么"不干事没有事,少干事少错,多干事多错",想当"躺平式"干部。事实上,不干事是最大的错,少干事少出错,多干事难免多出错,但是只有在前进的道路上不断总结经验教训,事业才有可能发达。当然,对干部应该建立一种容错机制,在进取过程中一定范围的差错是可以容忍的,只是要加以警戒。不作为是一种新的腐败现象。这样的干部很快就会被时代淘汰,原因就是太狷、太保守了。

中行人格,是孔子提倡的又一种理想人格,是中庸之道在人格上的体现,包含着深刻的人生哲理,对我们每一个人自我修养、完善人格具有非常重要的指导价值,值得我们认真思考、总结借鉴。

3.独立人格

孔子所倡导的另外一种理想人格是独立人格。关于此,《论语》中记录着孔子讲过的三句著名格言。

子曰:"三军可夺帅也,匹夫不可夺志也。"(《论语·子罕》)三军的主帅可以被更换,但是每个人的意志不可以被剥夺。"临大节而不可夺。"(《论语·泰伯》)"匹夫",就是个人。大家所熟知的顾炎武的一句名言:"天下兴亡,匹夫有责",其中的"匹夫"就是个人的意思。每个人都应该有独立意志与人格尊严,人人都应该有不可夺之志。这是孔子所说的志士仁人应该具备的一大精神风骨。在"批林批孔"运动时期,梁漱溟也遭到了批判。作为回应,梁漱溟先生作了《今天我们应当如何评价孔子》的长篇讲演,充分肯定了孔子在中国文化史上的地位。他说:"孔子在中国四五千年文化史上为承先启后的关键性人物。"并且声明:"目前批孔运动中的一般流行意见,我多半不能同意。"在众人追问他对"批林"的态度时,他回答说:"我的态度是不批孔,只批林。"后来,有人问他对批判的感想,梁漱溟脱口而出:"三军可夺帅也,匹夫不可夺志也。"①这就是一种真正的儒者遗风,一个特立独行的知识分子的精神风范。

孔子这种观点后来为孟子发扬光大,他说:"富贵不能淫,贫贱不能移,威武不能屈,此之谓大丈夫。"(《孟子·滕文公下》)强调人必须具有大丈夫人格,具有一种至大至刚的浩然之气、威武精神。孟子说:"我善养吾浩然之气。"接着他解释说:"其为气也,至大至刚,以直养而

---

① 梁漱溟:《梁漱溟全集》(第八卷),山东人民出版社 2005 年版,第 977－978页。

无害,则塞于天地之间。其为气也,配义与道。"(《孟子·公孙丑上》)"浩然之气"是义在内心积累所产生的,不是义由外入内而取得的。孟子还说:"自反而缩,虽千万人,吾往矣。"(《孟子·公孙丑上》)意思是,凡义之所在,纵然面对千万人阻止,我也勇往直前,无所畏惧,这是何等的气概!

孔孟强调的这种人格气节,对中国历代知识分子精神品格的养成,具有深远影响。大家知道,宋代大文学家苏轼有一句格言:"一点浩然气,千里快哉风。"(《水调歌头·黄州快哉亭赠张偓佺》)南宋末年的民族英雄文天祥有诗云:"天地有正气,杂然赋流形。下则为河岳,上则为日星。于人曰浩然,沛乎塞苍冥。"(《正气歌》)鲁迅说:"我们从古以来,就有埋头苦干的人,有拼命硬干的人,有为民请命的人,有舍身求法的人……这就是中国人的脊梁!"(《中国人失掉自信力了吗》)讲的也是这个意思。

子曰:"志士仁人,无求生以害仁,有杀身以成仁。"(《论语·卫灵公》)真正的志士仁人没有因为要苟全性命而伤害仁义的,只有为了仁义的事业而献出自己的宝贵生命的。"杀身成仁"这一成语,就典出于此。孟子讲的"舍生取义",是对孔子提出的"杀身成仁"思想的继承和弘扬。孟子还说:"志士不忘在沟壑,勇士不忘丧其元。"(《孟子·滕文公下》)意思是说,有志之士不怕抛尸山沟,勇敢的人不怕被杀头。孔孟提倡的"杀身成仁""舍生取义",在中国历史上不知熏陶和感染了多少志士仁人!从范仲淹的"先天下之忧而忧,后天下之乐而乐"(《岳阳楼记》)到文天祥的"人生自古谁无死,留取丹心照汗青"(《过零丁洋》),从顾炎武的"天下兴亡,匹夫有责"(《日知录·正始》)到林则徐的"苟利国家生死以,岂因祸福避趋之"(《赴戍登程口占示家人》),直到鲁迅的"寄意寒星荃不察,我以我血荐轩辕"(《自题小像》)……均一以贯之,体现了中国优秀知识分子关心国事民瘼、以天下国家为己任的责任担当。

子曰:"岁寒,然后知松柏之后凋也"。(《论语·子罕》)只有冬天到了以后,才会发现松柏是最后落叶的。台湾学者李敖读到这句话时,曾经发出过这样一个疑问:冬天松柏会落叶吗? 这个问题问得好,相信不少人也有这样的疑惑。对此,笔者曾经专门请教过一个研究植物学的教授,说明了缘由后,问他松柏在冬天到底落不落叶。他说:这个问题很简单,你只要在冬天的时候走到松柏树底下去看看就知道了,松柏在冬天也是会落叶的,并且它们一年四季都会落叶。只是它们是耐寒植物,所以不会像其他落叶乔木一样到冬天所有树叶都会落掉,但它也需要新陈代谢,所以一年四季一直在长出新叶,落掉干叶。正如头发一样,旧发掉落,同时又长出新发,外观看起来,好像不曾落叶,四季常青,生机盎然。孔子以松柏这一特性来形容君子的高迈品格,这对后世志士仁人的人格养成影响极大。庄子曰:"受命于地,唯松柏独也正,在冬夏青青。"(《庄子·德充符》);明代大儒陈继儒也有言道:"蒲柳之姿,望秋而零。松柏之质,经霜弥茂。"①松柏之质,乃是志士仁人高贵气质的象征。

在不少人的印象中,儒家似乎优雅有余而刚毅不足。许慎在《说文解字·卷八》中说:"儒,柔也,术士之称。"儒者似乎成了柔软、柔弱的代名词。其实,对于真正的儒者来说,温文尔雅只是其人格一个方面的特征,如"温、良、恭、俭、让",事实上他们还有另一方面的人格特征,

---

① 陈继儒:《小窗幽记》,成敏评注,中华书局 2013 年版,第 31 页。

就是刚毅勇猛的精神气质。这在历代大儒身上均能看到,尤其在孟子身上体现得更为明显。举一个例子:

有一次,齐宣王向孟子请教关于卿大夫的问题。孟子说:卿大夫有两类,一类是贵戚之卿(就是同姓的卿大夫),一类是异姓之卿(就是异姓的卿大夫)。齐宣王问贵戚之卿应该是怎么样的? 孟子说:对于贵戚之卿来说,"君有大过则谏,反复之而不听,则易位"。如果君主有过错,贵戚之卿就规劝他,如果反复规劝也不听,就会把君主换掉。齐宣王听到这里,脸色大变。对此,孟子毫无惧色,不亢不卑地接着说:大王不要怪我话说得太直,这是您问我的,我不得不实言相告。齐宣王也发觉自己有些失态,定了定神后,又问:那异姓之卿又应该是怎么样的?孟子回答道:"君有过则谏,反复之而不听,则去。"如果君王有过错,异姓之卿也会规劝他,反复规劝君王不听的时候,他们就离君王而去了。(《孟子·万章下》)孟子这种不畏权贵的精神,体现了一个真正的儒者刚正不阿的精神风骨,令人肃然起敬。

坚持真理,不畏强权,不为五斗米折腰,不摧眉折腰事权贵,为了神圣的事业,即使献出宝贵的生命也在所不惜。这些都是特立独行的儒家士大夫的高贵品格。可惜的是,孔子创立的儒家学说所倡导的这种独立人格思想,总体上说,在传统社会并没有得到很好传承,大多知识分子依附于封建官僚体制,很难有独立人格可言。

综上所述,君子人格、中和人格、独立人格,均是孔子所倡导与推崇的理想人格。当然,这并不是三种完全不同的人格,它们不是孤立存在的,而是内在地统一于儒家所推崇的理想人格。

(二)理想人格要素

君子人格、中行人格、独立人格都属于理想人格。那么,理想人格应当包括哪些内在要素呢？这是孔子"修己说"的第二大方面的内容。这个问题对我们每个人的人格修养有着极为重大的理论意义，对现代教学也有着十分深远的指导价值。

还是让我们先来认真看一下孔子是怎么说的。

子曰："知者不惑，仁者不忧，勇者不惧。"（《论语·子罕》）有智慧的人不会迷惑，有仁德的人不会担忧，勇敢的人不会畏惧。古汉语中"知识"的"知"，如果是动词，一般念 zhī，如果是名词一般念 zhì，通"智慧"的"智"。在这里，孔子提出了理想人格必须具备"知、仁、勇"三达德，所谓"三达德"，就是三种崇高的品德。《中庸》中引孔子的话说："知、仁、勇三者，天下之达德也。"（《中庸·第二十章》）那么，什么是知、仁、勇呢？

子曰："好学近乎知，力行近乎仁，知耻近乎勇。"（《中庸·第二十章》）喜欢学习就接近智了，身体力行就接近仁了，知道耻辱就接近勇了。

孔子不仅认为理想人格必须具备"知、仁、勇"三达德，而且这三者还是互相统一的，需要平衡地结合在一起。

首先，仁者必有勇。

子曰："仁者必有勇，勇者不必有仁。"（《论语·宪问》）有仁德的人必然是勇敢的，但勇敢的人未必有仁德。这里讲的是仁与勇的关系，勇敢的人未必有仁，但有仁德的人必然有勇。真正的仁，必须仁与勇相统一，这叫作"仁且勇"。

其次，仁者必有智。

宰我问曰："仁者，虽告之曰：'井有仁焉。'其从之也？"子曰："何为其然也？君子可逝也，不可陷也；可欺也，不可罔也。"（《论语·雍也》）

孔子的弟子宰我问道："对于仁德之人，有人告诉他：'井里掉进去一位仁人。'他会跳下去救人吗？"孔子回答说："为什么要这样做呢？君子可以到井边去救人，却不可以跳入井中；君子可能被欺骗，但不能被迷惑。"

还有一次，孔子批评子路说："暴虎冯河，死而无悔者，吾不与也。必也临事而惧，好谋而成者也。"（《论语·述而》）孔子说："徒步涉水渡河，空手和老虎搏斗的人，我是不会和他在一起共事的。我只和那些遇事谨慎、善于谋划而又能成事的人在一起共事。""暴虎冯河"这个成语，就典出于此，意思是有勇无谋、鲁莽冒险。

还有一次，孔子说子路"行行如也""不得其死然"（《论语·先进》），就是说子路有勇无谋，死都不知道自己是怎么死的。结果竟被孔子言中，子路就是因为有勇无谋，惨死在卫国的一场宫廷政变中，还被剁成了肉泥。孔子闻讯，悲痛欲绝，从此再也不吃他十分喜欢的酱肉了。

真正的仁者是有智慧的，这就叫作"仁且智"。

根据《孟子》的记载，子贡评价孔子"仁且智"。

昔者子贡问于孔子曰："夫子圣矣乎？"孔子曰："圣则吾不能，我学不厌而教不倦也。"子贡曰："学不厌，智也；教不倦，仁也。仁且智，夫子既圣矣。"（《孟子·公孙丑上》）

从前子贡问孔子："老师是圣人了吧？"孔子说："圣人，我没有达到，我只是学习不觉满足，教人不知疲倦。"子贡说："学习不觉满足，这样就有智慧；教人不知疲倦，这是实践仁德。既有仁德又有智慧，老师已经是圣人了。"子贡评价孔子"仁且智"，诠释了仁与智的关系。如果仁者不智，就不是真正的仁者。真正的仁，还必须与智相统一。

总之,作为理想人格,知、仁、勇三者是辩证统一的。真正的智,一定有仁有勇;真正的仁,一定有智有勇;真正的勇,一定有智有仁。三者是不可分割的。

早在两千多年前,孔子就提出了理想人格必须具有知、仁、勇"三达德",这是一个十分伟大的命题,不由得由衷敬佩孔子的睿智与远见!在这里给大家讲一个现代心理学的理论背景,大家就会明白孔子所讲的这个命题的深刻含义与卓越价值。

现代心理学告诉我们,所谓个性,又称人格,它由三大要素组成:智、情、意。所谓智,就是知识与智慧,即认识事物、判断事物的能力。一个人要取得成就,智当然必不可少,智商低是硬伤嘛。但是,一个人光有智是不够的,像一些精致的功利主义者,极端的利己主义者,为了一己私利,不惜把世界搞乱,这样的人智商越高,对他人与社会的危害也越大。所以,还得加上情。所谓情,就是指情绪、情感。一个人要取得成功,情要突出两点:一是热情,对自己所从事的事业要有炽烈的热情,甚至要到痴魔的境界。"不疯魔,不成活",讲的就是这个意思。总之,有一种初恋般的感觉就对了。二是仁爱之心、家国情怀。一个没有仁爱之心、家国情怀的人,只是一个可怜虫。因为他一旦碰到什么困难,人们不落井下石就不错了,不可能伸出援助之手,这样的人不是可怜虫又是什么呢?但是,一个人有了智、情还是不够的,因为每个人都有可能为情所困、滥用情感,因此,还得加上一个控制,这就是"意",意志的意,就是坚强的意志力、百折不挠的精神。心理学、教育学原理还告诉我们,只有智、情、意平衡地结合在一起的人,才是一个具有健全人格的人,才是一个能够真正担当社会大任的人。我们的教育目标,就是要培养智、情、意平衡地结合在一起的具有健全人格的人,这也是教育的本质、教育的目标、教育的价值、教育的魅力之所在。反观当今社会中的家庭教育、中小学教育,对孩子或学生的教育培养,往往偏重智,这种智主要还不是智慧而是知识,这种知识主要还不是全面的知识,而是用来考试的知识。有一些理工科的大学生曾经跟笔者说,中小学的时候,家长与老师连中国古典四大文学名著也不让他们看,说这是闲书,对考试没有用,这样的教育就很成问题。加上对学生的情和意方面的教育和培养又相对缺失,就会导致我们的孩子、学生在人格上往往不太健全,走上社会也很难担当大任。这是教育体系中存在的一个弊端,须加以改革。

再回到两千多年前孔子讲的理想人格,必须具备知、仁、勇"三达德",这与现代心理学中说的个性或人格由智、情、意三大要素组成的说法不谋而合,令人惊叹!知就相当于智,仁就相当于情,勇就相当于意。这个观点并不是笔者首倡的,早在 1920 年,中国近代著名思想家梁启超先生在《孔子》一文中指出:"近世心理学家说,人性分智(理智)、情(情感)、意(意志)三方面。""孔子说'知仁勇三者,天下之达德'。""知就是理智的作用;仁就是情感的作用;勇,就是意志的作用。"[1]梁启超先生的这种观点,的确可以说是独具慧眼。

孔子提出的"三达德"说,对后世产生了相当深远的影响。

1916 年 12 月 9 日,毛泽东在给黎锦熙的信中说:"古称三达德,智、仁与勇并举。今之教育学者以为可配德智体之三言。诚以德智所寄,不外于身;智仁体也,非勇无以为用。"[2]把"智、仁、勇"与"德、智、

---

① 梁启超:《孔子与儒家哲学》,中华书局 2016 年版,第 83 页。
② 中共中央文献研究室、中共湖南省委《毛泽东早期文稿》编辑组编:《毛泽东早期文稿》(1912—1920),湖南人民出版社 2013 年版,第 52 页。

体"全面发展的教育思想联系了起来,独具慧识。

孙中山先生在 1921 年 12 月 10 日《军人精神教育》一文中提出的革命军人精神应该具备的品质:"所谓精神,非泛泛言之,智、仁、勇三者即军人精神三要素。能发扬此三种精神,始可以救民,始可以救国。"①革命军人也要具智、仁、勇三大要素,这是孙中山先生对孔子"三达德"思想的创造性应用,恰到好处。

有一个在职硕士,是一个小学校长,有一次她向我咨询:"老师,我们学校新校区刚刚落成,在学校正门的大门口放了一块大石头,在这块大石头上面应该题上几个字吧,否则显得没文化。但是,这几个字分量应该很重,否则就压不住这石头。您看在这石头上题什么字好呢?"笔者当时就毫不犹豫地说:"可题智、仁、勇三个字。一是典出《论语》,很有文化底蕴;二是反映了咱们学校的办学理念,就是培养情、意、智平衡地结合在一起的具有健全人格的人。"虽然不知道这意见后来有没有被采纳,但是这三个字的分量的确够重了。

(三)修己的目的

上文讲到孔子关于修己要追求的理想人格与理想人格三要素,接下来谈谈修己的目的,这是孔子"修己说"的第三大内容。

1. 内圣外王

孔子所提出的修己的目的,就是儒家后来所大力提倡的人生理想。总起来说可用四个字概括:内圣外王。其中的"王"字,念 wàng,是动词。一般人念错也就罢了,不少研究国学的专业人士也把它念成作为名词的 wáng,就有些煞风景了。"内圣外王"一词,出于《庄子》一书:

————————

① 《孙中山全集》(第二卷),人民出版社 2015 年版,第 180 页。

"是故内圣外王之道,暗而不明,郁而不发,天下之人各为其所欲焉,以自为方。"(《庄子·天下篇》)意思是说,内圣外王之道幽深而不明了,隐晦而不彰明,天下的人各尽所欲,自为方术。"内圣",即内心具有圣人的才德,"外王"是指对外施行王道。"内圣外王"这个术语后来被用来形容儒家所倡导的人生目标是最贴切不过的了,后来成为中国哲学的一个重要命题。

儒家所竭力倡导的"内圣外王"的人生理想,从思想渊源上说,最早要追溯到孔子,集中体现在《论语》中的这段文字:

子路问君子。子曰:"修己以敬。"曰:"如斯而已乎?"曰:"修己以安人。"曰:"如斯而已乎?"曰:"修己以安百姓。修己以安百姓,尧、舜其犹病诸!"(《论语·宪问》)子路向孔子请教怎么样才能算作君子。孔子回答说:"加强自己的修养,达到崇高的境界。"这是基础前提,如果自身修养不够,很难有所作为。子路不满足,追问道:"难道仅仅如此吗?"孔子回答说:"通过加强自我的修养,安顿好身边的人。"身边的人包括亲人、朋友以及值得自己帮助的人。一个人不仅要为自己活,还要为自己的亲人、朋友以及社会上值得帮助的人活,这样就更能体现人性的光辉与人生的价值。子路仍不满足,继续问道:"仅仅如此吗?"孔子又回答说:"通过加强自我的修养来安顿好天下黎民。"这就是孔子讲的"泛爱众"的意思,理想目标就更远大了。其中"修己以敬",就是加强自我修养,尤其是道德修养,属于"内圣"的功夫,而修己以"安人""安百姓",就是"外王"之道,以天下国家为己任,实现自己的人生抱负。可见,孔子并不仅仅把修己看作个人的自我修养,而且看作为治国平天下服务的逻辑起点。

后来《大学》一书对孔子的"内圣外王"思想作了系统阐发。《大学》原来是《礼记》中的一篇文章,宋明理学家把它专门提取出来,作为四书之一。《大学》的内容比较丰富,但主旨就是"内圣外王"的人生理想,具体可用两句话来概括:一是"三纲领",二是"八德目"。所谓"三纲领",就是其开宗明义的那段话:"大学之道,在明明德,在亲民,在止于至善。"对句子中的"亲"的念法有分歧,朱子、程子认为应该念作xīn,王阳明先生认为要念qīn。根据上下文的意思念作xīn比较好,近代梁启超先生所著《新民说》一书中的"新民"就是亲(xīn)民。现在很多人念作qīn,也没有多大问题,因为已经约定俗成了。"明明德",就是加强自我的内在修养,讲的是内圣功夫。"亲民",就是以天下国家为己任,实现平治天下的人生抱负,讲的是外王之道。"止于至善",讲的是内圣外王的和谐统一。有不少书法家给他人题字就喜欢题"止于至善"这四个字。所以书法家也不大好当,经常给人题字,如果没有很好的文化修养,那么连题什么字都想不好就有问题了,如果老给人们题什么"花开富贵""鹏程万里"之类,就显得俗气了。1921年,陈嘉庚先生创办厦门大学时即把"自强不息,止于至善"定为校训。

所谓"八德目",主要体现在以下这段文字:"古之欲明明德于天下者,先治其国。欲治其国者,先齐其家。欲齐其家者,先修其身。欲修其身者,先正其心。欲正其心者,先诚其意。欲诚其意者,先致其知。致知在格物。"具体地说,就是正心、诚意、格物、致知、修身、齐家、治国、平天下这八个德目。其中正心、诚意、格物、致知、修身,是内圣的功夫,齐家、治国、平天下,是外王之道。对此,孙中山先生给予了高度肯定,将之提高到了政治哲学的高度。他说:"中国有一套最有系统的政治哲学,⋯⋯就是《大学》中所说的'格物、致知、诚意、正心、修身、齐家、治国、平天下'那一段话。⋯⋯这是我们政治哲学的知识中独有的宝贝,是应该要保存的。"①这"内圣外王"四个字,对当今的人们的自我修养,尤其是干部的修养,具有十分重要的指导价值。内圣与外王是相互统一的,内圣是外王的基础,外王是内圣的成果。朱熹在《四书章句集注》一书中为什么要把《大学》一书列于"四书"之首部,作为研究孔子学说的入门之经?是希望人们首先要树立大格局:内圣与外王统一。内圣与外王相统一,才是有大格局的人。判断一个人有多大成就、能走多远,就主要看这个人的格局大不大。

现代干部如果能懂得内圣外王之道,并且把它落实到具体行动,这不仅是国家民族之福,也是个人可持续的为官之道。一些干部就是因为不懂得孔子倡导的"内圣外王"之道,忽略了"修己"而误入歧途,跌入犯罪深渊,后悔莫及。没文化,的确很可怕!

2. 达兼穷独

内圣与外王的统一是一种理想状态。但是,理想是丰满的,现实往往是骨感的。在现实社会中,内圣与外王常有不统一的时候,即便孔子、孟子,还有董仲舒、朱熹、王阳明等大儒经常也会有不得志的感觉。李白有诗云:"古来圣贤皆寂寞,惟有饮者留其名。"(《将进酒》)这是一种悲剧。什么是悲剧?按照鲁迅先生的说法,就是"将人生的有价值的东西毁灭给人看"(《再论雷峰塔的倒掉》)。说得学理一点,这是因为理想与现实的落差。理想与现实的落差,就是悲剧的来源之一。那么,当内圣与外王不能统一的时候,怎么办呢?有一种说法:达兼穷独。"达兼",就是达则兼济天下,"穷独",就是穷则独善其身。这是一种权变、变通之道,并没有放弃"内圣外王"的人生理想。孔子与此相

---

① 孙中山:《三民主义》,九州出版社 2011 年版,第 56 页。

关的说法有很多,给后人留下了不少脍炙人口的名言警句。

子谓颜渊曰:"用之则行,舍之则藏,惟我与尔有是夫。"(《论语·述而》)孔子对颜渊说:"如果有人能够任用我,我就把治国平天下的大道推行于世;如果没有人能够任用我,我就将治国平天下的大道藏之于身。这大概只有我与你能做到吧。"其中所说的"用之则行,舍之则藏",就是"达兼穷独"的经典表达。

子曰:"邦有道,危言危行;邦无道,危行言孙。"(《论语·宪问》)孔子说:"国家政治清明、走上正道的时候,敢说敢做敢于担当;国家政治混乱、走上无道的时候,事情还是要做的,但是说话就要谨慎了,要懂得明哲保身之道。"俗话说:留得青山在,不怕没柴烧。讲的就是这个道理。

子曰:"宁武子,邦有道则知,邦无道则愚,其知可及也,其愚不可及也。"(《论语·宪问》)孔子说:"宁武子这个人,当国家有道时,他就显得聪明,当国家无道时,他就装傻。他的聪明是别人可以做得到的,但他的装傻别人就做不到了。"现在有个成语,叫"愚不可及",就取材于此,不过这个成语现在的意思与《论语》中的原意已经完全相反了。孔子所说的"其愚不可及也",并非笨得不能再笨了的意思,而是大智若愚,聪明得不能再聪明了的意思。不少成语在后来的演变过程中,意思发生了很大的变化,甚至与原意大相径庭,但已经约定俗成了,也就只好这样了。

宪问耻。子曰:"邦有道,谷;邦无道,谷,耻也。"(《论语·宪问》)有人对这句话居然是这样解释的:他把句子中的"耻"说成是"齿"的通借词,引申为老百姓的吃饭问题,而把"谷"解释为稻谷。把这句话解释为,孔子的弟子原宪请教百姓的生计问题。孔子回答说:"国家社会走上正道了,五谷丰登;国家无道,百姓就没饭吃了,饿殍遍野。"这种解释真是离题万里,令人目瞪口呆。"耻"就是耻辱的耻,在古汉语中没有其他含义,绝没有通"齿"的说法。"谷"在这里是特指古代官员的俸禄,引申为当官。你在拿俸禄,就意味着在当官。此句的正解是:原宪问什么是耻辱,孔子回答:"国家社会走上正道的时候,你可以去当官,当国家政治混乱而你已经无能为力的时候,你还在当官,与那些贪官污吏为伍,那是一种耻辱。"

子曰:"天下有道则见,无道则隐。"(《论语·泰伯》)这里的"见",读xiàn。天下有道的时候,就出来当官做事,天下无道的时候就应当隐居江湖。

子曰:"道不行,乘桴浮于海。"(《论语·公冶长》)孔子说:"如果大道不能推行于天下,我就乘坐小木排到海上漂流去了。"颇有些仙风道骨的范儿。说到这里,讲一个相关的小故事。有一次笔者去陕西富县良村做文创工作。这个良村又分为上良村与下良村,上良村的村民都姓孔,下良村的村民大多数人姓孔,据传良村是两个孔姓的兄弟从山东曲阜迁居此地而形成的村落,颇有儒家遗风。村党支部书记陪同笔者去考察村子,这村子东面有一条很深的水沟,他说准备在此造一座铁索吊桥,问取什么名字好。笔者给了他两个选择:一是"子川桥",二是"乘桴桥"。第一个名字取材于《论语·子罕》篇中的"子在川上曰:'逝者如斯夫,不舍昼夜。'"第二个名字取材于《论语·公冶长》篇中的"道不行,乘桴浮于海"。笔者向他作了具体说明后,问他如果在这两个名字中选一个,他倾向于哪一个?他说那就是"乘桴桥"了。笔者问他为什么,他说"乘桴"两个字给人一种飘逸的感觉。

这类句子,还有不少。从中我们也可以发现,孔子的思想有些道家的思想元素,这并不奇怪。多本史书记载了孔子问礼于老子的故事,基本上还是可信的。孔子对老子十分崇敬,称他"其犹龙乎"! 孔子的确也受了老子思想的一些影响,这在《论语》中有明确的印记,比如"天下有道则见,无道则隐""用之则行,舍之则藏""道不行,乘桴浮于海"的出世思想,还有"无为而治"的治国理念等。

对此,孟子直截了当地说:"故士穷不失义,达不离道。……穷则独善其身,达则兼善天下。"(《孟子·尽心上》)这就是"达兼穷独"这一成语的来历。一些人可能会说,"达则兼善天下"中的"善"是不是应该是"济"? 据考证,孟子的原文是"达则兼善天下"。当然,从修辞学的角度来说,"达则兼善天下"改为"达则兼济天下"会更好些,但是原文如此,我们还是要尊重原文。

"达兼穷独"与"内圣外王",这两者是什么关系呢? 从总体上看,并不矛盾。"达兼穷独",不过是在不得已的情形下的权宜之计,但是并没有放弃对"内圣外王"的人生终极理想的追求。

二、齐家

上节讲了修己,即修身,本节来讲齐家,就是家庭建设问题。

从发展心理学的角度看,三到七岁是一个人人格形成的黄金时期,在这个时期,人格的可塑性很强。小学时期,人格形成还处于过渡时期。到了中学阶段尤其是到了高中以后,人格就基本定型了,已经很难改变。当然并不是说不能改变,毕竟也有浪子回头的情形,但概率不是很大。三到七岁这个时期,主要以家庭教育为主体。家庭是孩子的第一课堂,殆非虚言。因此,要十分注重家庭建设的价值,注重家风家规家教,如果这个时期家教不好,孩子长大后极有可能走上歧途。

家庭教育不仅是家庭私德,也涉及社会公德。干部家庭教育问题甚至关涉国家社会治理。

大家应该记得发生在十几年前的一件事情。2010 年 10 月 16 日晚,有一名男子,驾车在河北大学校区内撞倒两名女生,导致一死一伤,被学生和保安拦下后,他还高喊:"有本事你们去告我,我爸是李刚!"后经证实了解,该男子的父亲是保定市公安局某分局副局长。此事一出迅速成为网络热议事件,"我爸是李刚"一语也迅速在网络上蹿红。他不仅把爹坑惨了,还破坏了几个家庭的幸福,对社会造成了很大的危害。

由于家族制度是中华传统文化的重要植根基础之一,因此家文化在中国十分发达。家族制度对中华文化的形成与发展影响极大,是中华传统文化的堡垒。正如冯友兰先生所说:中国的家族制度,"它无疑是世界上最复杂的、组织得很好的制度之一"①。这是我们考察中华传统文化的一个重要切入口。如果不了解家族制度对中华文化的深刻影响,那么是无法真正理解中华文化的精髓的。中华文化十分重视家庭建设的价值,注重家风、家规、家教,这也是中华文化对人类文明的极大贡献。那么,如何齐家呢? 在这个方面,《论语》的思想资源十分丰富,可资借鉴。

(一)孝悌为本

家庭建设的基础与根本,就在于两个字:孝悌。所谓孝是子女对父母的孝顺,悌就是弟弟妹妹对兄姐的尊敬,当然其中也包括父母对子女的呵护、兄姐对弟弟妹妹的关爱,因为人际情感与关系总是双向的。

---

① 冯友兰:《中国哲学简史》,北京大学出版社 1996 年版,第 18 页。

或谓孔子曰:"子奚不为政?"子曰:"《书》云:'孝乎惟孝,友于兄弟,施于有政。'是亦为政,奚其为为政?"(《论语·为政》)有人对孔子说:"你为什么不去为政?"言下之意是,你讲起治理国家的大道理一套一套的,为啥不去当官呢? 不无挑衅意味。孔子回答说:"《尚书》中有一句话:孩子对父母非常孝顺,兄弟之间十分友善,把这种孝悌精神运用于国家治理。这本身就是为政,你认为还要怎么样才算为政?"孔子把孝悌与为政联系起来,这是他的一大贡献。

子曰:"孝悌之至,通于神明,光于四海,无所不通。《诗》云:'自西自东,自南自北,无思不服。'"(《孝经·感应章》)这是《孝经》一书中记载的孔子说过的一句话。孝悌达到极致,可以通达于神明,光耀于天下,可以通行无阻。正如《诗经》中所说的那样:从西到东,从南到北,无不心悦诚服。可见,孔子对孝悌的推崇程度。

有子曰:"其为人也孝悌,而好犯上者,鲜矣;不好犯上而好作乱者,未之有也。君子务本,本立而道生。孝悌也者,其为仁之本与!"(《论语·学而》)有子即有若,孔子的得意高足,他对孔子的学说有颇多了解。句子中讲的"本"是基础与根本的意思,朱熹说:"本,犹根也。""言君子凡事专用力于根本。"[1]"本"就是根,原指树根,根深才能叶茂,无本之木是立不住脚的。"孝悌也者,其为仁之本与!"意思是孝悌是为仁的基础。孔子所创立的儒家学说中最为重要的范畴是仁学,而仁学的基础是什么? 就是孝悌。有子认为,孝悌是家庭伦理的根本,孔子仁学思想的基础,这是有深刻的道理的。中华传统文化有一个很大的特点,就是伦理型的文化,把家庭伦理社会化、政治化,又把政治与

---

[1] 朱熹:《四书章句集注》,上海古籍出版社 1995 年版,第 62 页。

社会伦理化。"其为人也孝悌,而好犯上者,鲜矣。"即是说这个人在家里秉持孝悌之道,走上社会会胡作非为的就比较罕见。这句话讲得蛮有道理。要知道一个人的人品究竟怎么样,你只要看他对父母兄长的态度怎么样就可以了。如果这个人对他的父母兄长的态度都很恶劣,那么就很难想象他对同事、朋友以及其他人会有深情厚谊。"君子务本,本立而道生",君子为人做事,注重根本,根本确立了,道义才能产生。西安交大创新港校区内有一条大道叫作"务本路"就取材于此。

孟子说:"尧舜之道,孝悌而已矣。"(《孟子·告子下》)尧、舜的大道,最根本的只在于"孝悌"两个字而已。这与孔子的思想一脉相承。

孔子所创立的儒家学说十分注重家庭建设的价值,注重家教、家规、家风,并且认为孝悌是家教、家规、家风的核心内容,这对现实社会仍然具有重大意义。无论经济社会如何发展,对一个社会来说,家庭对生活的作用不可替代,家庭的社会功能不可替代,家庭的文化作用不可替代。家庭是人生的第一课堂,家庭教育对每个人人生观、价值观、世界观的形成具有重要的意义。

(二)具体德目

子曰:"弟子入则孝,出则弟,谨而信,泛爱众而亲仁。行有余力,则以学文。"(《论语·学而》)弟子一般有两种含义:一是学生,二是小辈。弟子回到家里要尽孝道,走上社会对长辈要尊敬(句子中的"弟"通"悌"),说话和做事要谨慎而且讲信用,广泛地爱社会上的众人并且亲近仁者贤者。工作之外尚有余力,就学习一些诗文。这段文字是孝悌的具体化,基本上涵盖了家教、家规、家风的基本内容。"行有余力,则以学文"这句话非常有名,流行很广。为什么呢? 孔子说:"言之无文,行之不远。"(《左传·襄公二十五年》)《三字经》中的"行有余,则学文"就典出于此。

　　清代康熙年间秀才李毓秀就根据《论语》中的这段文字,写成了《训蒙文》,后经清人贾存仁修订,改名《弟子规》。这就是现今"国学热"中备受推崇的一本儿童启蒙读物。《弟子规》中开宗明义:"弟子规,圣人训。首孝悌,次谨信。泛爱众,而亲仁。有余力,则学文。"不过,在这里需要指出的是,《弟子规》成书于清代,在当时并没有多大影响,之后较长一段时间也没有什么影响。如果我们看毛泽东、周恩来、刘少奇、朱德、邓小平等老一辈革命家的传记,就会发现他们年幼时所读的蒙训读物中根本不见《弟子规》的踪影。然而在如今的"国学热"中,《弟子规》却大红大紫起来,有人甚至把《弟子规》称作中华传统文化的经典,推荐给上幼儿园、小学的孩子去背。《弟子规》在传统社会连著名的蒙训读物也算不上,更遑论是什么国学经典。中国传统文化中著名的蒙训读物是"三百千千",即《三字经》《百家姓》《千字文》《千家诗》。《弟子规》作为蒙训读物虽有可取之处,但也有不少僵化的内容,并不利于孩子个性的自由发展。对孩子进行国学方面的教育,"三百千千"、唐诗宋词等均不可少,还可以把"四书五经"与《道德经》《左传》《庄子》《淮南子》《史记》等经典中的格言警句分门别类地整理出来,让孩子从小背诵,这才是真正大有裨益的。

　　(三)百善孝为先

　　在家庭建设中,最重要的莫过于孝道。中华传统文化经典中讲到孝道的内容很多,除《论语》外,还有《礼记》《孟子》《荀子》等书都有阐发。其中集大成者是《孝经》。孝道是中国传统社会十分重要的价值观之一,亦是中华民族的传统美德之一,具有广泛的群众基础。孝道还与国家社会的治理联系在一起。中国古代不少统治者都大力提倡"以孝治天下"。《红楼梦》第五十五回描述道:"且说元宵已过,只因当今以孝治天下,目下宫中有一位太妃欠安,故各嫔妃皆为之减膳谢妆,不独不能省亲,亦且将宴乐俱免。故荣府今岁元宵亦无灯谜之集。"①尽管中国传统文化中的"五常",并没有提到"孝",但是谁也不会否认"孝"在中华文化中的突出地位与价值。

但是,近代以来孝道逐渐衰微。五四新文化运动中,施存统甚至发表文章主张"废孝",矫枉过正,走向了极端。在现代社会孝道也并没有得到很好传承。不少子女往往忙于工作,和父母相处的时间少之又少,有的远隔重洋,与亲人难以见面。在城市中有了"啃老"一族,在乡村弃养、虐待老人的现象也时有发生。孝道作为中华民族的一大传统美德,没有得到很好传承,这是非常令人遗憾的事情。因此,大力弘扬孝道正当其时。

如何弘扬孝道呢?要弘扬孝道,首先必须汲取传统孝道的精华,并采取正确的途径与方式加以弘扬。

现实社会中有人主张,通过弘扬中国古代二十四孝的方式来弘扬孝道。我们时常可以看到在一些画报栏里画着中国古代的二十四孝图。二十四孝里面讲的孝道精神还是不错的,但是,也有通过荒诞不经的故事来讲述愚孝的内容,这是封建糟粕,是应该剔除的。比如王祥卧冰求鲤、郭巨埋儿奉母,等等。郭巨家境不好,一家人甚至都吃不饱饭,按照现在的话来说,是个"贫困户"。郭巨的母亲非常宠爱孙子,尽管自己也吃不大饱,但是经常偷偷地把好的东西留给她的孙子吃。这件事情被郭巨发现了,他深感不安,认为这样长此以往对母亲大人的健康

---

① 曹雪芹:《红楼梦》(上),人民文学出版社 2002 年版,第 749 页。

不利,于是他就跟妻子商量,把儿子埋掉算了,这样就可以省出一个人的口粮来供奉母亲大人,妻子居然也含泪同意了。有一天奶奶正跟孙子在房子里面玩得开心,而郭巨夫妇各拿一把锄头在院子里面挖坑,挖什么坑?挖埋儿子的坑。郭巨埋儿奉母图就是这样画的,多么残忍的场面啊,还好意思画出来。郭巨夫妇在挖坑的时候,挖呀挖呀挖出来一坛金子,上面还有张纸条,上书这坛金子为郭家所专享,其他人是不能享用的。从此以后,郭家就过上了殷实的生活,其乐融融。这个故事,一方面荒诞不经,在院子里挖坑,挖着挖着挖出来一坛金子,好像满地都是金子似的。另一方面,大家听了有什么感觉?反正笔者是觉得毛骨悚然。通过这样的故事来弘扬孝道,这是现代社会所需要的吗?是现实中的人们能够接受的吗?我们不能良莠不分。在弘扬中华优秀传统文化的过程中,一定要厘清其中的精华与糟粕,否则在实践中就会导致不良后果。

《论语》涉及孝道的地方较多,孔子重视孝悌精神,尤其推崇孝道。悌从很大程度上可以说是孝的延伸,属于孝的范畴,长兄如父,讲的就是这个意思。孔子的孝道思想内涵非常丰富,对不同弟子问孝,他的回答也很不相同,体现出孔子因材施教的重要教育理念。让我们来看看,孔子对孝道是怎么说的,把其中的精华提炼出来,对当今社会创造性地弘扬孝道会有重要启迪。

1. 能养

"能养"一词是《论语》中的用语,意思是指从物质上、生活上给父母无微不至的悉心照顾。

子夏说:"事父母能竭其力。"(《论语·为政》)子夏是孔门十哲之一,他对孔子学说有颇多见解。他说侍奉父母要能够竭尽全力。父母对子女的爱是天底下最无私的,子女对父母的爱也应该是无条件的。这本是天经地义的事情,但是在现实生活中要做到这一点恐怕就不是那么容易了。

子曰:"父母在,不远游,游必有方。"(《论语·里仁》)孔子讲的这句著名格言,在中国几乎家喻户晓。父母在世的时候,子女应不应该远游?这是一个十分古老的话题,也是现代社会的热点问题。可见,很多社会问题是古今一致的。对此,孔子给出的答案是:一方面,父母在世时子女尽量不要远游。由于古代交通不发达,一次远游需要较长时间,父母年事已高,身边需要子女悉心照料,如果子女远游,父母不仅生活起居会受影响,精神上也不免落寞。随着父母年迈,情况更为严重。如果子女不在身边,一家人不但无法享受天伦之乐,而且父母一旦突发疾病是非常危险的。现代社会中何尝不是如此?因此,笔者经常对学生说,毕业后找工作尽可能找一个离父母比较近的地方安家落户,这样可以就近照顾父母,这是一种孝道的体现。另一方面,孔子也并不是一味地反对远游,如果一味反对远游,父母一心把子女留在身边,子女就可能成为井底之蛙,碌碌无为,无所建树,不能为国家社会作出更大的贡献,这并不符合大孝。孝有小孝与大孝之分。"善事父母为孝"(《尔雅》),这是小孝;移孝于忠,忠于国家、忠于民族,好儿女志在四方,建功立业,光祖耀宗,使父母能以其为荣,从而得到精神上的莫大慰藉,这同样是一种孝道,而且是一种更高境界的孝道,即大孝。但是,孔子指出,子女要远游,必须"游必有方"。什么是"游必有方"呢?朱熹的解释是,子女要远游的话,务必要告知父母自己所在的地方,免得父母担忧,有召必速回。"如己告云之东,即不敢更适西,欲亲必知己之所在而无忧,召己则必至而无失也。"①这是传统的经典解释,现在很多人也是这么理解的。把"方"解释为方位、地方的意思,这当然解释得通,这是一种理解。但是,笔者认为还有一种更好的解释,古汉语中"方"还可解释为"方法"。如《论语》中还有"能近取譬,可谓仁之方也已"(《论语·雍也》)的说法,句子中的"方"就是方法的意思。因此,"游必有方"可以解释为:子女如果要远游的话,就必须要有如何安顿好父母的方法。比如在当代社会,可以委托兄弟姐妹和其他亲戚妥善照料,可以把父母接来同住,可以常回家看看,可以每天打个电话问候,等等,总之,总得想出一个两全其美的办法。有一个案例比较典型,根据佛教十三经之《坛经》记载,后来成为禅宗六祖的慧能出家之前,父亲早亡,孤儿寡母相依为命,依靠慧能打柴卖柴为生。有一次慧能在山上打柴时,偶然听到五祖弘忍正在弘扬佛法,感觉无比美妙,从此一心想着要去拜五祖弘忍为师。但是,如果他走了,母亲怎么办? 对此他十分纠结,面临着艰难的抉择。后来有一友人给慧能资助了十两银子,他觉得机会来了,把银子交给母亲,并把母亲托付给乡亲照顾,自己便去参礼五祖,最终成为一代宗师。如果当时慧能不去参拜五祖,恐怕很难成为六祖。

子曰:"父母之年,不可不知也。一则以喜,一则以惧。"(《论语·里仁》)对父母的年龄,是不可以不知道的。一方面为他们的康健长寿而高兴,另一方面又为他们的年迈衰老而担忧。现实中有不少人连父母的生日都不知道,更不要说心系父母,与父母喜乐与共了。

子曰:"父母,唯其疾之忧。"(《论语·为政》)对此句的理解,历来有分歧,关键在于句中的"其",究竟是指子女还是父母? 朱熹解释说:

---

① 朱熹:《四书章句集注》,上海古籍出版社1995年版,第90页。

父母唯子女之疾病为忧。这是一种传统的解释，也说得通。子女身体不好，会引起父母的担忧，也是一种不孝的体现。所以《孝经》中说："身体发肤，受之父母，不敢毁伤。"还有一种解释是说：子女唯父母之疾病为忧。这也许是更好的一种解释，这与《孝经》中说的父母"病则致其忧"也是一致的。

总之，能养，这是孔子所讲的孝道的第一层含义，也是最低层面的要求。

在这里，还涉及另一个现实性比较强的问题，就是养老方式的问题，也跟传统孝道有关。

在传统社会中，一般采取家庭养老形式，至于鳏寡孤独，则有社会养老的传统。在现代社会产生了养老社会化的趋势，有人认为，这是社会进步的体现，也有人认为，这是违背孝道的，争议比较大。当然，让鳏寡孤独住进养老院，使他们生活上有保障，这符合孔子所倡导的大同社会的理想，值得肯定。但是，对于有子女的父母，是否非要住进养老院里？这不仅仅是个经济问题、社会问题，更是一个伦理问题、责任问题。当然，这个问题比较复杂，不能一概而论，但是，倡导鼓励子女孝敬父母、居家养老，这是弘扬中华孝道精神的具体要求。在物质生活日趋丰足的今天，精神上的关心其意义大于物质的供养，因此，居家养老不失为一种中国式养老的较好形式。

2. 无违

孔子讲过，孝道要讲究"无违"。这是孝道的第二层含义。孔子讲的"无违"，是有特殊含义的，后来却被曲解了，在宋元以后的中国传统社会，还把"子从父命"视作孝的内容，甚至还有"父要子死，子不得不死"的说法，这是一种愚孝。其实，对于"无违"一词，孔子是有明确解释的,不能断章取义,让我们来看原文。

孟懿子问孝,子曰:"无违。"樊迟御,子告知曰:"孟孙问孝于我,我对曰:'无违。'"樊迟曰:"何谓也?"子曰:"生,事之以礼;死,葬之以礼,祭之以礼。"(《论语·为政》)有一次,孔子的一个弟子孟懿子问什么是孝,孔子回答了两个字:"无违。"孔子的另一个弟子樊迟为他驾车,孔子告诉他:"刚才孟懿子问我什么是孝,我回答他'无违'。"樊迟说:"这说的是什么意思呢?"孔子说:"父母活着的时候,要按礼侍奉他们;父母去世后,要按礼的要求埋葬他们、祭奠他们。"在这里孔子对"无违"作了明确界定,是无违于礼,并不是无违于父母之命。其中"生事之以礼"比"死葬之以礼,祭之以礼"要重要得多。"子欲养而亲不待",这是人间的一大悲剧。

那么,如何礼待父母呢? 对此,孔子在以下这段文字中说得最清楚不过了。

子游问孝。子曰:"今之孝者,是谓能养。至于犬马,皆能有养;不敬,何以别乎?"(《论语·为政》)孔子弟子子游向孔子问什么是孝。孔子回答说:"现在一些自称孝子的人,认为能够赡养父母就可以了。但如果对父母没有敬意,那么赡养父母跟养狗养马有什么区别呢?"礼的精髓,就在于一个敬字。

3. 色难

孔子强调,孝道中深层次的内容是"色难",意思是给父母好的脸色,是最难能可贵的。

子夏问孝。子曰:"色难。有事,弟子服其劳;有酒食,先生馔,曾是以为孝乎?"(《论语·为政》)子夏问孔子什么是孝。孔子回答:"对待父母和颜悦色是难能可贵的。有事情儿女替父母做了,有美酒佳肴让长辈先吃,难道这就是孝了吗?"句子中的"色",是脸色的色。对父母做到和颜悦色,表面上看起来很容易,事实上做起来非常不易。现实中不少人对他人尚能做到和颜悦色,但是对父母却很难总是如此,还有"久病床前无孝子"的说法。给父母好的脸色,这才是孔子讲的孝道中的核心,也是践行孝道的重点与难点之所在。可见,奉行孝道并非一件容易的事情,而是需要用真心、真爱去做的事情。《礼记》中有一句话讲得非常好:"孝子之有深爱者,必有和气;有和气者,必有愉色;有愉色者,必有婉容。"(《礼记·祭义》)作为真正的孝子心中对父母有深深的爱戴,必然会有一团和气,有一团和气,必然会有和颜悦色,有和颜悦色,必然会有姣好容颜。相由心生,讲的就是这个道理,讲求孝道还能起到美容的功效,这倒是非常有趣的事情。

4. 几谏

俗话说:"人非圣贤,孰能无过?"更何况根本也不存在没有过错的圣贤。父母肯定也会有过失,老年人容易固执、思想僵化、倚老卖老、为老不尊的现象也时有发生。有一部电视连续剧《都挺好》,剧中由倪大红扮演的父亲苏大强,为人自私,很少为子女着想,对子女总是提出许多过分的要求,经常弄得家里鸡犬不宁,让人哭笑不得。当然,这是一种极端现象,但是父母会有过失,这是肯定的,对此应该怎么办?

<u>子曰:"事父母几谏,见志不从,又敬不违,劳而不怨。"</u>(《论语·为<u>政</u>》)句子中的"几",是小心的意思。所谓"几谏",就是父母有过失、过错,子女们要小心地加以劝谏。父母有做得不对的地方,做儿女的要小心地劝谏,如果父母听不进去,依然要礼待父母,而且要有耐心,任劳任怨。可见,孔子并不赞成盲目服从父母。孔子讲孝道,但是反对愚孝。

《孔子家语》一书中讲了这么一个故事:孔子有一个弟子曾参,他

的父亲叫曾皙，又叫曾点，与曾参同为孔子弟子。孔门中有两对父子同时拜孔子为师，除了曾皙与曾参，还有颜回和他的父亲颜路。这种关系比较复杂，既是父子关系，又是同学关系，反映了孔门的一大特点。有一次曾参在地里为瓜苗锄草，不小心弄断了一棵瓜苗。曾皙很生气，拿了根棍一棍子把他打晕了。过了很久，曾参苏醒过来后对父亲说："刚才我得罪了父亲大人，父亲为了教育我而用力打我，您有没有受伤？"然后曾参站起来蹒跚地走进房子里面，还故意弹起琴来，表示自己安好，免得父母担心。孔子听说这件事情以后很生气，就对其他弟子说："如果曾参来了，让他不要来见我！"曾参觉得很委屈，感到不服气，心想老师不是经常讲孝道吗？我这样对待父亲有什么不对？于是托同学向孔子请教原因。孔子就对来人说："你难道没听说过吗？从前圣君舜帝，小的时候侍奉父亲，父亲使唤他，他总在父亲身边；父亲要杀他，却找不到他的踪影了。父亲拿着小棍来打他，他就站在那里忍受，父亲拿着大棍来打他，他就逃跑了。因此，他的父亲没有背上不义的罪名，而他也没有失去孝子之心。如今曾参侍奉父亲，面对暴怒的父亲也任其处置，父亲要打死他，他也不躲避。他如果真的被打死了，就会陷父亲于不义的境地，是最大的不孝。另外，他不是自称为天子的臣民吗？杀了天子的臣民，犯了多大的罪啊？"曾参听后很惭愧地说："我的罪过的确太大了呀！"于是请见孔子并向他谢罪。"小杖则受，大杖则走"，就典出于此。意思是说，子女看到父母拿了根小棍来教训自己，挨几下就挨几下，但是如果看到父母拿了根大棍来教训自己，大可逃之夭夭。

《荀子》一书还记载了这么一件有关孝道的事情：

鲁哀公向孔子问了一个问题："子从父命"是不是孝？"臣从君命"是不是贞？一直问了三次，孔子始终没有回答。后来孔子将此事告诉弟子子贡。子贡也认为"子从父命"就是孝,"臣从君命"就是贞。孔子就直骂子贡是"小人"。国有争臣,则封疆不削、社稷不危;家有争臣,则宗庙不毁;父有争子,不行无礼;士有争友,不为不义。孔子认为"子从父",不能说子"孝",臣从君,也不能说是臣"贞",弄清楚什么是正确的才服从,这才是真正的孝、真正的贞。总之,从义不从父,从道不从君。

上述可见,孔子从来不赞成愚孝。

孟子继承并丰富了孔子的孝道思想,讲了下列五种不孝的行为:"世俗所谓不孝者五:惰其四支,不顾父母之养,一不孝也;博弈好饮酒,不顾父母之养,二不孝也;好货财,私妻子,不顾父母之养,三不孝也;从耳目之欲,以为父母戮,四不孝也;好勇斗狠,以危父母,五不孝也。"(《孟子·离娄下》)世上人常说不孝的事有五件:四肢懒惰,不管父母的生活,一不孝;好下棋、饮酒,不管父母的生活,二不孝;贪恋钱财,偏袒妻子儿女,不管父母的生活,三不孝;放纵耳目的欲望,使父母遭受耻辱,四不孝;逞勇力好打架,危害到父母,五不孝。如果说,孔子讲的孝道,是从正面角度说的,那么,孟子讲的五个不孝的行为,则是从反面角度讲的,两者正好可以互补。

在这里有一点要说明的是,孔子讲的孝道的核心精神是中华民族的优秀传统,需要大力弘扬。当然,时代不同了,孔子讲的孝道中有些内容已经不合时宜,时代在变化,有些孝道形式也在发生变化,比如孔子讲的"三年之丧"问题,就是比较典型的例子。当时孔子的弟子宰予就提出过疑问。孔子和学生宰予有这样一段对话。宰予说:"这个守孝三年的古礼,从上古到现在,已经很古老了。一个人三年什么都不能干,结果礼、乐等都被损坏了,像稻谷一样,旧的割掉了,新的又长起来了,钻燧取火,春、夏、秋、冬用的木头都轮过了一遍了,我觉得守孝一年就够了。"孔子说:"父母死了,你认为过了一年,就可以吃喝享受,穿好的玩好的,你觉得你心安吗?"宰予说:"我心安呀!"孔子说:"你要是心安,那你就照你说的办吧!"(《论语·阳货》)宰予提出来改变"三年之丧"的问题,受到了孔子的批评。尽管我们现在对"三年之孝"的古制不必拘泥,但是对孔子讲的孝道精神,还是应该肯定的。

三、处世

为人的智慧的第三大内容即处世。这实际上说的是社会交往,或者说是广义上的各种人际关系的处理,范畴比较广泛,包括人与社会、人与群体、人与人、组织与组织乃至国与国之间的关系的协调。

(一)根本法则

孔子创立的儒家学说,除了十分强调自我修养以外,还非常重视处理各种人际关系,从一定程度上说是一门研究社会关系的学问。

人们经常讲为人处世,可见为人和处世是密不可分的。从很大程度上说,为人就是处世,处世也是为人,只是侧重点有所不同而已。美国著名的人际关系学大师、现代成人教育家卡耐基指出:一个人要取得成功,只有百分之十五靠他的才能,百分之八十五要靠他的良好的人际关系、处世技巧。这话说得有些过头了,一个人要取得成功,只有百分之十五靠他的才能,比例小了。还有个小干部说:在行政机关中要达到"往上升"的目标,恐怕只有百分之五靠他的才能。这话讲得更极端了,任何时候才能都是主要的,但是,这些话反映出这样一个事实:广泛的、良好的人际关系的确是一个人取得成功的必不可少的因素。人是各种社会关系的总和,建立广泛的、良好的人际关系,不仅是一个人综合素养的体现,还会形成一种生产力,它不仅是一个人取得成功的必不可少的前提与条件,也是社会精神文明建设的题中之义。

如何处世?这是一门大学问,也是现实生活中的一个重要问题。在这个社会中,人们会遇到各种各样的人际关系难题。怎么办?还是让我们把目光投射到《论语》这本经典,看看能否从孔子的教诲中汲取有益的智慧。

1. 忠恕之道

忠恕之道,这是处理人际关系的一条根本法则。忠恕之道是从仁爱之心派生出来的,在孔子思想学说中占有十分重要的地位。

子曰:"参乎,吾道一以贯之。"曾子曰:"唯。"子出,门人问曰:"何谓也?"曾子曰:"夫子之道,忠恕而已矣。"(《论语·里仁》)

这段文字的画面感很强。让我们来简单还原一下当时的场景:有一次,孔子对他的弟子曾参说:"曾参啊,我的学说,自有一贯的道理,有一个中心思想贯穿其中。""一以贯之"这一成语即典出于此。曾子回答说:"是的,我知道的。"句子中的"唯"是应答的意思。古汉语中小辈应答长辈,一般用"唯"或"诺",只是"唯"比"诺"显得更加恭敬谨慎。现代汉语中有一个成语"唯唯诺诺",仍有恭顺听从、小心应答的意思。孔子走了以后,其他弟子就把孔子的得意弟子曾参围住了,追问老师刚才所讲的一贯的道理究竟是什么。曾子就不无得意地说:"老师的学说啊,可用两个字来概括,那就是忠恕。"曾子虽是孔子的得意高足,但他认为忠恕是孔子学说的"一以贯之"之道,这种说法未必理解到位,现在看来,孔子学说中的"一以贯之"之道应该是"仁",不过,忠恕这两个字的确在孔子的仁学思想中分量很重。

(1)尽己谓忠

何谓忠？忠就是忠心，尽己之心。集中体现在孔子讲的这句话中：

子曰："己欲立而立人，己欲达而达人。"（《论语·雍也》）自己要想有所建树，应该帮助他人有所建树；自己想要通达（就是成功），也应该帮助他人通达（成功）。这是从积极方面而言的。

有一个董事长曾经跟笔者聊天，讲过一句富有深意的话："总结我以前的人生经验，使我悟出了一个根本道理：一个企业也好，一个人也好，只有在努力成就他人的同时才能真正成就自己！"这句话讲得很有水平，实际上就是孔子讲的忠。

(2)推己谓恕

何为恕？恕，就是"如心"，将心比心。在忠恕之道中，孔子更看重的是恕道，这集中体现在孔子讲的这句话中：

子曰："己所不欲，勿施于人。"（《论语·颜渊》）自己所不愿意的，不要强加给他人，将心比心，推己及人。这是一句著名格言，后来被写入1789年法国的《人权宣言》，并被联合国教科文组织列为世界性的道德箴言。

子贡问曰："有一言而可以终身行之者乎?"子曰："其恕乎！己所不欲，勿施于人。"（《论语·卫灵公》）子贡是孔子十分倚重的弟子，不仅是个政治家、外交家，还是个大商人，经商发了大财，孔子周游列国的经费一大部分即是子贡提供的。子贡的口才也十分了得，与孔子的对话十分有意思，很有艺术。在这里可以看到，子贡向孔子提了一个颇为刁钻的问题："老师你的学问太大了，能不能概括成一个字，我以后可以终身奉行?"孔子的回答也很有意思："如果一个字的话，那就是'恕'吧！己所不欲，勿施于人。"在这里孔子明确地说所谓恕道，就是"己所不欲,勿施于人"这八个字。如果说,忠是从正面、积极层面上说的,那么恕就是从反面、消极层面上说的。

"己所不欲,勿施于人",并不意味着"己所欲可施于人"。如果你所给予他人的东西并不是他所真正需要的,那么同样就违背了"己所不欲,勿施于人"的金科玉律。对此,庄子讲过一则哲理寓言,据说是孔子对子贡讲的一段话。不过,《庄子》一书中讲到的有关孔子的事例,真真假假,无须去较真,我们不妨去关注庄子讲的这则寓言中蕴含的人生哲理,直探义理,暂且不去考证。

"昔者海鸟止于鲁郊,鲁侯御而觞之于庙。奏《九韶》以为乐,具太牢以为膳。鸟乃眩视忧悲,不敢食一脔,不敢饮一杯,三日而死。此以己养养鸟也,非以鸟养养鸟也。"(《庄子·至乐》)从前,有一只海鸟停留在鲁国国都的郊外,鲁王用御车把它接到宗庙里,给它喂酒喝,奏《九韶》给它听,想让它高兴,还配备了牛、羊、猪的肉作为它的食物。而海鸟却双目昏花,神情惊恐悲伤,始终不敢吃一块肉,不敢喝一杯酒,三天后就死了。鲁侯养鸟的故事很生动,令人发笑而又使人警醒。鲁国国君的这种做法是用供养自己的方法养鸟,而不是用豢养鸟的方法养鸟。一个友人对笔者说过一件事:有一次他去绍兴出差,宴席上有一道菜"臭豆腐",主人热情地劝他吃,他吃也不好,不吃也不好,好不尴尬。这与鲁侯养鸟倒有一定的相似之处!因此,自己好的愿望如果不符合他人的需求,不但不能带来好的结果,而且还会适得其反。

忠恕是从仁爱之心派生出的,以忠恕之道与他人相处,这是处理人与人之间关系的根本遵循。这听起来似乎是大道理,其实一点儿也不抽象,而是处理各种关系的根本法则。这是因为,任何交往双方的情感关系,历来都是双向的。孟子说:"仁者爱人,有礼者敬人。爱人者,人恒爱之;敬人者,人恒敬之"。(《孟子·离娄下》)讲的就是这个道理。交往双方要建立良好的关系,只能以真诚来交换真诚,以爱来交换爱。除此之外,别无他路可走。

举一个例子。笔者曾经在通识类选修课"人际关系心理学"中讲到"爱情的艺术",问学生们有什么心得能分享的。有男生说可以利用"黑暗效应""肢体效应",有女生说可以使用"礼物战术""眼泪战术",等等。笔者说,这些技巧虽然有用,但是都是雕虫小技,不能脱离大道。如果脱离了大道,这些技巧没有任何意义,甚至会起反作用,这就叫"万变不离其宗"。那么大道是什么呢?就是孔子讲的忠恕之道。

再举一个例子。根据《桐城县志》记载,清代康熙年间,宰相张英家的邻居吴家在宅基地上造房,多占了张家三尺(一尺约合三十三厘米)宅基地,两家发生了争执。张家人不服,修书一封到京城,请求张英主持公道。张英收到信后,批了一首诗:"一纸书来只为墙,让他三尺又何妨。长城万里今犹在,不见当年秦始皇。"张家人豁然开朗,退让了三尺。吴家人深受感动,也让出三尺,形成了一个六尺宽的巷子,这件事一直被后世传为佳话,这就是忠恕之道所生发出来的强大力量。

处理人际关系是这样,处理国际关系同样如此。孔子所倡导的忠恕之道,也被运用到当今中国的对外交往之中。

2014年9月18日,国家主席习近平在印度世界事务委员会发表的重要演讲中说:"我想告诉印度朋友的是,中国人讲求'己欲立而立人,己欲达而达人'。中国在谋求自身发展的同时,真诚希望印度繁荣富强,期待同印度携手前行。"①

2013 年 3 月 17 日上午,时任国务院总理李克强在十二届全国人大一次会议的中外记者招待会上,在回答记者提问时说:"即使中国发展强大起来,我们也不会称霸,因为中国在近现代历史的惨痛遭遇中有深刻感受。"②己所不欲,勿施于人,这是中国人的信条。

中国是这么说的,也是这么做的。新时代的中国在对外交往中,的确一直在运用中华优秀传统文化中的丰富智慧,包括人类命运共同体的构想、"一带一路"倡议,以及对发展中国家与地区的外交政策,等等。西方一些政客总是戴着有色眼镜看中国,认为中国崛起后必然会走上"国强必霸"之路,鼓吹所谓"中国威胁论",原因固然很多,其中有一个重要原因是,他们受到了固有的强权文化、冷战思维的影响,对中华优秀文化缺乏起码的了解,因此也就根本无法理解中国外交中所包含的卓越智慧。

常言道:万变不离其宗。处理各种广义的人际关系、国际关系有很多原则,其中,忠恕之道就是处理各种关系的根本准则,其他原则都是从中派生出来的,如果离开了这条根本准则,其他都不过是雕虫小技而已,并不可能取得真正的成功。

2. 五大准则

如果说"忠恕之道"是处世的大道理、大原则,还比较抽象的话,那么"恭、宽、信、敏、惠"五大准则,就是由忠恕之道所派生出来的具体准

---

① 习近平:《携手追寻民族复兴之梦——在印度世界事务委员会的演讲》(2014 年 9 月 18 日),《中国青年报》2014 年 9 月 19 日第 7 版。
② 《民之所望 施政所向——李克强总理会见中外记者并回答提问》,《中国青年报》2013 年 3 月 18 日第 3 版。

则,具有了切实的可操作性。

子张问仁于孔子。孔子曰:"能行五者于天下为仁矣。"请问之。曰:"恭、宽、信、敏、惠。恭则不侮,宽则得众,信则人任焉,敏则有功,惠则足以使人。"(《论语·阳货》)子张向孔子问仁。孔子说:"如果能够推行以下五种品德于天下,那么就达到了仁的境界了。"子张问是哪五种品德。孔子回答了五个字:恭、宽、信、敏、惠。并对此作了具体的解释。

恭,就是为人谦恭,对人恭敬。"恭则不侮",对人恭敬就不会遭到侮辱、招致屈辱。要想得到别人的尊重,首先必须尊重别人,否则就会自取其辱。举一个例子,春秋战国时期,齐国派遣名相晏子出使楚国。晏子身材矮小,楚国君臣想羞辱他,特地在城门旁边开了一扇小门,让晏子从小门进去。晏子坚持不进,说:"去拜访狗国才从狗洞进去,现在我出使楚国,不应该从这个狗洞进去吧。"迎接宾客的人只好带着晏子改从大门进去。晏子拜见楚王。楚王说:"齐国难道没有人了吗?竟然派你作为使臣。"晏子回答:"齐国派遣使臣,会根据出使对象有所不同。贤明的使者出使贤明的君主,不贤的使者出使不贤的君主。我是最不贤的使者,所以就只好被派遣到贵国来了。"从这则故事中,一方面可以领略齐国名相晏子的出色辩才,另一方面可以体悟到"恭则不侮"的深刻哲理。

宽,就是为人宽厚,对人宽容。"宽则得众",一个人尤其是一个领导者要获得众人的支持与拥护,必须要有宽广的胸襟,要有海纳百川的雅量。一个要干大事的人,怎么能对一些小事斤斤计较?有一个例子比较典型:西汉末年,刘秀大败王莽后攻入邯郸,在前朝公文中发现大量讨好王莽、辱骂甚至谋划刺杀刘秀的文书。有人建议诛杀这些上书的大臣。刘秀说："如果追查，必定会引起人们的恐慌，甚至使这些上书的人成为我们的死敌。如果宽容他们，就能化敌为友。"最终，他下令将这些公文全部付之一炬。刘秀的宽容，最终换来了东汉前期的稳定繁荣大业。

信，就是为人忠诚、讲求信用。"信则人任焉"，为人诚信，就能得到他人的信任和重用。一个人没有信用可言，怎么可能受到重用呢？信属于中华传统文化中的"五常"仁义礼智信之一，是中国传统社会的重要价值观，历来就是中华民族的传统美德，食言而肥、商鞅立木的典故，在中国一直家喻户晓。遗憾的是，由于各种原因，当今社会诚信缺失现象还比较严重。改革开放之初，深圳人提出了一句口号"时间就是金钱"，强调的是效率，这当然是对的。这话出自富兰克林写于1748年的《给一个年轻商人的忠告》，但是富兰克林在这篇文章中还有一句话"信用就是金钱"，却被忽略了，这不能不说是莫大的缺憾。诚信，不仅是公民个体层面的事情，也关乎社会组织以及整个国家的发展。一个人不讲诚信，就无法在社会立足。企业不讲诚信，就无法发展。社会不讲诚信，将人人自危。政府不讲诚信，就会丧失权威。大力倡导弘扬诚信文化，建立健全诚信的制度机制，已经是刻不容缓的事情。

敏，就是行动敏捷，办事讲效率。"敏则有功"，办事讲效率，才能有事功。比如，领导交给你一个重要任务，你尽可能地在最短的时间内把它办好了，这就叫作敏则有功。在这里举一个与《论语》直接相关的例子。现代汉语中有一个成语"三思而行"。今人把这个成语定义为褒义词，人们常说，凡事要三思而行。事实上，现在人们对这个成语的理解，与孔子讲的原意有较大出入。让我们来看看原文是怎么说的：*季文子三思而后行。子闻之曰："再，斯可也。"*（《论语·公冶长》）鲁国的大夫季文子每做一件事都要考虑多次。孔子说:"考虑两次也就行了。"孔子的这种说法,对我们有着重要的指导价值。做事情固然不可以凭借一时冲动,鲁莽行事,但也不能犹豫不决、错失良机。只要看准了的事,就要果断地付诸行动,大胆地去做。因为很多良机稍纵即逝,待到考虑周全再去行事,早已时不我待。正所谓当断不断,反受其乱。对此,李长春在《人民日报》曾发表过一篇文章,题为《变三思而后行为二思而后行》,这主要是对干部讲的。他说:"现在很多人都以为'三思而后行'是孔子的主张,其实这是误解。恰恰相反,孔子是反对三思而后行的。"他认为孔子对季文子思虑过深、计较过细的批评,对今天的领导干部而言仍是一个深刻的提醒。① 应该说,这种说法与《论语》这段原文的本意是比较符合的。

惠,就是努力给他人提供帮助,带来益处。"惠则足以使人",这话听起来似乎有些功利,但这只是一个比喻而已,且实际情形也的确如此。比如说,有人遇到一个天大的难事,而你不费多大气力就能解决,举手之劳解决了别人天大的难事,何乐不为呢? 这也就是孔子讲的"惠而不费"。一个人真心诚意地帮助他人,主观上并不是为了寻求回报,但是,受到帮助的人总会通过各种渠道千方百计地回报他。老子说圣人"非以其无私邪! 故能成其私。"(《道德经·第七章》)这不正是因为无私而成就了自身吗? 这也许可以称作是"道德红利"吧。如《水浒传》中的宋江,为人仗义,常救人于危难,号称"及时雨",后来获得了梁山泊众好汉的拥戴。

---

① 《变三思而后行为二思而后行》,《人民日报》2009 年 11 月 5 日第 6 版,署名:延春。

千万不要小看了"恭、宽、信、敏、惠"这五个字的分量,它们是处理各种关系的具体原则,如果能准确地把握这五个字,并能够灵活运用,许多人际关系难题也就迎刃而解了。笔者曾经在"人际关系心理学"的课堂上做过一个实验,让学生分别讲一个自己以前碰到的最棘手的人际关系难题,当然隐去真实姓名,以保护隐私。然后让班上的同学通过自由组合分组讨论,根据孔子讲的上述五个字,制订一个具体的解决方案,看看能不能解决。后来发现还真没有解决不了的人际关系难题,这就是这五个字的伟力!

孔子讲的这五个字,不仅仅是处理各种关系的具体准则,也是优秀领导者的核心素养。如果现代管理者具备了上述五种品格,那么就具备了卓越的管理者所需要的基本品质,就会成为富有亲和力与人格魅力的优秀管理者,在管理实践中就能如鱼得水,得心应手,纵横自如。

"恭则不侮,宽则得众,信则人任焉,敏则有功,惠则足以使人",这是为人处世的千古名言。《论语》中此类名言警句俯拾皆是。对于这些名言警句,我们的口号是:一要死记,二要硬背。因为只有记下来、背下来的东西,才是真正属于自己的,一个人的功底与魅力就是这么积淀起来的。

3. 直道而行

社会上各种关系纷繁复杂,常常对人们的思想与行为造成困扰。其实,不妨以简单应对复杂。这就是孔子讲的"直道而行",就是以正直的大道来处理各种复杂关系。以简克繁,反而能够取得神奇功效。

子曰:"吾之于人也,谁毁谁誉?如有所誉者,其有所试矣。斯民也,三代之所以直道而行也。"(《论语·卫灵公》)孔子说:"我对于他人,诋毁过谁又称赞了谁?假若我有所称赞,必然是经过证实的。这些我称赞过的人,都是夏、商、周三代依据'直道而行'的人。""直道而行"这一成语就典出于此。著名学者张岱年先生据此写过一本书《直道而行》。所谓"直道",就是正直之道。

在《论语》中,孔子讲到"直道"的地方比较多,可以说已经形成了一个比较完整的体系。概括起来,大致包括以下几个方面的内容。

(1)为人要正直

子曰:"人之生也直,罔之生也幸而免。"(《论语·雍也》)孔子说:"一个人在世上能够生存,是由于正直,而不正直的人(或者说奸佞之人)只是因为侥幸才能免于灾祸。"关于这个句子,"从《白鹿原》说起"一节已有说明,在这里就不多说了。

关于为人正直的问题,还有一个比较有趣的例子。

子曰:"孰谓微生高直? 或乞醯焉,乞诸其邻而与之。"(《论语·公冶长》)孔子说:"谁说微生高这个人正直? 有人向他讨点醋,他却到邻居家里借了点醋给他。"微生高是孔子的弟子,有人说,他就是成语中"尾生抱柱"中的那个尾生,这只是一种猜测。微生高素以正直、守信而闻名。但是孔子对微生高做的这件事情似乎颇有微词。在课堂上,我曾经与学生讨论过这个案例,问大家对这件事情怎么看? 有同学认为:"微生高的做法也挺好啊,孔子为什么要批评他?"其实,孔子也并没有说微生高这个人不好,而是说他在这件事上做得不够直率,按照现在流行的说法是有些弯弯绕,不大符合正直之道,还有掠美之嫌。

(2)要交直友

直友就是正直的朋友,即诤友。交朋友要交正直的朋友,这在后文的"交友之道"中还会讲到。孔子提出,有三种朋友是益友,值得相交,就是友直、友谅、友多闻。其中友直,就是正直的朋友。一个人拥有几个正直的朋友,是人生的一大财富。如果一个人身边没有几个正直的朋友,就如国君身边没有几个正直的大臣(诤臣),很容易陷入人生误区。

(3)以直报怨

"以直报怨",是孔子讲的,意思就是以正直之道对待冤家。

张载说:"有象斯有对,对必反其为。"(《正蒙·太和篇》)一切现象都有对立面,对立的两个方面运动方向必然相反。人生在世,难免有意无意地会与人发生不愉快,即使是正人君子,只要想真正干事情,就可能得罪一些人。俗语说:不是冤家不聚头。佛教中有"怨憎会"的说法。有冤家,这很正常,并不奇怪。问题的关键在于,如何对待冤家?这是现实生活中必须直面的一大问题。让我们再来听听孔子又是怎么说的。

"或曰:'以德报怨,何如?'"子曰:"何以报德? 以直报怨,以德报德。"(《论语·宪问》)有一个学生问孔子:"有一种说法:以恩德去对待冤家,您怎么看呢?"这是一个尖锐的问题,因为"以德报怨"的说法来自老子的《道德经》,书中曾经两次讲到"报怨以德"。孔子问礼于老子的事情,有多本书中有记载,大致是可信的。孔子拜访老子回来后,对弟子们说"吾今日见老子,其犹龙邪?"①可见孔子对老子极为敬仰。弟子问他如何看待老子这句话,这当然是一个富有挑战性的问题。孔子回答:"如果这样的话,拿什么去报答你的恩人?"显然,孔子对老子的"以德报怨"的说法是不大认可的,说你拿恩德去对待你的冤家,那还能拿什么去报答对你有恩的人呢? 言下之意是,对待你的冤家,与报答

———————————

① 司马迁:《史记》,中华书局 2009 年版,第 394 页。

你的恩人,总应该有所区别吧? 因此,孔子提出自己意见:这就是"以直报怨,以德报德"这八个字。

"以德报德",这是可以理解的,就是对自己有恩德的人,应该以恩德去报答他。人人都应该有感恩之心,正所谓"滴水之恩,当涌泉相报",有恩不报,非君子也。

对"以直报怨"怎么理解,学界有不同的看法。北大著名教授李零写过一本书《丧家狗——我读〈论语〉》,写得相当不错,不过书中对"以直报怨"的解释似乎存有问题。书中说,这"以直报怨"中的"直"通"值",是通借词,为等同的意思。因此,所谓"以直报怨",就是以等同的方式来对待冤家,实质上就是"以怨报怨"的意思。①

南怀瑾先生认为孔子主张"'以直报怨',以直道而行。是是非非,善善恶恶,对我好的当然对他好,对我不好的当然不理他"②。这种解释有一定道理,以直报怨是"直道而行"的一种表现形式,但是对"直道而行"的理解是站在自己的立场上判断的,与明辨是非还有一定距离,有失客观公正。

其实,朱熹讲得很清楚,说"以直报怨"中的直,意思是"至公而无私"③。这应该是符合原意的。直就是正直的意思,是直道的内容。所谓"以直报怨",就是以正直的方式去对待冤家。那么什么是以正直的方式对待冤家? 就是要根据事情本身的是非曲直来判断。如果错在对方,不要去迁就他,该怎么做就怎么做,该出手时就出手,宽容不等于纵

① 李零:《丧家狗——我读〈论语〉》(修订本),山西人民出版社 2007 年版,第 262 页。
② 南怀瑾:《论语别裁》(下册),复旦大学出版社 1990 年版,第 686 页。
③ 朱熹:《四书章句集注》,上海古籍出版社 1995 年版,第 187 页。

容。但是如果错在自己,该道歉的道歉,该负责的负责,这才是以直报怨的题中应有之义,具有廓然大公的儒者气象。

在现实社会中,应该如何对待自己的"冤家"? 无非有以下三种选择:一是"以怨报怨";二是"以直报怨";三是"以德报怨"。其中,"以怨报怨",并不可取,冤家宜解不宜结,冤冤相报何时了。宋明理学四大流派之一关学创始人张载说:"有反斯有仇,仇必和而解。"(《正蒙·太和篇》)一切现象都有对立双方,对立双方的运动方向必然是相反的,相反就会相仇,相仇就是斗争,斗争的结果,必然归于调和。"仇必和而解",这是中华优秀传统文化的一大人生智慧。那么,剩下的就还有两种选择:"以直报怨"和"以德报怨"。一般情况下采取"以直报怨"就可以了,这也比较符合中庸之道,人心自有公道在。但是,"以德报怨"是否完全不可取? 这要视具体情况与对象而定,如果"冤家"是正人君子呢,那就得考虑了,自己为什么会与正人君子结下梁子,会不会是自己的问题或者有什么误会? 如果"冤家"是值得同情与帮助的弱势群体呢? 面对这些对象,不妨先采取"以德报怨"的方式。在一定条件下,"以德报怨"也会起到神奇功效,因为从心理学的角度上说不少人是可以感化的。

(4)以道事君

君臣关系,在古代社会是一种重要关系,现代社会可以理解为广义上的上下级关系,当然两者的性质是不同的。怎么处理与上级领导的关系,这也是一个非常重要的人际关系范畴。如果上级有过失,下级应该怎么办?

子路问事君。子曰:"勿欺也,而犯之。"(《论语·宪问》)子路问怎样侍奉君王。孔子认为不要欺骗君王,可以犯颜直谏,这就是孔子讲的

"以道事君"的意思。

"所谓大臣者，以道事君，不可则止。"（《论语·先进》）作为大臣，面对君王的过失要加以劝谏，这是做大臣的职责所系，如果君王不听，就离他而去。受此影响，荀子也说："从道不从君，从义不从父，人之大行也。"（《荀子·子道》）国君有过失，作为大臣就要直谏相劝，否则就是失职。这也是"直道而行"的重要内容。

现实生活中，一方面，领导者应该有察纳雅言的度量，另一方面，下级不能欺骗上级，甚至可以犯颜直谏。有一次，有个干部在听完笔者的讲座后，私下对笔者说："孔子讲，对上级'勿欺也，而犯之'，这要求太高了，是否可以改一个字，叫'勿欺也，不犯之'。"这就涉及劝谏的艺术了，是另一回事情。

关于"直道而行"的处世准则，孔子还讲到两个需要注意的问题，对现实中的人们也有重要的启迪意义。

一是要讲究礼节。直率本身是一种好品质，但是直率的人想说什么就说什么，直截了当，不讲究分寸，就会成为不受欢迎的人。

子曰："直而无礼则绞。"（《论语·泰伯》）奉行直道而不讲究礼数就会尖刻伤人。其实，老子讲过"直而不肆"（《道德经·第五十八章》），即直率而不放肆，这个观点对孔子有直接影响。"直道而行"还需要注意讲究礼仪礼节、方式方法，有理不在声高，有话好好说。既然说话是一门艺术，就要学会艺术地说话。孔子在三千年前就已经讲过这个道理啦。

二是要符合情理。举一个《论语》中一直有争议的案例：父亲攘羊，子女应该不应该去官府直接告发。

叶公语孔子曰："吾党有直躬者，其父攘羊，而子证之。"孔子曰：

"吾党之直者异于是，父为子隐，子为父隐，直在其中矣。"（《论语·子路》）现代汉语中有个成语叫叶公好龙，就是这个叶公，在古汉语中，叶公的"叶"读为 shè。叶是当时楚国的一个地方，叶公就是叶地的地方长官，相当于现在的县长。他对孔子说："我的家乡有一个正直的人，他父亲偷了只羊，他便告发了父亲。"孔子说："我的家乡正直的人与你所说的不同，父亲为儿子隐瞒，儿子为父亲隐瞒，正直就在其中了。"关于"父为子隐，子为父隐"的问题，一直有争论，已经成为一个著名的公案。这里涉及情与法的关系问题，也是中外法学界的一大难题。如果纯粹从法治精神的角度看，儿子告发父母偷羊，有大义灭亲的况味，似乎还不错。但是从亲情的角度看，儿子这种做法就把中华文化的重要根基——孝悌精神伤害了。在孔子看来，儿子告发父亲，父亲告发儿子，不符合以"亲亲"为基础的仁义精神，因此并不符合正直的原则。至于父亲攘羊，儿子应该怎么做呢？一定要去告发吗？有没有更好的方法去处理呢？能不能想个两全其美的法子呢？比如说儿子可以劝谏父亲不能这样，把羊送还主人，向羊主人道歉，等等。总之，在情与理、情与法之间要找到一个合理的平衡点，这才是上策。

4. 义利之辨

利益是最能考验人性的东西。有一个哲人曾经讲过一个故事：有两条狗，一直卿卿我我，形影不离，有人突然在它们面前丢了一块肉骨头，这两条狗就会为抢这块肉骨头，打得不可开交，你死我活。这表面上是讽刺狗的，实质上是讥嘲人的。在利益面前，我们应该如何自处？

以前有种说法：儒家文化存有一个大的问题，就是过于重义轻利。这种说法并不准确。在西汉时期董仲舒提出"正其谊不谋其利，明其道不计其功"（《汉书·董仲舒传》）之后，儒家学说的确存在一种重义轻利的倾向,但是,孔子的义利观并不是这样的,可以概括为"重义不轻利",不但无可挑剔,而且具有重要的现实意义。孔子的义利观主要包括以下两层含义。

(1)义高于利

孔子认为义高于利。

<u>子曰:"君子喻于义,小人喻于利。"</u>(《论语·里仁》)君子看重义,可以用义去引导他,小人看重利,只能用利去引导他。君子看重的东西与小人看重的东西相比较,当然有轻重之分。从这句著名的格言可以看出,孔子的确认为道义要比利益重要。这个观点后来被孟子、荀子继承弘扬,提出了"以义为利""先义而后利"等重要命题。

孟子批评"后义而先利"。

<u>孟子见梁惠王。王曰:"叟!不远千里而来,亦将有以利吾国乎?"孟子对曰:"王!何必曰利?亦有仁义而已矣。王曰'何以利吾国?'大夫曰'何以利吾家?'士庶人曰'何以利吾身?'上下交征利而国危矣。"</u>(《孟子·梁惠王上》)

以上文字往往被人们当作是孟子重义轻利的证据,不能不说是被广泛地曲解了。孟子拜见梁惠王,梁惠王说:"老先生,你不远千里而来,一定是有什么对我的国家有利的高见吧?"孟子回答说:"大王!何必说利呢?只要说仁义就行了。大王说'怎样对我的国家有利?'大夫说'怎样对我的家族有利?'士和老百姓说'怎样对我自己有利?'结果是上上下下互相争夺利益,国家就危险了啊!"为什么呢?孟子进一步解释说:"后义而先利,不夺不餍。"如果轻义而重利,他们不夺取(国君的地位和利益)是绝对不会满足的,这是一切乱源所在。讲得多么深刻啊!对此,司马迁点评说:"余读孟子书,到梁惠王问'何以利吾国',

未尝不废书而叹也。曰:嗟乎,利诚乱之始也!"①孟子重义是真,同时他何曾不讲利呢? 他所反对的是人们自私自利,反对的是"后义而先利",反对的是作为乱源的私利,如果上上下下都争权夺利,那么国家社会就危险了,他提倡的利是天下、国家、社会和人们的公利,这种公利也是大义,即"以义为利"。

荀子正式提出"先义而后利"。

荣辱之大分,安危利害之常体:先义而后利者荣,先利而后义者辱;荣者常通,辱者常穷。(《荀子·荣辱》)

先考虑道义后考虑利益的人会得到荣耀,先考虑利益后考虑道义的人会遭受耻辱;得到荣耀的人常常通达,遭受耻辱的人常常困窘。这个论断对现实中的人们尤其是领导干部来说是否具有镜鉴意义呢? 要树立自己良好的形象与威望,一定要懂得"先义而后利"的道理,如果凡事只考虑自己的一己私利,而把道义抛置脑后,把什么好处都往自己的口袋装,这样的见利忘义者自然不会有好人缘,更不要说威望了,可能会得逞于一时,但是最终会给自己招来耻辱。老子讲的"不敢为天下先"(《道德经·第六十七章》),很大程度上也是从这个意义上说的,为政者只有大公无私、不争名夺利,才能成为众人拥戴的领袖。

举一个《论语》中的案例。

齐景公问政于孔子。孔子对曰:"君君,臣臣,父父,子子。"公曰:"善哉! 信如君不君,臣不臣,父不父,子不子,虽有粟,吾得而食诸?"(《论语·颜渊》)

齐景公与孔子这段对话很有意思。齐景公向孔子请教为政的问

---

① 司马迁:《史记》,中华书局 2009 年版,第 455 页。

题。孔子的回答,说得直白一点就是,君主要有君主的样子,臣子要有臣子的样子,父亲要像父亲的样子,儿子要像儿子的样子,总之,都得像个样子。说得文雅一点就是君要行君道,臣要行臣道,父要行父道,子要行子道。这样社会秩序就会稳定,政权就会巩固。齐景公听后十分高兴地说:"说得好啊,如果君不行君道,臣不行臣道,父不行父道,子不行子道,虽然有粮食,我能够享用吗?"两人的对话完全不在一个频道上,孔子讲的是礼制,是为政之道,着眼于国家社会的治理,而齐景公所理解的只是一己私利,考虑的是我能不能有饭吃,简直是对牛弹琴,令人啼笑皆非。

可见,先秦儒学中,无论孔子、孟子、荀子都主张义高于利,先义后利,义利合一,这不仅适用于广义的人际关系,也适用于国际关系。

(2)重义不轻利

何以见得孔子重义不轻利呢?这可以通过孔子的富贵观看得很清楚。在这里重点谈一下孔子的富贵观。一方面对准确把握孔子的义利观有帮助,另一方面,对现实社会也有重要启迪。对此,孔子讲过以下四句话:

子曰:"富与贵,是人之所欲也""贫与贱,是人之所恶也"。(《论语·里仁》)孔子说:"富贵是每个人都希望得到的,而贫贱是每个人所不喜欢的。"这是一句大实话,一语道破人趋利避害的天性。这样就从人性的角度肯定了追求富贵的合理性。从一定程度上说,以正当方式合理地追求富贵以摆脱贫困也是促进经济与社会发展的一大原动力,这并没有什么问题。

子曰:"邦有道,贫且贱焉,耻也。"(《论语·泰伯》)孔子说:"国家社会走上正道的时候,而你却还处在一个贫贱的状态,那是一种耻辱。"为什么这样说呢? 因为在国家社会走上正道的时候,你仍处在贫贱的状态,无非说明你努力不够。尤其是在当今的社会环境下,更是如此,只要勤奋就不会受穷。"小财以勤",说的就是这个道理。记得前几年网上有一件事,说的是北京有一个在路边卖煎饼的大妈,有一次跟一个顾客发生了争吵,顾客说你少了我一个鸡蛋。大妈说:"我一个月的收入三万多,还会少你一个鸡蛋?"卖煎饼的大妈一个月收入可以达到三万多,说明这是一个勤劳就可以致富的社会。一个有劳动能力的人连自己都不能养活,宅在家当啃老一族,还谈什么对他人、对社会、对国家作出贡献呢? 这不是耻辱又是什么呢? 因此,对有劳动能力的乞讨者,完全没有必要给以同情与施舍。孔子与社会状态相联系肯定了追求富贵的合理性。

子曰:"富而可求也,虽执鞭之士,吾亦为之。如不可求,从吾所好。"(《论语·述而》)孔子说:"如果富贵可以得到的话,哪怕成为执鞭之士,我也干了。"在这里得讲一下对"执鞭之士"的理解。传统的解释是,"执鞭之士"就是赶大车的人,如赶牛车、赶马车的人,但是笔者总是很怀疑,一个人一辈子赶牛车赶马车,怎么能获得富贵呢? 还有一种说法是,"执鞭之士"指的是市场管理员,鲍鹏山先生写过一本通俗化、大众化的著作《孔子传》,这书写得不错,值得推荐,但是书中对"执鞭之士"就是这么解释的,这恐怕有些问题。"执鞭之士",不是一般老百姓,是属于士这一层级的低级官员,主要是指君王、诸侯等人出行的时候,为他们在前面执鞭开道的人,属于层级比较低的小官员。司马迁在《史记》中讲了一个故事。晏子担任齐国国相之时,有一天出门,车夫的妻子从门缝里偷看她的丈夫。"其夫为相御,拥大盖,策驷马,意气扬扬,甚自得也。"就是说,她的丈夫替晏子驾车,坐在阳伞之下,用鞭子鞭打车前的四匹马，一副趾高气昂的样子，很得意。车夫回来后，妻子要求离婚，车夫问她是什么原因，妻子说："晏子身高不满六尺，身为齐相，名扬各国。今天我看他出行，志向和思虑都很深远，常常以为自己不如别人。眼下你身高八尺，只能做人家的车夫，然而你却表现出很满足的样子，我因此要求离婚。"此事对车夫刺激很大，从此之后，他变得谦卑有礼起来了。晏子看到他的表现感觉有些奇怪，就问他是怎么回事，他据实相告，晏子就推荐他做大夫。司马迁评价晏子时说："假令晏子而在，余虽为之执鞭，所忻慕焉。"①意思是说，如果晏子尚在，我哪怕为他当执鞭之士，也感到无上荣光。可见司马迁对晏子的尊崇程度。"执鞭之士"讲的就是这个意思。这些人由于跟君王、诸侯走得比较近，什么时候君王、诸侯发现了他们的才能，把他们提拔一下，那不就得到富贵了吗？可见平台非常重要。孔子认为如果可以得到富贵的话，自己哪怕当"执鞭之士"也可以，这句话说得十分直白。总之，富贵是要追求的，孔子也充分肯定了追求富贵的合理性。当然，还有下面这句话"如不可求，从吾所好"。如果得不到富贵怎么办，那就做自己喜欢的事情，无须摧眉折腰事权贵。其实，一个人能够做自己喜欢做的事情，这是人生最快乐的事情。

子曰："饭疏食，饮水，曲肱而枕之，乐亦在其中矣。不义而富且贵，于我如浮云。"（《论语·述而》）其中"不义而富且贵，于我如浮云"是一句十分著名的格言。孔子说，如果富贵是通过不义的手段得到的话，那对他来讲就好像飘荡的云朵一样，没有任何意义。现代社会中的网络流行语"浮云"竟出自《论语》，也蛮典雅的。孔子用"浮云"一词来形

① 司马迁：《史记》，中华书局2009年版，第393页。

容不义之财,十分贴切。笔者老家在浙江省东海之滨的象山半岛,看到的"浮云"不仅是会飘的,还是会飞的,一阵海风吹过,突然就无影无踪了。不义之财,就像"浮云"一般,易聚,也易散,来得快,去得也快,多么形象!富贵是要追求的,但是要通过正当的渠道获取。君子求财,必须取之有道,否则就会沉沦,甚至还会陷入万劫不复之境地。如果得不到富贵的话,那么就做自己想做的事情,过着安贫乐道的生活也是一种崇高的境界。句子中的"饭疏食,饮水,曲肱而枕之,乐亦在其中矣",此句文采极佳,吃着粗茶淡饭,喝着凉白开,弯起胳膊当枕头,自得其乐。

在这里,还值得一提的是,孔子对富人提出了一个殷切希望。《论语》中记录了子贡与孔子的一段对话,很有兴味。

子贡曰:"贫而无谄,富而无骄,何如?"子曰:"可也,未若贫而乐,富而好礼者也。"(《论语·学而》)子贡问孔子:"一个人处在贫穷的时候没有谄媚之色,获得富贵以后也没有骄奢之情,怎么样?"他实际上是想在老师面前炫耀一下自己"富而无骄"的优点,以得到老师的肯定。孔子的回答也很巧妙,他说这当然是挺不错的,但是还没有达到最高境界,最高境界应该是在贫穷的时候能安贫乐道,就像颜回一样,富起来以后还要十分讲求礼仪礼节,实际上是希望子贡还能百尺竿头更进一步,做到"富而好礼"。孔子对子贡的要求的确够高的。

其中,"富而无骄""富而好礼"这八个字,是对富人的期许,也可以成为富人的座右铭。如果富人能够做到"富而无骄""富而好礼",不仅可以平添他的人格魅力,还能为社会增加很多和谐因素,何乐而不为呢?

根据上述分析可以得知,孔子虽然重义,但他并不轻利,主张义高于利,义利合一。这是孔子的义利观的真正内涵,对现实社会、现实人生仍然有重要的指导价值。

人际交往是这样,国际交往也是如此。义利合一、义高于利,已成为当今中国对外交往时所奉行的重要准则,体现了丰富的传统智慧。

现在不少人把"世界上没有永远的朋友,也没有永远的敌人,只有永远的利益"奉为至理名言,这是有问题的。问题在哪里呢? 就是只讲国家的自身利益,而不讲国际道义。以美国为首的西方国家,在对外交往中把国家利益看作是处理国际关系的唯一基础,根本没国际道义存在的空间。美国前总统特朗普公开提出"美国优先"的口号,更是赤裸裸地把本国的利益凌驾于他国之上,虽然在美国国内有很大的蛊惑力,但是对美国的国际形象伤害极大,并且这样一个极端自私自利、唯利是图的超级大国,亦成为当今世界最大的不安定因素。

与此相反,中国的外交政策充满了中华优秀传统文化的底蕴。在对外交往中,十分强调要找到利益的共同点和交汇点,坚持正确义利观,有原则、讲情谊、讲道义,多向发展中国家提供力所能及的帮助,坚持正确义利观,做到义利并举、以义为先。中国是这么说的,也是这么做,具体体现在"一带一路"倡议、人类命运共同体等一系列理念与实践中,这对树立中国良好的国家形象、促进外交事业的发展发挥了积极作用,体现了中国作为一个负责任大国的良好风范,亦是对中国传统义利观极好的现代阐发。

在处理国际关系时,以美国为首的西方国家与中国在义利观上的确存有较大区别,谁优谁劣,高下立判。有调查表明,当今美国的国际影响力在下降,中国的国际影响力在上升,这是必然之势。

四、交友

"嘤其鸣矣,求其友声。"(《诗经·小雅·伐木》)"朋友"一词,是一个意蕴美好的名词。《礼记》中说:"同门曰朋,同志曰友。"古汉语中的"朋",相当于我们现在所说的同学,"友"相当于现在所说的"朋友",后来这两者就合二为一了。

如何交友,是为人处世的一个重要方面,也是现实生活中的一个热门话题。一个人身边如果没有真正的朋友,那么他的一生将是灰暗的甚至是可悲的。《论语》一书中多有涉及交友的内容,我们从中可以汲取丰富的有益智慧。

(一)交友的目的

交朋友究竟有没有目的? 曾经有个网红在讲到交友时说交朋友应该是没有目的的,没有功利心的。什么是交朋友的最高境界呢? 比如,在我最困难的时候,只要我最要好的朋友来到我的身边,来拍拍我的肩膀就可以了。实际上,从心理学上说,人们做任何事情都是有目的的,不可能没有目的。有目的也不一定不好,关键得看是什么目的,这是起码的学理。因此我们不妨大大方方地说交朋友也是有目的的。那么,交朋友的真正目的应该是什么? 还是来听听《论语》中是怎么说的,看看能不能获得有益的智慧。

从《论语》中可以看到,孔子及其弟子谈到的交友的目的主要有以下三个。

1. 以友辅仁

曾子曰:"君子以文会友,以友辅仁。"(《论语·颜渊》)曾子,即曾参,字子舆,是孔子的大弟子,对孔子的学说颇多体悟,因而被尊称为曾子。他说君子以诗文来结交朋友,又以朋友来增进自己的德行。朋友与德行应该是相互促进的关系。曾子的这一段话中为后人贡献了两个成语:"以文会友"和"以友辅仁"。"以文会友"一词被用得很广了,后人还有"以武会友""以茶会友"等,都是从这个成语演绎过来的。"以友辅仁",这是交朋友的重要目的之一,通过结交朋友来增进各自的学问与德行,这种目的有什么不好呢?

子曰:"朋友切切偲偲。"(《论语·子路》)朋友之间要相互切磋、相互勉励。这就是对"以友辅仁"的极好注释。朋友是为了相互成就的,而不是用来相互毁灭的。这句话完全可以作为交友的座右铭!

2. 增进幸福

子曰:"有朋自远方来,不亦乐乎!"(《论语·学而》)孔子的这句名言,大家都耳熟能详。有同窗好友远道而来一起谈论大道学问,岂不是一件快乐的事情?"同门曰朋",这里讲的"朋"实际上是同窗好友的意思。

子曰:"乐多贤友。"(《论语·季氏》)贤友多了是件非常快乐的事情。一个人如果没有一些志同道合的朋友,精神生活难免寂寞萧索。正如培根在《论友情》一文中说:"缺乏真正的朋友,才是真正的孤独;没有真心朋友,世界不过是一片荒漠。"①"乐多贤友"这四个字经常被一些书法家用来题字。

追求幸福,是人生的重要目标。李泽厚先生用"乐感文化"来概括中华文化的特征,此说影响较广。《论语》中通篇没有一个"苦"字,而有很多"乐"字,以至到了"乐以忘忧"的境界。多多结交贤友、

---

① 培根:《培根论人生》,张璘译,四川文艺出版社 2014 年版,第94 – 95 页。

益友,能够给朋友双方带来巨大的快乐幸福,这种交友目的又有什么不好呢?

3. 成就事业

子曰:"**工欲善其事,必先利其器。居是邦也,事其大夫之贤者,友其士之仁者。**"(《论语·卫灵公》)"工欲善其事,必先利其器"这句话,大家都很熟悉,不少人认为这是一句谚语,其实这是孔子讲的一句名言。工匠想把活儿做好,首先必须磨好工具。住在这个邦国,要主动并善于与士大夫中的那些贤者、仁者相结交,与他们为友。"大夫之贤者""士之仁者",就是古人经常讲的"大人",有位有德者。

《论语》中讲到的三个交友的目的,是比较全面深刻的说法,令人赞叹不已!

(二)交友的基础

交友是要有基础的。孔子认为,真正的朋友必须建立在符合道义、志同道合的基础之上。对此,孔子有三句格言讲得非常明白。

子曰:"**君子不重则不威,学则不固。主忠信;无友不如己者;过则勿惮改。**"(《论语·学而》)在这段文字中,其他内容好理解,"无友不如己者"争议较多。孔子说,君子不自重就没有威严,学问也不会稳固。要以忠信为主,"无友不如己者",有过错就不要害怕更改。至于"无友不如己者",这是一句名言,也是一个疑难句,究竟作何解学界分歧较大。此句对解释交友的基础极为关键,关键语句需要进行考证,否则就会陷入离题万里的尴尬。

传统的解释,来自朱熹的《四书章句集注》。书中说:"无"通"毋",通借词。"无友"就是不要与什么样的人交友的意思。"不如己者"是什么意思呢? 他引用程子的话说是"非胜己者",就是不比自己高明的人。为什么不要与不如己的交友呢？因为"友所以辅仁。不如己，则无益而有损"①。简而言之，所谓"无友不如己者"，就是不要与学问德行不如自己的人交朋友。由于朱熹的《四书章句集注》是宋代以后古代科举考试的权威教材，所以后儒历代注疏均采用此说，传统的解释一直如此。但对这一解释，人们有很多疑问。

首先，从概念上说，"不如己"很难界定。尺有所短，寸有所长，谁敢说他人在任何方面都不如自己呢？几岁的小孩都有比自己高明的地方，比如他的普通话说得比大人要好，他会弹电子琴，很多大人也不会弹呢。正如孔子所说："三人行，必有我师焉。"（《论语·述而》）每个人都有值得我们学习借鉴的地方。

其次，从逻辑上说，存有不通之处。对此，苏东坡就有质疑："如必胜己而后友，则胜己者亦不与吾友矣。"（《四书辨疑》）如果我们都与比自己高明的人交朋友，那么比我们高明的人也不会与我们交朋友。如果是这样，孔子应该就不会有什么朋友，试问比孔子高明的人能有几个？或许老子可算一位，老子的哲学境界的确要比孔子高明，按照这个逻辑，老子也不会与孔子交朋友，那孔夫子还会有朋友吗？诚可谓"高处不胜寒"了。

再次，从价值上说，这么解释过于功利了。假如我认为你不如我，我就不跟你结交，那么未免过于势利了。正如鲁迅先生所批评的那样：孔老先生说过"无友不如己者"，"这样的势利眼，现在的世界上还多得很"（《坟·杂忆》）。

因此，对于本句的释义，历代注家就很苦恼。近代学者杨伯峻先生

① 朱熹：《四书章句集注》，上海古籍出版社1995年版，第64页。

在《论语译注》1958 年的版本中将此句译为不要主动地与不及自己的人交朋友。其中"主动地"三个字,就有人为附加之嫌,显得比较勉强,所以,他在 1980 年的版本中又将这三个字删去了。

南怀瑾先生对此持明确的反对意见,毫不客气地指出:"过去一千年来的解释都变成交情当中的势利,这怎么通呢? 所以我说孔家店被人打倒,老板没有错,都是店员们搞错了,这要特别修正的。"他认为此句的意思是说:"不要认为你的朋友不如你,没有一个朋友是不如你的。"①他的理由是"无"与"毋"不同。此说一出,备受推崇,几乎又成为现在学界新的定论,连著名学者李泽厚在《论语今读》一书中也将此句译为:"没有不如自己的朋友。"②这显然是受了南怀瑾先生的影响。可见,南怀瑾先生此说影响之大。

前文说过,做学问要有怀疑精神,不要迷信任何权威,也不要迷信一切约定俗成的说法。那么,想要解释"无友不如己者"这句话真正的含义,还是让我们回归到原文上来,其上句是"主忠信",就是君子要以忠信为主,其中的"主"是动词,与此相对应的下句"无友",也应该是动词,就是不要与某某人交朋友的意思,而不是"没有朋友"的意思。如"无偏无党,王道荡荡;无党无偏,王道平平;无反无侧,王道正直"(《尚书·洪范》)。意思是为政者不偏向自己的亲人,不袒护自己的朋党,要遵循宽广的王道;不袒护自己的朋党,不偏向自己的亲人,要遵循公正的王道;不背信、不歪斜,要遵循正直的王道。此处的"无"就当作动词用,意思是"不要""别"的意思,通"毋"。"无友"就是"毋友",就是

① 南怀瑾:《论语别裁》(上册),复旦大学出版社 1990 年版,第 35、34、60 页。
② 李泽厚:《论语今读》,天津社会科学院出版社 2007 年版,第 26 页。

"不要与什么样的人交朋友"的意思,这一点朱熹的解释并没有什么问题。此句的释义,关键还在于对"不如己者"的理解。"不如己者"中的"如",古汉语中还有"类""似"的意思。"物以类聚,人以群分","不如己者"是指"不类于己者"的意思,即非志同道合者。因此,"无友不如己者",可以训为"不要与志不同道不合者交朋友"。

子曰:"道不同,不相为谋也。"(《论语·卫灵公》)这也是一句国人家喻户晓的格言。志向不同,就无法在一起谋事,更不要说交朋友了。"酒逢知己千杯少,话不投机半句多。"真正的朋友要建立在志同道合的基础之上。"高山流水觅知音",这与"无友不如己者"的意思是完全一致的。

子曰:"可与共学,未可与适道;可与适道,未可与立;可与立,未可与权。"(《论语·子罕》)可以一起共同学习的人,未必能够一起追求大道;可以一起追求大道的人,未必能够一起共同做事;可以一起共同做事的人,未必能够一起共同谋事。句子中有四个关键词:"共学""适道""与立""与权",这可以看作交友的四个递进阶段,再次说明了交友的基础是要建立在志同道合的基础之上的。

孟子对孔子有关交友基础的观点作了进一步阐述。他说:"友也者,友其德也,不可以有挟也。"(《孟子·万章下》)交朋友不能有其他任何要挟、倚仗之心,唯独可以依凭的是对方的学问品德。朱熹也说:"朋友以义合者。"[1]真正的朋友,要建立在道义的基础之上。这些说法与孔子的交友基础说一脉相承。

----

① 朱熹:《四书章句集注》,上海古籍出版社 1995 年版,第 144 页。

举一个例子：

刘义庆在《世说新语·德行》中讲过一个故事：三国时期的管宁与华歆均为当时的名士，又为同学。有一次他们一起在园子里锄草，看见地上有一块金子，管宁继续锄草，将它当作瓦片石头一样，华歆却高兴地拾起了金子，但看到管宁的脸色后又把金子扔到地上。又有一次，两人曾经坐在同一张席子上读书，有个穿着礼服的人，乘坐华丽的马车从门前经过，管宁就像没看见一样，依然专心读书，华歆却抛下书本出去观看。管宁就生气地割断席子，和华歆分席而坐，并且宣布：你不是我的朋友了。这就是大家熟知的管宁割席的典故。

这个典故，就是对"无友不如己者"的很好注释。

与之相反，建立在其他基础上的朋友，诸如权、势、利、色等基础上的朋友都是靠不住的。对此中国古代先哲有诸多深刻论断，诸如："以财交者，财尽则交绝；以色交者，华落而爱渝。"（《战国策·楚策》）"以权利合者，权利尽而交疏。"（《史记·郑世家》）"以势交者，势倾则绝；以利交者，利穷则散。"（《中说·礼乐篇》）建立在这些基础上的所谓朋友，只是相互利用之辈，不是真正意义上的朋友，最多不过是江湖朋友、酒肉朋友，友谊的小船说翻就翻。

由此可见，只有建立在符合道义与志同道合基础上的朋友，才是一辈子的朋友。而真正志同道合的朋友，是比较少见的，所以说知音难觅。张潮在他的名著《幽梦影》一书中说："天下有一人知己，可以不恨。"①真正志同道合的朋友，是人生的莫大财富，弥足珍贵，如果得到了，就应该倍加珍惜，否则，一旦错过也就很难再遇到了。

---

① 张潮：《幽梦影》，中华书局 2013 年版，第 11 页。

（三）择友准则

交友要谨慎，不能滥交，因为选择与什么样的人为友，对自己的人生事业会产生极大影响。

与善人居，如入芝兰之室，久而不闻其香，即与之化矣；与不善人居，如入鲍鱼之肆，久而不闻其臭，亦与之化矣。丹之所藏者赤；漆之所藏者黑。是以君子必慎其所处者焉。（《孔子家语·六本》）

根据《孔子家语》的记载，以上这段话是孔子讲的。《孔子家语》也是我们研究孔子学说的重要资料，可以作为《论语》的有益补充。这是一段脍炙人口的文字，大家都比较熟悉。意思是说，和道德高尚的人生活在一起，就像进入充溢着兰花香气的屋子，时间一长，就闻不到兰花的香味了，这是因为被它同化了，自己本身受到熏陶，也充满了香气；和品格低下的人生活在一起，就像进了卖鲍鱼的市场，时间一长，也就不觉得鲍鱼是臭的了，这是因为自己也变臭。藏丹的地方就有红色，藏漆的地方就有黑色，因此，君子必须谨慎选择相处的朋友。"居邻必择，交友必慎"，讲的也是这个道理。"善人居"也已成了商家抢注的商标。

孔子教导我们，交友要交益友，即有益的朋友，而不要交损友，即有害的朋友。那么，何为益友，何为损友？

子曰："益者三友，损者三友：友直，友谅，友多闻，益矣；友便辟，友善柔，友便佞，损矣。"（《论语·季氏》）这段文字信息量很大，对交友具有非常重要的指导价值，需要具体地说。

1.三种益友

友直，即朋友为人正直。正直的朋友，就是诤友，能够直言不讳，给自己忠告。正直的朋友，是益友。

友谅,即朋友为人讲信用。元末有一个农民起义军头领叫"陈友谅",其名字就是从这儿来的。谅是讲信用的意思。《说文解字》中说:谅近于信。《论语》中讲到信的地方很多,比如:"信则人任焉"(《论语·阳货》),"与朋友交,言而有信"(《论语·学而》),"言而无信,不知其可"(《论语·为政》),"朋友信之"(《论语·公冶长》),等等,十分强调人诚信的品质,讲用的朋友是益友。

友多闻,即朋友见闻广博。如果朋友博学多识,各有专长,就可以互相学习,共同提高,这是益友。古人云:"独学而无友,则孤陋而寡闻。"(《礼记·学记》)如果学习中缺乏朋友之间的交流切磋,就可能会知识狭隘、见识短浅。

正直的朋友,讲信用的朋友,见识广博的朋友,是益友,与上述三种人交友,会对自己的人生大有裨益。

2. 三种损友

再说损友,也有三种。对于损友的具体含义,各类注释本的解释分歧较大,五花八门。其实很简单,因为损友肯定与益友有对应关系。

友便辟,即朋友趋炎附势。这就与"友直"相对应。趋炎附势的人,就无正直可言了,随时可以出卖朋友,因此是不可以结交的。

友善柔,即朋友阿谀奉承。这就与"友谅"相对应。阿谀奉承的人,只讲你喜欢听的话,不讲你不喜欢听的话,就没有真诚与信用可言,也是不可交的。

友便佞,即朋友夸夸其谈。这就与"友多闻"相对应。句子中的"佞"字,在古汉语中一般是指口才的意思,"便佞"即是信口开河的意思。夸夸其谈的人,并无真才实学,与这种人交往也并无益处。正如孔子所说的:"群居终日,言不及义,好行小慧,难矣哉!"(《论语·卫灵公》)一群人整天聚在一起,胡吹乱侃,好要小聪明,是很难有什么作为的,简直就是浪费生命。

趋炎附势的朋友,阿谀奉承的朋友,夸夸其谈的朋友,是损友,是不可以交往的,与这三种人交往,不仅无益反而有害。

3. 如何判断益友与损友

讲到这里,自然会产生一个问题:怎样判断一个人是益友还是损友呢? 对此,孔子提出了一个很有意思的观点,对我们择友有很重要的参考价值,这就是观察这个人的爱好。

孔子曰:"益者三乐,损者三乐。乐节礼乐,乐道人之善,乐多贤友,益矣。乐骄乐,乐佚游,乐宴乐,损矣。"(《论语·季氏》)孔子提出,对一个人来说有益的爱好有三种,有害的爱好也有三种。

有益的爱好有三种。

乐节礼乐,即以用礼乐来调节自己的生活为乐。对礼乐有很高的造诣,并乐此不疲,说明这个人有良好的修养。人际交往,讲究礼仪礼节,关系才会和谐。音乐可以净化心灵,调节情绪,陶冶情操,提高审美情趣。

乐道人之善,即以称道他人的美德为乐。俗话说:"谁人背后无人说,哪个人前不说人。"但是,以称道他人的美德为乐事,则是君子所为。这就是孔子所说的"君子成人之美,而不成人之恶。"(《论语·颜渊》)喜欢搬弄是非的人,往往就是是非中人。

乐多贤友,即以结交贤友为乐。身边多贤友的人,一般也坏不到哪里去。

有上述三种爱好的人,是善人,可以说是益友。与此相对应,有害的爱好也有三种。

乐骄乐,即以骄奢淫逸为乐。这些人往往穷奢极欲,挥金如土,迟早会栽跟头,

乐佚游,即以游手好闲为乐。这些人往往好逸恶劳,不思进取,难有什么出息。

乐宴乐,即以参宴赴会为乐。这些人往往贪图享乐,投机钻营,少有学识。

有这三种爱好的人,是不善之人,可以说是损友。

从一个人的喜好,可以看得出他的为人,包括他的价值理念、人生志向与审美情趣,这些可以作为我们判别益友与损友的重要依据。这个说法对我们甄别朋友之好坏的确很有价值。

(四)交友方法

交友要讲究交友的方法。如何结交朋友,这涉及交友的技巧问题。再来看看《论语》中又是怎么说的。概括起来,主要有以下三点。

1. 知人善交

知人的重要性,表现在多个方面。对教师来说,表现在知人善教;对干部来说,表现在知人善任;对交友来说,表现在知人善交。

子曰:"不患人之不己知,患不知人也。"(《论语·学而》)不要担心别人不了解自己,而要担心自己不了解别人。交友也一样,首先得知人。

如何知人呢?中国古代有一门专门的学问叫"观人术",源远流长。这门学问,按照现代的话语来说就是洞察心理学。有一本叫《冰鉴》的书,可说是"观人术"的集大成之作,据说为曾国藩所著,但是学界对此有争议。对于如何观人,孔子也有独到见地,主要有以下三种途径。

(1)听其言,观其行

子曰:"始吾于人也,听其言而信其行。今吾于人也,听其言而观其行。"(《论语·公冶长》)孔子有一个弟子宰予(又叫宰我),能说会道,巧言善辩,始初给孔子留下了良好印象,后来孔子发现他大白天也不好好读书听讲,还躺在床上睡大觉,因此骂他"朽木不可雕也,粪土之墙不可圬也"。这句批评的话不可谓不重。"听其言,观其行",就是孔子针对宰予说的。孔子说:"以前我看待一个人,听了他说的话就相信他会做出相应的行为。现在我看待一个人,不光要听他说的话,而且还要观察他的行为。""听其言,观其行"这句格言,太有名了,且应用极广。考察一个人,不仅要听他说什么,还要看他做什么,看看言行是否一致。十分精辟。

对于这一观人术,孟子作了一点有益的补充。他说:"听其言也,观其眸子,人焉廋哉?"(《孟子·离娄上》)句子中的"廋",是隐藏的意思。"人焉廋哉?"的意思是,这个人还能隐藏得了吗?"人焉廋哉"实际上是沿用孔子的话,下文还会讲到。孟子说,听他说了什么话,并在他说话时观察他的眼睛,这个人就无法隐藏自己。

那么,如何听其言呢?

(公孙丑)问:"何谓知言?"曰:"诐辞知其所蔽,淫辞知其所陷,邪辞知其所离,遁辞知其所穷。"(《孟子·公孙丑上》)孟子的学生公孙丑问:"怎样才算善于分析别人的言语呢?"孟子回答说:"从偏颇的言语可以知道他所隐瞒之处;从污蔑的言语可以知道他所陷害之处;从邪恶的言语可以知道他所离间之处;从躲闪的言语可以知道他理穷之处。

如何"观其眸子"?

孟子曰:"存乎人者,莫良于眸子。眸子不能掩其恶。胸中正,则眸子瞭焉;胸中不正,则眸子眊焉。"(《孟子·离娄上》)孟子提出,观察一个人,最好的办法是一边听他说话,一边观察他的眼睛。"眸子"就是眼睛的意思。一个人如果内心正直,则眼睛清亮,眼中有光;心术不正,则眼睛昏暗,目光游离。的确,眼睛是最容易暴露人的内心的,这与现代所说的"眼睛是心灵的窗户"是一致的。

(2)考察他亲近的人

要考察一个人究竟怎么样,还可以从考察他身边的人入手。

子曰:"不知其子,视其父;不知其人,视其友;不知其君,视其所使;不识其地,视其木。"(《孔子家语·六本》)孔子认为,知人还有一个重要的方法是,即考察他亲近的人。如果不了解他的儿子,看看他的父母如何;如果不了解这个人,看看他结交的朋友如何;如果不了解这个君王,看看他使用的人如何;如果不了解这块土地,看看地上长的草木如何。一个人的成长与他所处的环境密切相关,受他身边之人的熏染极深,因此可以通过考察他所交往的朋友来认知。俗话说:物以类聚,人以群分。这是有一定的道理的。"观其交游,则其贤不肖可察也"。(《管子·权修》)

(3)综合考察

子曰:"视其所以,观其所由,察其所安。"(《论语·为政》)这是孔子所说的如何洞察他人的根本途径,但是对于这段文字的注解可以说是五花八门。杨伯峻先生的《论语译注》中解释说,孔子说:"考查一个人所结交的朋友,观察他为达到一定目的所采用的方式方法,了解他的心情,安于什么,不安于什么。"句子中并没有"朋友"的字眼,显然也有臆测的成分在其中,这种解释与原意也相差较远。其实,根据笔者研究,此句所说的意思应是:认知他人,必须考察他的所作所为,考察他的人生经历,考察他的志向所在。

(4)如何考察有争议的人

在知人方面,孔子还提出了一个重要的观点,后人的认识甚至没有达到他的高度。这话听起来似乎有些匪夷所思,而事实上孔子提出的不少观点后人的确没有达到他的高度,后文还会讲到。孔子提出了一个重要的观点,即如何考察那些有争议的人。

一般来说,有争议的人,不少都是个人物。不少单位的领导在选人、用人过程中一听说某人有争议,就把他先挂起来再说,这样就可能会错失很多英才。还是让我们来听听孔子又是怎么说的吧。

子曰:"众恶之,必察焉;众好之,必察焉。"(《论语·卫灵公》)大家都讨厌的那个人未必是卑鄙小人,要作进一步考察;大家都喜欢的那个人也未必是正人君子,也要进一步去考察。这话听起来似乎有些令人费解,与人们一般的看法相距甚远,但这正是孔子思想的深邃之处。

为什么"众恶之,必察焉"?举一个例子。挪威有一个关注社会问题的戏剧家,叫易卜生,写过一部戏剧叫《人民公敌》,主人翁是斯多克芒医生,他是一个特立独行的知识分子的典范,一生说老实话,做老实事,敢于同恶势力作斗争。他所在的小镇,是旅游小镇,以汤浴出名,后来因为水源受到污染,发生了一种传染病。斯多克芒医生经过激烈的思想斗争,决定把真相公之于众,却得罪了镇上所有的人,被看作人民公敌,他和他的家人也遭受了各种打击,最后不得不离开小镇。临走前他留下了一句非常有力量的话:"世上最强有力的人就是那最孤立的人!"对这一句话,胡适先生极为欣赏,多次加以引用。可见,大家都厌恶的那个人,不一定就是卑鄙小人。

为什么"众好之,必察也?"

子曰："乡原,德之贼也。"(《论语·阳货》)孔子批评一种被叫作"乡原"的人,孟子又称他们为"乡愿",就是谁都不得罪的好好先生,现在叫作老好人。孔子说:"谁都不得罪的好好先生,正是败坏道德的人。"现代干部中的老好人就是这种"乡原"。因此,大家都喜欢的那个人,也不一定就是正人君子。

那么,对于有争议的人,究竟应该怎么考察呢? 来看下面这段文字:

子贡问曰:"乡人皆好之,何如?"子曰:"未可也。""乡人皆恶之,何如?"子曰:"未可也。不如乡人之善者好之,其不善者恶之。"(《论语·子路》)

子贡问孔子:"乡党们都喜欢他,这个人怎么样?"孔子说:"这还不能确定。"子贡又问孔子:"乡党们都厌恶他,这个人怎么样?"孔子说:"这也不能确定。最好的人应该是乡党们中善良的人都喜欢他,不善良的人都厌恶他。"考察一个有争议的人,主要看是什么人喜欢他,而又是什么人不喜欢他。善良的人喜欢他,不善良的人讨厌他,这才是真正的正人君子。这个观点极富创见,后人的思想认识是否还没有达到这种高度呢? 这个观点对现实中的干部考察是否有重要的借鉴意义呢?

以上讲的是孔子观人术的主要内容,对我们知人善交有重要的借鉴意义。

当然,必须指出,要真正认知一个人并不是一件容易的事。即使孔子也难免有看走眼的时候。孔子有个弟子叫澹台灭明,字子羽,鲁国人,比孔子小三十九岁。始初他想拜孔子为师,由于他长相丑陋,孔子对他较为冷淡,认为他资质低下,难有所成。但是,后来的事实证明,子羽勤奋好学,身体力行,为人光明磊落,处事光明正大,学识人品均很不错,声名远播,游历到长江一带,跟从他的弟子有三百人之多。对此,孔子曾经感慨地说道:"吾以言取人,失之宰予,以貌取人,失之子羽。"①意思是说,只凭言辞判断一个人,结果对宰予的认知就产生了错误;仅凭相貌判断一个人,结果对子羽的判断产生了错误。

2.讲求诚信

诚信,是中国传统社会的核心价值观之一,董仲舒概括的"五常"仁义礼智信,就是传统社会的核心价值观,信是其中之一,如今我国的社会主义核心价值观中也有"诚信",两者当然有一脉相承的历史赓续关系。

交友要讲诚信。《论语》中虽然没有出现"诚信"的字眼,但是讲到"信"的地方较多,就是现在讲的诚信的意思。

子曰:"人而无信,不知其可也! 大车无輗,小车无軏,其何以行之哉?"(《论语·为政》)一个人不讲信用,就不知道怎么立世。正如牛车和马车前面没有安装横木,怎么能行走呢? 孔子非常强调为人处世要"主忠信"。与朋友交往,更得讲求信用。对此,孔子的弟子也多有阐发。

子夏曰:"与朋友交,言而有信。"(《论语·学而》)与朋友交往,说话要守信用。

曾子曰:"吾日三省吾身,为人谋而不忠乎? 与朋友交而不信乎? 传不习乎?"(《论语·学而》)曾子说:"我每天多次反省自己,为人做事是否忠诚? 与朋友交往是否诚信? 对学到的学问是否认真温习并付诸

---

① 司马迁:《史记》,中华书局2009年版,第414页。

实践？与朋友交往是否言而有信？"这是曾子讲的"三省"之一。

在这里有一个重要的问题:什么是诚信？也许对这个问题,大家会觉得突兀,这是一个问题吗？不少人认为"言必信,行必果",说到做到,这就是诚信。真的是这样的吗？让我们先来看看孔子是怎么说的。

子曰:"言必信,行必果,硁硁然小人哉!"(《论语·子路》)孔子说:"言必信,行必果,就好像不知权变的小人一样。"句子中的"硁硁(读音kēng),原意是两块石头相碰的声音,引申为不知权变的意思。有网友在网上吐槽说,孔老夫子讲的这句话很令人费解,"言必信,行必果"怎么与小人联系在一起了呢？这就涉及孔子所讲的关于诚信问题的深层次蕴含了。在孔子看来,诚信并不简单地等同于"言必信,行必果",因为信有大信与小信之分,要看看是否符合仁义。符合仁义的"言必信,行必果",这是大信,是真正的诚信,需要遵守,但是不符合仁义的"言必信,行必果",那就是小信,即小人之信,不必拘泥。比如,那些江湖朋友讲求哥们义气,为朋友两肋插刀,不讲原则,不问是非,说到做到,不计后果,结局又会怎么样呢？这是典型的"小人之信",是要不得的。笔者曾经在西安交大校园卫生间里见到过一个野广告,上书"诚信助考",下面附了电话号码。还有一些宾馆中有色情小广告,上面写着"诚信经营",下面附了电话号码。这些难道也叫诚信吗？

子曰:"君子贞而不谅。"(《论语·卫灵公》)句中的"贞",就是忠于大道的意思,"不谅",就是不拘泥于小信。"贞而不谅"的意思是说,君子忠于大道,不拘泥于小信。"贞而不谅"四个字也是书法家常常喜欢题写的。这是孔子诚信观中一个深层次的问题,也是孔子的高明处之一。他提出了这个重要观点,今人的思想有没有达到这个高度呢？这的确发人深省。

有一个例子比较典型,是与孔子有关的案例。有一次,孔子带弟子周游列国,要到卫国去,经过一个叫蒲的地方。蒲人担心孔子等人去卫国会对他们不利,便将孔子师徒一行包围起来。双方僵持了一段时间后,蒲人开始退让,开出的条件是,只要答应不去卫国,就放孔子一行人走。孔子答应了,但是等到蒲人一撤,孔子就对弟子们说:"我们去卫国!"对此弟子们很不理解,子贡直接问老师说:"盟可负邪?"意思是说,刚才跟人家发过誓的,怎么说话不算数了呢?孔子回答说:"要盟也,神不听。"意思是,被逼作出的盟誓,神灵也不会认同。对于在被迫的情况下所答应的事情,有违自愿与公平原则,所以没有约束力,事后可以不用履行。

还有一个例子,是大家熟知的一个成语"尾生抱柱"。这个典故较早见于《庄子·盗跖》篇,在《战国策》《史记》《淮南子》等典籍中也均有记载。故事很简单,说的是春秋时期,有一个叫尾生(据传这个尾生就是《论语》中提到的微生高,但是无法确证)的人跟一个姑娘没有经过媒妁之言、父母之命而谈起恋爱并私订终身。有一次他们相约在桥底下见面,尾生先到了,那个姑娘不知何故迟迟未来。后来下大雨发洪水了,尾生抱了根柱子就是不肯离开,因为与姑娘说好在这里约会的,要守诚信啊。雨越下越大,洪水也越来越大,他还是抱着柱子不肯走,结果就被淹死了。后来还有人继续演绎这个故事,说后来那个姑娘来了,看到自己心爱的尾生淹死了,痛不欲生,最后也投河自尽了。对此,历代有不少文人墨客写了大量诗文,讴歌尾生是一个守诚信的典范,简直迂腐不堪!为了一个约会,把自己的性命也送掉了,这不符合仁义原则,为什么这么死脑筋啊,挪个地方不行吗?改天再约不行吗?这就是典型的小人之信。

再讲一个近代的例子。1928年皇姑屯事件后，张作霖被炸死，张学良主政东北。当时他面临的局面十分复杂，蒋介石方面派特使到东北游说张学良归服国民政府，英、美两国出于自身利益也派公使到东北劝张学良归附南京国民政府。日本政府派出了日本天皇的老师，也是张学良的好友林权助到东北，劝张学良投靠日本，宣布东北独立。有一天晚上，张学良与林权助一起喝酒，喝多了，他答应了林权助提出的不少条件。但是，第二天酒醒以后，张学良就反悔了，说昨夜酒后的话都不记得了、不算数了。林权助说你答应了的，怎么能这样不讲信用。张学良说："酒后的话反正不记得了，即使是答应过的也不算数，说一千道一万，理由只有一个：因为我是中国人。"对于这件事，作为一个有良知的中国人又有谁能说张学良的不是呢？

孟子说："大人者，言不必信，行不必果，惟义所在。"（《孟子·离娄下》）真正的大丈夫，不一定非得做到言必信、行必果，关键要看是否符合仁义。不得不说，孟子是孔子的忠实"粉丝"，他的确是懂孔子的，要真正懂得孔子还需要深入研究孟子。

当然，在社会交往中，要十分注意，尽量不要轻诺寡信，小信失得多了，也会有损自身形象，他人会觉得你是一个不靠谱的人。

3. 忠告义务

朋友有忠告的义务，这也是做朋友应该尽的职责。

<u>子贡问友。子曰："忠告而善道之，不可则止，毋自辱焉。"（《论语·颜渊》）</u>有一次，孔子的大弟子子贡问如何交友。孔子回答说："朋友有过失，要给予忠告，并且善于引导，这是朋友应尽的义务。如果劝了几次朋友不听那就算了，不要自取其辱。"句子中的"道"通"导"，读音也是dǎo。能够直言相劝的朋友，才是真正意义上的朋友，也就是诤友。

一个人如果没有几个诤友,就可能会走上歧途,陷入人生误区,甚至导致人生事业的失败。这也是诤友的价值所在。孔子又说:"君无争臣,父无争子,兄无争弟,士无争友,无其过者,未之有也。"(《孔子家语·六本》)句中的"争"通"诤",正所谓"良药苦口利于病,忠言逆耳利于行"。

第三编

为学的智慧

百年大计,教育为本。孔子不仅把教育视作加强个体素养、改变人生命运的必由之路,也将其看作提升百姓道德、提高社会文明程度的根本途径,更将其作为完善为政者素质、实行德政的前提基础。

孔子作为一个伟大的教育家,在长期的教学实践中,提出了诸多教学原则,业已形成一个相当完整的教学思想体系,不仅在几千年来影响了中国与世界的教育思想,而且对现代教育仍然具有重大的指导价值,散发着迷人的智慧光芒,值得我们好好总结。

接下来,就让我们一起深入探讨与阐发《论语》中的为学智慧。

一、为学宗旨

为学宗旨,就是办学的根本指导思想,就是我们现在经常讲的培养什么样的人、怎么培养人、为谁培养人的大问题,这是一个根本性的问题。

（一）学以成人

孔子讲的为学宗旨是什么呢? 可以用四个字来概括:学以成人。"成人"这个概念出自《论语》一书,与现在所讲的"成人教育"的成人不一样,它是有特殊含义的,指的是全面发展的人、完人的意思,尤其是指道德崇高的人,与君子是相通的,通俗地说就是"好人"的意思。国学

大家钱穆先生说:"中国文化精神最主要的,乃在'教人怎样做一个人'。"①讲得有一定道理。请看下面一段文字:

> 子路问成人。子曰:"若臧武仲之知,公绰之不欲,卞庄子之勇,冉求之艺,文之以礼乐,亦可以为成人矣。"曰:"今之成人者何必然?见利思义,见危授命,久要不忘平生之言,亦可以为成人矣。"(《论语·宪问》)

这段文字信息量较大,听解释需要有些耐心。

孔子的弟子子路问什么是"成人"?孔子回答:"要像臧武仲那样智慧,像孟公绰那样寡欲,像卞庄子那样武勇,像冉求那样多才多艺,再加上礼乐修养,就可以说是成人了。"臧武仲,是春秋时期鲁国的大夫,矮小多智,号称"圣人",有治国之才,但不见容于鲁国权臣,后来出逃到齐国。根据《左传·襄公二十三年》记载,当时齐庄公想重用他,要给他田地,可他认为齐庄公此人不怎么样,势难长久,便设法拒绝了。后来齐庄公果真被杀,由此可见臧武仲的睿智。孟公绰是鲁国大夫,素以清廉而闻名,他也是孔子所尊敬的人。卞庄子也是鲁国大夫,以勇武而著称,《史记·张仪列传》中还有卞庄子刺虎的故事。冉求是孔子的弟子,堪称多才多艺。集聪明才智、自我节制、勇敢无畏、多才多艺于一身,这就可以说是成人了。可见,孔子提出的关于成人的标准要求极高,已近乎圣人、完人了,一般人可望而不可即。

"见利思义,见危授命,久要不忘平生之言",这是关于成人的第二个标准。至于这段话是谁说的有争议,大多数人认为是孔子说的,为了使这种解释更加圆润,还附加了"孔子停顿了一会,又说"这样的文字。

---

① 钱穆:《中国文化精神》,九州出版社 2017 年版,第 20 页。

按照对话体的著作,上一句是孔子讲的,下一句应该是子路的应答。也许是这些学者们觉得这段文字高洁典雅,凭子路还讲不出这么高水平的话。但是,这也未必。虽然子路有些粗野,也不大爱学习,但是,他"游于圣门"多年,在孔门浸润已久,耳濡目染,偶然冒出几句雅言也并不奇怪。像《红楼梦》中的薛蟠,应该算是庸俗不堪的粗鄙之人了吧,在一次宴会的行酒令中,虽然只会"一只蚊子哼哼哼,两只苍蝇嗡嗡嗡"之类,但是他毕竟出身皇商,为紫薇(微)舍人之后,也能偶尔冒出"洞房花烛朝慵起"这样的雅句来(虽然后两句还是粗俗不堪),弄得贾宝玉等人也很吃惊,发出"此句何其太韵"的惊叹!因此,笔者还是觉得这是子路说的,起码没人能够驳倒这种说法。

只要能做到见到利益就想到道义,面临危难挺身而出甚至不惜献出生命,长期处于困顿之中也不会忘记平生的志向,就可以说是成人了。

根据《孔子家语》的记载,孔子还有一段话讲到成人的问题。

颜回问于孔子曰:"成人之行,若何?"子曰:"达于情性之理,通于物类之变,知幽明之故,睹游气之原,若此可谓成人矣。既能成人,而又加之以仁义礼乐,成人之行也,若乃穷神知礼,德之盛也。"(《孔子家语·颜回》)

孔子最得意的弟子颜回问孔子:"成人的品行应该是什么样的呢?"孔子回答:"他们能够通晓人性人情,知晓自然变化的规律,洞察事物变化的缘由,深知大化流行的本源,这样就可以算是成人了。达到了成人的标准,加上仁义礼乐的修养,就拥有成人的品行了。像这样通达义理、依礼行事,那就具备了高深的德行。"

孔子讲的成人品格与上文讲到的"智、仁、勇"的理想人格完全相通。可见，孔子讲的成人教育，不仅指一才一艺的专业教育，而且是融道德、知识、技艺乃至礼乐于一体的综合素质教育。

孔子提出的"成人"的教育理念对后世影响深远。举一个例子，2014年第二十四届世界哲学大会在北京召开，根据著名华裔美籍学者、海外新儒学的代表人物杜维明先生的提议，大会的主题被定为"学做人"。有学者认为应该用一个比较典雅的术语表达，觉得"学做人"太平实了，好像哲学性不强，于是就用"学以成人"作为大会主题。对此也有些人表示不理解，认为有些轻浅。其实，"学以成人"这四个字分量并不轻，恰到好处地反映了孔子创立的儒家学说的一大主旨。

(二)博文约礼

孔子关于"学以成人"的思想内容比较丰富，从整体上说，可以用四个字来概括，那就是"博文约礼"。所谓"博文"，就是有广博的学识修养，尤其是道德修养，属于内在的知识与价值体系；"约礼"，就是有良好的礼仪修养，属于外在的行为与实践系统。《论语》中有两处讲到"博文约礼"这个问题。

子曰："君子博学于文，约之以礼，亦可以弗畔矣夫。"(《论语·雍也》)君子要有广博的学养，并用礼仪约束自己，这样就不违背大道了。

颜渊喟然叹曰："夫子循循善诱人，博我以文，约我以礼。"(《论语·子罕》)颜渊有一次深有感触地说道："先生对我循循善诱，以文献来广博我的学识，以礼义来约束我的行为。"

香港中文大学的校训为"博文约礼"，就典出于此。对此，香港中文大学方面这样诠释：这是孔子的主要教育规训，学识深广谓之"博文"，遵守礼仪谓之"约礼"。这个校训提炼得很好，一方面很有文化底蕴，典出《论语》，把孔子所创的"学以成人"的教学宗旨以现代方式完整地呈现出来了;另一方面简洁明了,易记易识易于传播,符合现代大众传播的原则。

"学以成人",或者说"学为君子",这是《论语》中讲的为学宗旨,陈来先生说:"'学'的目标是学为君子,这是全部《论语》的宗旨。"①可谓一针见血,很有见地。无论对古代还是现代教学来说,"学以成人"均有重要的指导价值。

在春秋战国时期,诸子百家之一——名家的代表人物邓析,与孔子差不多是同时代的人,他学识广博、擅长辩论,在郑国广收门徒,聚众讲学,开始时他办学的规模比孔子办学的规模大多了,影响也更大。但是,邓析开办私学,完全不讲仁义、不讲原则,颠倒是非、唯利是图。有个例子非常典型。根据《吕氏春秋·离谓》中的记载,有一次郑国的洧河发大水,郑国有一个富人被洪水冲走淹死了。有人打捞起富人的尸体,富人的家人得知后,就去向他赎买尸体,但是得到尸体的人要价很高,双方僵持不下。于是,富人的家人就来找邓析,请他出主意。邓析对富人的家人说:"你们安心回家去吧,那个人只能将尸体卖给你们,别人是不会买的。"于是富人的家人就不再去找得到尸体的人了。得到尸体的人着急了,也来请邓析出主意。邓析又对他说:"你放心,富人的家人除了向你买,再无他处可以买回尸体了。"真是吃了原告吃被告,两头通吃。后来富人的尸体腐烂了,双方都去官府告邓析,但是邓析凭借他的三寸不烂之舌,为自己辩护,最后被无罪释放。邓析是名家学派的先驱人物,也有一定的革新精神,但他为人不讲道义,开办私学的过程中扰乱法制,败坏风气,弄得郑国社会大乱。据说最终他被郑国

---

① 陈来:《孔夫子与现代世界》,北京大学出版社 2011 年版,第 188 页。

名相子产所杀,可谓是"机关算尽太聪明,反误了卿卿性命"。邓析办私学的失败教训,正好可以反衬孔子办私学的成功经验。

现代教育的根本任务是立德树人,这与孔子学以成人的为学宗旨有异曲同工之妙。尽管时代不同了,为学宗旨也发生了很大的变化,但是,孔子提倡的学以成人的为学宗旨,还是能给广大的教育工作者、家长提供非常有益的现实启迪。

二、为学目的

上节讲了为学宗旨,本节我们来谈为学目的。也许有人问,宗旨与目的有什么区别呢? 两者既有联系,也有区别。简单地说,宗旨是根本目标与任务,目的是具体目标与任务。综观《论语》一书,可以看出孔子所讲的为学目的主要有"为己之学"与"学而优则仕"两个。

(一)为己之学

对于这个问题,孔子有一句话,讲得非常明白。

子曰:"古之学者为己,今之学者为人。"(《论语·宪问》)

这句话究竟应该怎么理解? 笔者在课堂上常常问学生一个问题:我们为学的目的究竟是"为己"还是"为人"? 有的回答"为人";有的回答既要"为己",又要"为人",说主观为自己,客观为他人;有的还说要为祖国崛起而勤奋读书。答案五花八门,唯独没有回答"为己"的。其实有些中学教材中对这句话也给出这样的注释:我们学习既要"为己",更要"为人"。表面上看似乎非常全面、辩证客观,意思是好的,但实际上却似是而非,曲解原旨了。

在这个句子中,"为己"与"为人"是有着特定的内涵的,与现代汉语语境下的含义很不相同,不能望文生义。程子说:"古之学者为己,欲得之于己也;近之学者为人,欲见知于人也。"①对此,朱熹十分赞同。所谓"为己",就是提升自己,加强修养。所谓"为人",即是卖弄学识、炫耀自己。所以,孔子所讲的这句话的真正意思是说:古代的学者做学问的目的,是为了提高自身各方面的素养。不像现在那些所谓的学者,学了一些知识,只是为了在人前卖弄显摆,博取名利。因此孔子主张向"古之学者"学习,做"为己之学",只有把自己锻造成大器,才能更好地服务社会。

现实社会中,有不少人上进求学的主要目的,并不是对学问有多大的兴趣,只是为了混个文凭,为自己脸上贴金,以期作为日后谋生晋级的工具与阶梯。对此当然也不能苛责,否则就会有站着说话不腰疼之嫌。人不可能不食人间烟火,每个人的任务是:一要生存,二要发展。但是,这毕竟与孔子所说的"为己之学"的境界存在较大的差距,因此,在为学的精神境界方面,我们还有待进一步升华。事实上,只有"为己之学"才能真正做成大的学问,为国家社会作出大的贡献。

孔子所说的"为己之学",对当今为学者来说过时了吗? 答案显然是否定的。

(二)学而优则仕

不少人误以为"学而优则仕"是孔子的名言,其实是他的学生子夏说的。

子夏曰:"仕而优则学,学而优则仕。"(《论语·子张》)对于句子中的"优"究竟作何解,历来有两种解释,一种认为是"优秀",一种认为是"有余力"。其实两种意思都有,并不矛盾,没必要过于纠结。这句话

---

① 朱熹:《四书章句集注》,上海古籍出版社 1995 年版,第 185 页。

的意思是很明确的,为政者如果官当得好了而尚有余力,应该加强学习,而为学者学问做好了,如果还有为政的才能也可以去做官。

对于"仕而优则学",大家没有疑问。晚清名臣曾国藩曾经给他的弟弟曾国荃写过一副对联:"千秋邈矣独留我,百战归来再读书。"为的就是告诫自己的兄弟,在烽火连天的岁月也不要忘记保持一颗平静的心去认真读书、修身养性。这副对联已经成为当今社会无数政界、商界人士的座右铭。

在当今社会,"仕而优则学",对领导干部有着重要的指导价值。领导干部加强学习,这不仅仅是自己个人的事情,更是关乎国家民族发展的大事。个别领导干部忙于投机钻营,赶宴赴会,乐此不疲,长此以往,不学无术,就会发生"本领恐慌",迟早要被时代淘汰。应该形成一整套干部学习制度,并建立长效机制。

对领导干部来说是如此,对商界人士来说也是如此。如今,"百战归来再读书",正是很多在职人员在有了职场沉浮、人生坎坷之后重新学习的真实写照。在有了更多的人生阅历,积累了丰富的经验教训后,重新回到久违的学校,学习高深学理,再结合自身实践,自有无限感慨在心头,也能获取更多的智慧启迪。

对于"学而优则仕"这句话,现实中存有不少争议。有人认为它是官本位意识的滥觞,鼓吹"读书做官论",要加以批判。对此,我们要进行具体分析。

孔子对于"学而优则仕"的确是赞成的,孔子办教育的一个重要目的,在于培养治国安邦的人才。

子曰:"三年学,不至于谷,不易得也。"(《论语·泰伯》)孔子说:

"在我的门下学习了三年,还做不了官的,恐怕是不容易找到的。"句中的"谷",是古代官吏的俸禄,引申为当官的意思。有一个例子,可以作为这一句话的注解。

子使漆雕开仕,对曰:"吾斯之未能信。"子悦。(《论语·公冶长》) 孔子推荐弟子漆雕开去做官。但是漆雕开觉得自己尚未达到"学而优"的程度,没有充分的把握,想继续学习深造一段时日,晚点去做官,他回答说:"我对这件事还没有作好心理准备,没有信心。"孔子听了很高兴。孔子对他这种谦谨的态度很满意,认为没有沾染上急功近利的习气,这种精神难能可贵。

有人说孔子是一个"官迷",这就太不了解孔子了。他虽有志从政,但是有理想、有原则的,目的是实现他平治天下的人生抱负,并且"道不同则不相为谋",合则留不合则去。而所谓"官迷"则是一味投机钻营,完全没有原则,两者不可相提并论。同时,孔子也鼓励学生从政,从而实现为官一任、造福一方的目的。这就是后来所谓的"学成文武艺,货与帝王家"。

有人据此给孔子加了一条罪状:鼓吹"读书做官论"。关于这个问题,应该历史地、辩证地来看。

在古代社会,由于社会发展不够多元化,出身士大夫阶层的人主要出路无非两条:一是做教书先生,二是做公务员。我们不要苛求古人、苛求历史。在古代社会,"学而优则仕",是知识分子实现人生抱负的一个重要途径,甚至可以说是最重要的途径。《红楼梦》中有一个例子很有意思。薛宝钗、史湘云等人劝贾宝玉多读一点圣贤书,搞一点"仕途经济",走读书做官这条道路。贾宝玉听了很不耐烦,说道:"林姑娘从来说过这些混账话不曾? 若她也说过这些混账话,我早和她生分了。"真是话不投机半句多。这话被林小姐听到了很受用,对宝玉把她奉为知己而感动不已。笔者曾经在课堂上问男生一个问题:如果让你们在薛宝钗与林黛玉两人之中挑一位作为女朋友或未来的妻子,你们会选谁?结果大部分男生选择了薛宝钗。从现实层面上说,薛宝钗的确要比林黛玉可爱得多,比如:从身体上看,前者比较健康,后者病病歪歪;从处事上看,前者处世圆融,后者尚处于不成熟状态,动不动闹别扭、使性子,自己哭哭啼啼,弄得他人也不开心,按照现在的话来说是传播负能量;从志向上看,前者鼓励贾宝玉走读书做官的道路,后者对此并不十分在意,而更喜欢与贾宝玉在窗前共读《西厢记》。从世俗层面上说,薛宝钗、史湘云的劝谏也并非完全没有道理,因为在中国古代社会,一个男子要成就自己的人生抱负,很重要的途径就是走"学而优则仕"这条道路。只是人各有志,不可相强罢了。贾宝玉不喜欢薛宝钗,而偏偏喜欢林黛玉,那是因为爱情主要是精神层面上的东西,是双方在精神上的高度契合。这是题外话了,就此打住。

在当今社会,有不少大学生,甚至研究生去考公务员,从某种意义上来讲,也可以认为是中国传统的"学而优则仕"的现代翻版。但是,过犹不及,有这么多学子去考公务员,形成了"考公热",考录比高达200:1,甚至更高,就不大正常了,其中的原因复杂,值得调查研究,采取相应的疏导策略。

总之,"读书做官"本身并不存在错不错的问题,问题的关键在于做官的目的是什么。如果仅仅是为了升官发财,当然是不对的,如果是为了为官一任、造福一方,又有什么不好呢?

上文提过,孔子所讲的关于为学的两个主要目的与孔子所关注的主要对象有密切关系。孔子与老子、孟子、荀子等人所关注的重点对象都是一致的，就是士大夫阶层，即知识分子阶层。他的教学思想主要是想培养两种高素质人才：一是学者，以传承与弘扬古代优秀文化为天职，使中华文化得以薪火相传、发扬光大；二是为政者，相当于现在的公务员，以治国平天下为己任，实现平治天下的目的，这是孔子毕生的远大梦想。

（三）为学与为政

在这里，还要强调的一点是为学与为政的关系。对此，荀子有一句名言，讲得最为透彻。"学者非必为仕，而仕者必为学。"（《荀子·大略》）荀子认为，读书人不一定都要去当官，但为政者必须要坚持学习。这句话讲得多么好啊！无论是为学者还是为政者，都要加强学习，掌握必要的学问是做人做事的法宝，也是安身立命的根基，有了学问之后，以后或为学或为政，进可攻、退可守，均可安之若素、游刃有余。君子当"藏器于身，待时而动"（《周易·系辞下》）。作为学者并不一定非要削尖脑袋往官场里挤，不少学者并不擅长做行政，硬要去混个一官半职，到头来两头不落好，竹篮打水一场空。而为政者务必要加强学习。习近平总书记对荀子这句名言非常欣赏，曾经多次引用。这句话完全可以成为为学者与为政者的座右铭。如果用这句话来概括孔子所说的为学目的也是十分恰当的。

三、为学内容

先说一个案例。

樊迟请学稼，子曰："吾不如老农。"请学为圃，曰："吾不如老圃。"樊迟出，子曰："小人哉，樊须也！"（《论语·子路》）有一次，孔子的弟子樊迟向他请教种庄稼的事情。孔子说："我不如老农。"樊迟又向孔子请教种菜。孔子说："我不如菜农。"樊迟走后，孔子讲了一句话："樊迟啊，真是一个小人！"在"文革"时期的"批林批孔"运动中，这成了孔子的一条罪状：孔子轻视农业生产、轻视劳动人民。这种批判着实不太有道理。孔子不太关注农业生产劳动是真，以至于有隐士说他"四体不勤，五谷不分"（《论语·微子》）。但是，这是社会分工问题。社会有分工，术业有专攻。任何社会都有分工。在传统社会中，有"劳心者"与"劳力者"的区别，相当于现代社会中的脑力劳动者与体力劳动者，这本身无可厚非。孔子办学，主要是想培养两种人：一是学者，二是为政者。他所教的主要是治国安邦的大道，是成就大人的学问。至于种庄稼、种蔬菜等技术，的确不在他的教学范围之中，他认为樊迟这个人格局不够大，只关心农业生产的技术，所以才会有这样一种感叹。

那么，如何实现上述办学宗旨与目的呢？这就需要有相配套的教学内容体系。

孔子讲学的内容主要是什么呢？

子以四教：文、行、忠、信。（《论语·述而》）孔子主要从四方面来教育学生：文献、品行、忠诚、信笃。"子以四教"，也是一句非常有名的句子，不少书法家给学校与教师的题词也经常喜欢题写这四个字。

曾子曰："吾日三省吾身，为人谋而不忠乎？与朋友交而不信乎？传不习乎？"（《论语·学而》）曾子说："我每天多次反省自己，为人做事是否忠诚？与朋友交往是否诚信？对学到的学问是否认真温习并付诸实践？"曾子讲的"三省"与孔子的"四教"遥相辉映，映现出孔门教育独特的为学内容。

以下具体解释"子以四教"的内容，虽然这四个字非常简明，但意蕴却极为丰富。

（一）文

这里讲的文就是古代历史文献,主要是孔子所删定的六经。这是他聚徒讲学的主要教材,后称"大六艺",就是《诗》《书》《礼》《乐》《易》《春秋》这六部经典。孔子删改六经,使中华文明的历史典籍得以保存、传承,使中华优秀传统文化精神价值得以发扬光大。六经基本上奠定了中华文明的核心价值,在中国文化史上具有划时代的意义,的确功不可没,功莫大焉。

《诗》,就是《诗经》,可以视为文学著作。《诗经》是我国第一部诗歌总集,据传为孔子删定,现存三百零五篇。孔子对《诗经》极为推崇。在《论语》中谈及的"诗"主要就是《诗经》,有十多处,他以"诗教"的方式来阐发义理。在春秋战国时期,可以在《孟子》《荀子》等文献典籍中发现古代圣哲经常引用《诗经》来阐发学理、作为结论,在各种内政外交活动中用《诗经》作为交流工具。因而,就有"不知诗,无以言"的说法。

子曰:"小子何莫学夫诗?诗可以兴,可以观,可以群,可以怨。迩之事父,远之事君,多识于鸟兽草木之名。"(《论语·阳货》)孔子说:"弟子们为什么不学点《诗经》呢?学《诗经》可以抒发情怀,可以观察民情,可以与人交流,可以借古讽今。就近而言,可以用来侍奉父母,就远来说,可以侍奉君王,还可以多知道一些鸟兽草木的名称。"其中,孔子所说的诗"可以兴,可以观,可以群,可以怨",把"温柔敦厚"的诗教功能全面地揭示了出来,成为后世诗歌评论的基本内容。

《书》,即《尚书》,汇集了夏、商、周三代的政治文献,有着丰富的治国理政思想,可以视为政治学著作。在《论语》中可以看到孔子也多次引用《尚书》中的句子作为阐发其政治主张的理论依据,还有《孟子》

《中庸》《大学》等书中引用《尚书》之处也较多。

《礼》,即《礼经》,可以视为社会学著作。孔子重视《礼经》,认为只有做到以礼治国,国家才会有秩序,才能实现社会和谐。中国素有"礼义之邦"的美誉,与孔子强调的礼教传统有密切关系。辜鸿铭甚至把孔子提倡的"礼"视为"中国文明的精髓"①。虽然不免过于简约,但也具有一定的合理性。

《乐》,就是《乐经》,可以视为音乐著作。孔子本人不但喜好音乐,并且在音乐上也有极高的造诣。因为礼乐是一体的,他认为音乐是实现礼教的非常有效的途径。荀子也说:"声乐之入人也深,其化人也速。"(《荀子·乐论》)这与孔子的乐教思想一脉相承。

《易》,就是《易经》,可以视为哲学著作,体现了孔子作为一个思想家的哲人气质。《易经》包括《周易》与《易传》两大部分。据传,《易传》为孔子所作,孔子作《易传》十篇,称为"十翼"。相当于孔子读《周易》的心得体会,但对这个说法学界尚有存疑。不过孔子对《周易》情有独钟,甚至到了痴迷的程度。<u>子曰:"加我数年,五十以学易,可以无大过矣。"</u>(《论语·述而》)孔子说:"如果让我多活几年,到五十岁以后再去研究《周易》,就不会有大的过失了。"他晚年好读《周易》,韦编三绝。

《春秋》,是鲁国的史书,可以视为历史学著作。据传《春秋》一书为孔子所编,是中国现存最早的一部编年体史书。孔子作春秋的目的是以史明鉴、温故知新。孟子说:"孔子作《春秋》,而乱臣贼子惧。"所以孔子感叹说:"知我者其惟《春秋》乎!罪我者其惟《春秋》乎!"

---

① 辜鸿铭:《中国人的精神》,海南出版社1996年版,第15页。

(《孟子·滕文公下》)《春秋》开创了历史学家秉笔直书的春秋笔法。

关于六经的思想文化特色,庄子讲得极为透彻:《诗经》用来表达思想感情,《尚书》用来记述政事,《礼经》用来表述行为规范,《乐经》用来传递和谐的音律,《易经》用来阐明阴阳变化的奥秘,《春秋》用来讲述名分的尊卑与序列(《庄子·天下篇》)。六经所包含的知识体系相当宏富,基本涵盖了当今人文社会科学的主要门类,主要是围绕治国理政的内容而展开的。

(二)行

孔子行教的第二大内容为行。行,就是品行。孔子教育弟子,不仅要重视书本知识,还要重视人格操守与具体实践,这是非常了不起的教育思想。他自己也率先垂范,既重言教,也重身教。对此,孔子的弟子子夏也深受影响。

子夏曰:"贤贤易色;事父母,能竭其力;事君,能致其身;与朋友交,言而有信。虽曰未学,吾必谓之学矣。"(《论语·学而》)子夏说:"礼贤贤人能够肃然起敬;赡养父母能够竭尽其力;侍奉君王能够以身许国;与朋友交往能够讲求信用。虽然这个人没有读过什么书,我一定说这人有真学问。"他把为人处世本身当作为学的重要内容,因为做人与做事从来不可分离。

(三)忠

孔子行教的第三大内容为忠。忠,就是忠诚。具体地说,人人忠于职守;与他人谋事要忠实;对朋友的过失要及时给予忠告;大臣要忠于国君,国君有过失,要加以劝谏。

(四)信

《论语》中讲到信的地方很多,主要包括以下几个层面:从个体修养来说,每个人自身必须要讲信用,"信则人任也"(《论语·阳货》),自己讲信用,别人才能重用你,相反,"人而无信不知其可也"(《论语·为政》);从社会交往层面来说,与人交往,应"言而有信"(《论语·学而》);从为政层面来说,为政者必须取信于民,使"民信之"(《论语·颜渊》)。后来,汉代大儒董仲舒概括的仁义礼智信"五常",信为其中之一,成为中国传统社会的核心价值之一。社会主义核心价值观中也有"诚信"的内容,两者的历史承继关系一目了然。中华文化中的诚信思想资源极为丰富,值得我们加以创造性地挖掘利用。

"子以四教"是从正面上说的,从反面上说,孔子对以下四种倾向表达了深深的忧虑。

<u>子曰:"德之不修,学之不讲,闻义不能徙,不善不能改,是吾忧也。"(《论语·述而》)</u>孔子说:"品德不去培养,学问不去追求,听到正义的事情不能响应,有了过错也不能改正,这些都是我所担忧的。"如果一个人不讲道义、不求学问,不能见义勇为、不善知错就改,那么就没有什么值得称道的了。

有一种观点认为,这"四教"中的文、行、忠、信似乎不是一个逻辑层面上的东西,不能并列。事实上,文、行主要是外在的学养,忠、信则是内在的品格,内外兼修符合孔子一贯的思想,在逻辑上是可以并列的。中国传统教育历来强调把知识与德行结合在一起,这就是王阳明说的"知行合一",这是中华文化的一大优良传统。清初学者陆陇其说,读书与做人不是两件事,讲的就是这个意思。

"子以四教"的教育内容与理念,与孔子所说的教育宗旨与目的密切相关,或者说是孔子为实现其教育宗旨与目的而精心设计的教学内容。这与现在所讲的素质教育、培养德智体美劳全面发展的人才的说法是不是有相类相通之处呢？尽管时代不同了，教育内容与手段也发生了天翻地覆的变化，但是从精神实质上却始终一脉相承。

在这里，有一点需要强调，孔子所谓"四教"，主要讲的还是治国安邦的学问，这与为人、为政的内容直接连接在一起，成为一个完整的体系。对此，林语堂指出："整个儒家的教育观点，似乎教育系为士（上等社会之知识分子）而设，以便日后为君主治理国家，或辅佐帝王以济世为政，因此在讨论教育时，始终皆以治国为宗旨。"①这个观点颇有见地。正如上文一再强调的那样，《论语》主要是一部政治哲学著作，千万不要将之定义为心灵鸡汤之类的书籍，否则就把本书的重大价值糟蹋了。

四、为学原则

为学原则，讲的是为学的根本要求、基本准则。

我国的私学产生于春秋时期，并非孔子首创。早于孔子的，有晋国的叔向；与孔子同时代的，有郑国的邓析、鲁国的少正卯，等等。但是，后来孔子创办的私学在众多的竞争者中脱颖而出，规模最大，影响最深，历经两千多年依然生机勃勃，创造了中国乃至世界教育史上的奇迹。那么，人们不禁要问，孔子创办私学得以成功的秘诀是什么呢？

子曰："志于道，据于德，依于仁，游于艺。"（《论语·述而》）以大道为志向，以道德为根据，以仁义为依托，游憩于礼、乐、射、御、书、数六艺之中。这段文字太重要了，把它视作贯通《论语》这本书的一条红线也

---

① 林语堂：《孔子的智慧》，黄嘉德译，江苏文艺出版社2010年版，第110页。

不为过。对此,南怀瑾先生指出:"假如有人问,孔子的学术思想真正要讲的是什么? 可以大胆地引用这四句话作答,这就是他的中心。也可以说是孔子教育的真正目的,立己立人,都是这四点。"①讲得十分精妙,入木三分。

(一)志于道

"志于道",就是立志追求大道。《中庸》中说:"道者,须臾不可离也,可离非道也。"大道,是一刻都不可背离的,可以背离的话就不是大道了,真正的志士仁人须以追求大道真理为天职。

子贡曰:"夫子之文章,可得而闻也。夫子之言性与天道,不可得而闻也。"(《论语·公冶长》)子贡说:"老师讲论诗书经典,可以听得到,而老师讲人性和天道的言论却听不到。"有人据此认为,孔子在教学中只讲日常人伦道德,而缺乏本体论的哲学基础。这种观点有所偏颇。子贡说很少能够听到孔子讲人性与天道,一方面是由于孔子比较务实,另一方面可能是孔子觉得子贡哲学天分不是很高,理解不了。这里有个例子比较典型。孔子有个弟子原宪,字子思,为孔子守孝三年期满之后,在草泽之中隐居起来。有一天,已经当了卫国宰相的子贡,乘坐高规格的马车前来看望老同学原宪,他见原宪住宅简陋,衣帽破旧,替他感到羞耻。于是子贡就说:"你难道是有病了吗?"原宪说:"吾闻之,无财者谓之贫,学道而不能行者谓之病。若宪,贫也,非病也。"意思是说,我听说过这样一句话:没有财产叫作贫,学习道义而不能实行才叫作病。像我这样,是贫,而不是病啊。子贡听后觉得很惭愧,满怀愧疚地离去了,并且一生都因为这次失言而感到羞愧。子贡与原宪二人

------

① 南怀瑾:《论语别裁》(上册),复旦大学出版社1990年版,第317页。

之间关于"贫"与"病"的对话,的确非常有意思。显然,原宪的哲学天分比子贡要高得多。

从《论语》中可以看到,孔子只有一次讲到人性,但讲到道的地方并不少。比如:

子曰:"朝闻道,夕死可矣。"(《论语·里仁》)如若早晨听闻大道,那么就算晚上死去也没有遗憾了。中国现代有个著名的美学家王朝闻,其名字即取材于此。

子曰:"笃信好学,守死善道。"(《论语·泰伯》)坚定信念,努力学习,誓死守卫真理大道。

子曰:"人能弘道,非道弘人。"(《论语·卫灵公》)人能把道廓大,而道不能把人廓大。

子曰:"士志于道,而耻恶衣恶食者,未足与议也。"(《论语·里仁》)志士仁人以追求大道为志向,若以粗衣淡饭为羞耻的话,就不足以与他谈论大道。

子曰:"君子谋道不谋食。耕也,馁在其中矣;学也,禄在其中矣。"(《论语·卫灵公》)君子追求大道而并不十分关心生计。耕田的人会挨饿;学有所成了,就可以去为官,自然就不愁生计了。求道与生计两不误,两全其美的事情何乐而不为。这与孟子讲的"先立乎其大者,则其小者弗能夺也"(《孟子·告子上》)有异曲同工之妙。"立大兼小",这是一个深刻的道理,值得我们细细玩味。

受到这种思想的影响,孔子的弟子子夏对此也作了形象化的阐发。

子夏曰:"百工居肆以成其事,君子学以致其道。"(《论语·子张》)各行各业的工匠在各自的作坊里制造产品,君子求学的目的在于求闻大道。社会有分工,这是天经地义的事情,社会分工不同,承担的职责也各不相同。

孔子讲的道,与老子讲的道既有联系又有区别。老子与孔子讲的道既包括天道,也包括人道,但是老子侧重天道,孔子侧重人道,主要是讲修身齐家治国平天下这一套学问。

(二)据于德

据于德,就是据守道德要求。

"道德"一词,在现代汉语中是复合词,但是在中国古汉语中,"道"和"德"是分开使用的,有明确的区别。《道德经》之中就将"道"和"德"明确区分开,一部分内容讲"道",一部分内容讲"德",还有一部分内容是讨论"道"和"德"之间的关系。同样,在孔子这里,"道"和"德"也是有不同含义的,所谓"道"是指自然与社会的客观规律,所谓"德",是指人应该具有的各种秉性,相当于现在我们所说的道德的含义。

老子曰:"孔德之容,惟道是从。"(《道德经·第二十一章》)大德的形态,是由"道"所决定的。王弼曾于《老子》第三十八章之中作过这样一个著名的解释:"德者,得也。"道德的"德",就是"得到"的"得","德"是通往"道"的根本路径。

《易经》有言:"地势坤,君子以厚德载物。"君子应该以大地一样的胸怀去承载万物。"厚德载物"一语分量很重,应用极广。

在孔子看来,为学与为人、为政一样都不能偏离道德要求,这就是《大学》中的"明明德"的意思。对此,孔子讲得就多了。

子曰:"已矣乎! 吾未见好德如好色者也。"(《论语·卫灵公》)孔子说他还没有见到过像好色一样好德的人。孔子讲的这句话是有所指的,批评卫灵公好色甚于好德。其实孔子对卫灵公的总体评价并不低,说他虽然荒淫无度,但是有一个优点是善于用人,所以卫国没有亡国。

其实，只要不违逆公序良俗与法律法规，好色并不是什么问题，而是人的天性。告子曰："食色，性也。"(《孟子·告子上》)但是，要做到像好色一样好德就十分少见、难能可贵了。

子曰："德不孤，必有邻。"(《论语·里仁》)有道德的人是不会孤单的，一定会有志同道合者与他为邻，结伴而行。坚守道德的人可能会陷于清贫，但是决不会陷于孤单，这是道德的力量。在笔者任教的大学附近有一个茶馆，名为"德邻"茶室，这个"德邻"应该就是取材于此。

(三)依于仁

"依于仁"，就是遵循仁爱精神。

子曰："君子无终食之间违仁，造次必于是，颠沛必于是。"(《论语·里仁》)君子在吃一顿饭的时间也不会离开仁德，在匆忙紧迫的情况下如此，在颠沛流离的环境中也要如此。这是一种极高的要求。

孔子的大弟子曾参对"依于仁"作了进一步阐发。

曾子曰："士不可以不弘毅，任重而道远。仁以为己任，不亦重乎？死而后已，不亦远乎？"(《论语·泰伯》)志士仁人不可以不积极进取，因为肩负的责任重大并且前路遥远。把仁作为自己的人生志业，难道不重大吗？至死方休，难道不遥远吗？大家熟知的一个成语"任重道远"就典出于此。句子中的"弘毅"一词很美，是积极精进的意思。

仁是孔子最高的道德标准与理想，内涵极其丰富，核心内涵还在于"爱人"两个字。孔子讲的"仁者爱人""泛爱众"体现出一种博大的人道主义的情怀。孔子要求学生以仁指导自己的一言一行。

(四)游于艺

"游于艺"，就是研习六艺。

这里的"游"，原是游泳之意，这里引申为研习。

在中国传统文化中，"六艺"有"大六艺"与"小六艺"之分，所谓"大六艺"就是孔子删定的"六经"，所谓"小六艺"就是礼、乐、射、御、书、数，是具体的技能。"游于艺"中的艺，指的是"小六艺"。具体地说：礼，即礼制礼教；乐，即音乐乐教；射，即骑马射箭；御，即驾驭车辆；书，即作文书写；数，即计量测算。尽管孔子讲"君子不器"（《论语·为政》），君子并不局限于具体的一技一艺，但是作为一个君子连起码的技艺与谋生手段都没有，还谈什么追求真理大道、平治天下！

牢曰："子云：'吾不试，故艺。'"（《论语·子罕》）子牢说："孔子说过：'我年轻时没有去做官，所以会许多技艺。'"可见，孔子也是注重具体知识技艺的。他也经常称赞其弟子冉求说："求也艺。"（《论语·雍也》）冉求这个人有一个优点，就是多才多艺。俗语说："万贯家财不如薄技在身"，强调了技能的重要性。

总之，"志于道，据于德，依于仁，游于艺"，的确是《论语》一书中非常核心的一段文字，起了提纲挈领的作用。这也是孔子创办私学之所以能够取得巨大成就的重要奥秘。有时候笔者在想，如果把它们写在现代教室的墙上作为标语口号，也并不违和，说不定还能成为一道亮丽的风景呢！

五、为学途径

从教多年的亲身经历和耳濡目染使笔者形成了一个牢固的观点：只要教与学的方法得当，几乎所有人都可以成人成才。但只要不努力，即便智商过人，往往也不会有太大的成就。

金庸的小说《射雕英雄传》中有这样一个情节。郭靖刚开始习武的时候跟着"江南七怪"学武功，但是学了十来年时间，并没有多大长进,弄得"江南六怪"(张阿生去世后成为"江南六怪")很伤心,埋怨郭靖这个弟子资质鲁钝,郭靖自己也很没信心,觉得自己的确太笨。当时,全真教的马钰道长,看在眼里,明在心里。有一次他对郭靖说:"你只要学得六人中任谁一人的功夫,就足以在江湖上显露头角。你又不是不用功,为什么十年来进益不多,你可知道是什么原因?"郭靖道:"那是因为弟子太笨,师父们再用心教也教不会。"那道人笑道:"那也未必尽然,这是教而不明其法,学而不得其道。"①后来马钰道长就教了他一些打坐练气、修习内功的法子。经过两年的不懈练习,郭靖不知不觉便有了内功根基。如此再练起六位师父所传的武功来,很快开窍,立马得心应手,进步神速。其师父甚至连郭靖自己都颇感奇怪。大家千万不要以为这纯属小说家之言,金庸是大先生,其武侠小说的中华文化底蕴相当深厚,他也是懂教育的,其小说中所蕴含的教育思想相当丰富。这里讲的"教而不明其法,学而不得其道"一语,切中了教学中存在的主要误区,道出了教与学的方法对一个人成才的极端重要性。因此,只要教师教导有方,学生勤奋得法,绝大多数人都是完全可以成才的。

从《论语》中,我们可以窥探孔门教学之所以成功的秘籍。

(一)学习型团体

学习型组织(Learning Organization)这个术语,是美国学者彼得·圣吉(Peter M. Senge)在《第五项修炼》(*The Fifth Discipline*)一书中提出的。根据他的说法,学习型组织主要应践行自我超越、改善心智模式、建立共同愿景、团队学习和系统思考等五大修炼。以此视角来考察孔

---

① 金庸:《射雕英雄传》(一),广州出版社 2008 年版,第 172 页。

门教学,也许会有一些启迪。

孔门弟子众多,共有三千多人,这在当时是一个规模很大的团体了。孔门以鲁国学生为主体,亦有来自五湖四海的学生,类似现代的"国际学校"。孔门具备了现代学习型组织的许多特性,可谓是学习型组织的雏形,姑且称之为学习型团体。

下面就让我们来初步了解一下孔门作为学习型团体的一些实践特色,从而更好地把握孔门人才辈出的深层次原因。

1. 共同愿景

学习型组织有一大显著特征:为了一个共同目标而聚集起来,孜孜不倦地探求学问。

孔门作为一个学习型组织的雏形,其精神领袖与核心是孔子。孔子周游列国十余年,众多弟子跟随着他,颠沛流离,风餐露宿,栉风沐雨,忍饥挨饿,几经危及生命的考验,但是他们始终痴心不改,矢志不渝,如果没有坚定的信念与精神支撑是不可能做得到的。

孔门的确是有共同愿景的,那就是探求治国安邦的大道,以实现各自的人生抱负。

子曰:"朝闻道,夕死可矣。"(《论语·里仁》)《论语》一书的主旨,用这一名句来概括,大体不差。孔子讲的道主要是人道,即修齐治平的大道。为了实现这个治国安邦的共同愿景,来自四面八方、五湖四海的有志人士,聚集在一起,砥砺品行,互相切磋,提高学养。

这里有一个案例非常典型。

根据《史记·孔子世家》记载,孔子师徒周游列国的过程中,曾困于陈蔡,绝粮七日,孔子知道弟子们有些怨气。分别向子路、子贡、颜回问了同样一个问题:"诗云:'匪兕匪虎,率彼旷野。'吾道非邪,吾何为于此?"孔子问:"《诗经》中说:'不是犀牛也不是老虎,却在空旷的原野上疲于奔命。'难道是我的学说有不对吗?我为什么沦落到如此地步?"三个弟子的答案各不相同。

子路回答:"是不是我们没达到仁的境界,所以别人不信任我们?是不是我们还没有达到足够睿智,所以别人不跟我们走?"子路的境界不够高,他对老师的学说产生了怀疑。

子贡回答:"老师的学说宏大达到了顶点,所以天下没有人能容纳您,您何不略微降低一点要求呢?"子贡认识到了孔子学说的博大,但是他是一个现实主义者,同时认识到老师的学说与现实社会的落差,所以主张与现实作些妥协。

颜回回答:"老师的学说极其宏大,所以没有国家能够容纳。尽管如此,老师只管推广并且实行,不被容纳又怕什么!正是不被容纳,方见君子本色!如果大道不修明,这是我们的耻辱。既然大道已经修明而不被采用,这是当权者的耻辱。"颜回这番话听起来有些"马屁精"的味道,但实际上是由于颜回天分极高,他真正懂得孔子的思想,所以这些话是他发自肺腑的。

对于子路、子贡的回答,孔子自然是不满意的,颜回的回答说到孔子心坎里去了,所以孔子笑着说:"好一个颜氏家族的子孙啊!假如你以后发财了,我来当你的管家。"①颜回与孔子的关系的确十分特殊,亦师亦友、情同父子,甚至比父子关系还亲近,因为一个人的自然生命要靠血缘关系得以延续,而学术生命则要靠师生关系得以赓续,因此亲密的师生关系甚至可以胜于父子关系。

---

① 司马迁:《史记》,中华书局 2009 年版,第 327 – 328 页。

有一个杰出的精神领袖,又有一个伟大的共同愿景,使孔门具有了一种强大的凝聚力。虽然历经磨难,依旧志向不改,这也许可以说是一种信仰的力量。

2. 团队学习

对孔门的教学场景,《庄子》一书中有一段生动的文字描述:

孔子游乎缁帷之林,休坐乎杏坛之上。弟子读书,孔子弦歌鼓琴。(《庄子·渔父》)

孔子带着弟子们游学,穿梭于茂密的树林之中。累了休息的时候,孔子就坐在杏林中的一个地势较高的土堆上,弟子们在旁边读书,孔子则一边唱歌,一边弹琴。这种悠然自得的教育场景,令人心往神驰!从此,杏坛就成了一个专有名词,成为孔子设教的象征,也成了自由讲学、探求真理的象征。

游学就是一边游历,一边讲学,这是古代常见的教学形式,师生可以饱览名山大川、名胜古迹,考察社会现实、民风民俗,老师在身心愉悦的情境下自由讲学、启发智慧。这是一种很好的教学形式。

在《论语》中,我们经常可以看到孔门弟子团体学习的动人场景。比如:

颜渊、季路侍。子曰:"盍各言尔志?"子路曰:"愿车马,衣轻裘,与朋友共,敝之而无憾。"颜渊曰:"愿无伐善,无施劳。"子路曰:"愿闻子之志。"子曰:"老者安之,朋友信之,少者怀之。"(《论语·述而》)

这段文字,极富画面感。有一天,两个学生颜渊、子路侍奉在老师孔子身旁。孔子对他俩说:"你们何不谈谈各自的志向?"子路说:"我愿拿出车马、衣服、皮袍与朋友们共同使用,用坏了也不抱怨。"从子路的回答,我们可以看出子路这个人的个性,他有古代游侠之风,是很讲江湖义气的人。颜渊说:"我的志向是不夸耀自己的长处,不表白自己的功劳。"这句话也很能反映颜渊的个性,他比较接近道家的境界,道德修养非常高,与子路完全是两个类型。子路说:"我们愿听听您老人家的志向。"孔子说出了他的鸿鹄之志:"我的志向是让老年人得到安顿,让朋友彼此信任,让孩子们得到关怀。这"老者安之,朋友信之,少者怀之"三句格言,一直传诵至今。如果说子路与颜渊的志向主要是从个体角度讲的,属于内在的自我修养、"内圣"功夫,那么孔子的志向则是从社会角度而言的,侧重于外在的治平理想,属于"外王"之道。显然,孔子比这两个学生的人生境界要高得多。

这段文字所描写的这种教学场景,怎能不令人心向往之!孔子通过与学生无拘无束的谈话,示意学生朝着"仁"道的方向去努力去提高,这是他指导学生立志的一种方式。

这类例子还有不少。比如《论语·先进》中描写的子路、曾皙、冉有、公西华侍坐的场景,团队讨论规模更大,内容更丰满,场面更生动,已经被选入中学教材,在此不再赘述。

3. 自由学风

从《论语》中我们还可以充分领略到孔门师生自由、平等、民主、开放地探讨问题、交流心得、展开辩论的学习情景。这不仅表现在师生之间,也表现在各弟子之间,均体现了孔门的自由学风。

孔子与弟子交流时,在学术面前一律平等,在是非面前不留情面,这类例子俯拾皆是,令人回味无穷。比如:

子之武城,闻弦歌之声。夫子莞尔而笑,曰:"割鸡焉用牛刀。"子游对曰:"昔者偃也闻诸夫子曰:'君子学道则爱人,小人学道则易使也。'"子曰:"二三子! 偃之言是也。前言戏之耳。"(《论语·阳货》)

孔子有个弟子子游,名言偃,做了鲁国武城的地方长官,相当于武城的县长,在那里推行礼乐教化,弦歌不辍。他邀请老师去武城观光考察。孔子到了武城听见悠扬的礼乐之声,露出微笑,脱口说了一句"杀鸡焉用牛刀"的玩笑话。谁知子游不太高兴了,他对孔子说:"以前我曾经听老师说过:'为政者学习了道就会懂得爱人,老百姓学习了道就容易治理。'"孔子一下子意识到自己失言了,随即作了纠正,对跟随的学生们说:"弟子们,言偃说的话是对的。我刚才只是开个玩笑罢了。"由此可以看到孔子言谈诙谐的一面,还有知错就改的一面。知错就改,未失长者风范,反而益增其人格魅力。

子见南子,子路不说。孔子矢之曰:"予所否者,天厌之! 天厌之!"(《论语·雍也》)南子是卫灵公的皇后,生活作风不正派,名声不好。孔子到了卫国,南子想见孔子。孔子犹豫再三,还是决定去拜见一下南子,这也是礼制所要求的。对此,子路很不高兴。孔子拜见南子出来后见子路面露不悦之情,赌咒发誓地说:"如果我做了有违礼仪的事的话,就让老天来惩罚我! 就让老天来惩罚我!"面对此情此景,我们不禁会问:这是一种什么样的师生关系呢?

宰予昼寝。子曰:"朽木不可雕也,粪土之墙不可杇也! 于予与何诛?"(《论语·公冶长》)有一次,宰予在大白天睡大觉,孔子大骂他说:腐烂的木头不能雕刻,用脏土垒砌的墙壁不能粉刷。其中,"朽木不可雕也,粪土之墙不可杇"这句批评的话不可谓不重! 宰予虽然受到了老师的严厉批评,但是后来孔子去世后,他对孔子学说的发扬光大作出了杰出贡献。宰我曰:"以予观于夫子,贤于尧舜远矣。"(《孟子·公孙丑上》)他甚至认为孔子比尧舜还要高明得多,对孔子学说的传承与发扬更是不遗余力,功莫大焉。

季氏富于周公,而求也为之聚敛,而附益之。子曰:"非吾徒也,小子鸣鼓而攻之可也。"(《论语·先进》)孔子的弟子冉求,素以多才多艺著称,曾担任鲁国权臣季氏的家臣。季氏比周公还要富有,但是,冉求还为他搜刮钱财以增加他的财富。孔子大骂冉求,对弟子们说:"冉求已经不是我的学生了,你们可以大张旗鼓地攻击他。"几乎把冉求逐出了孔门,表明了他疾恶如仇、爱憎分明的个性品格。"鸣鼓而攻之"也成为后人的常用语。

　　子畏于匡,颜渊后。子曰:"吾以女为死矣。"曰:"子在,回何敢死?"(《论语·先进》)孔子周游列国期间,在卫国遇险,师生分头突出包围后,颜渊最后归队。孔子见到他后说:"我以为你死了呢。"颜渊回答说:"老师您还在世,颜回怎么敢死?"虽然师生二人说的是玩笑话,但是听后令人动容。后来颜渊不幸先于孔子去世,孔子悲痛万分,哭着说:"噫! 天丧予! 天丧予!"(《论语·先进》)意思是:唉! 老天爷要了我的命! 老天爷要了我的命! 这是孔子的真情流露,的确是可以理解的。

　　另据《史记·孔子世家》记载:

　　孔子适郑,与弟子相失,孔子独立郭东门。郑人或谓子贡曰:"东门有人,其颡似尧,其项类皋陶,其肩类子产,然自要以下不及禹三寸。累累若丧家之狗。"子贡以实告孔子。孔子欣然笑曰:"形状,末也。而谓似丧家之狗,然哉! 然哉!"①

　　有一次,孔子到了郑国,和弟子们走散了。弟子们很着急,到处寻找孔子。有个郑国人对子贡说:"在城东门有个人,他的额头像唐尧,

---

① 司马迁:《史记》,中华书局 2009 年版,第 325 页。

他的脖子像皋陶,他的肩膀像子产,但是从腰以下比大禹要矮三寸,神情悽悽惶惶,好像丧家狗一样。"这郑国人倒蛮有幽默感的,还知道唐尧、皋陶、子产、大禹这些圣君贤臣的典故,看来或非寻常百姓,很可能就是与孔子同时代的隐士。弟子们一听就知道是自己的老师,果然在城东门找到了孔子。子贡还不嫌事大,把这郑国人的话转告给孔子。孔子听后不但没有生气,反而高兴地说:"他说的我的模样倒未必像,但说我像丧家狗,的确很像,的确很像。"孔子的豁达大度与幽默感,由此可见一斑。北京大学有一个著名学者李零先生著有《丧家狗》一书,是讲《论语》的,实际上是他在北大讲《论语》的讲义,写得不错的。有人说他用"丧家狗"作书名,这是恶搞行为,想博人眼球。其实他一点也没恶搞,"丧家狗"一词典出《论语》,把孔子形容为"精神上的漂泊者",还是很贴切的。当时孔子听了都没生气,今人有什么好大惊小怪的呢?

不仅师生之间可以自由讨论,弟子之间也经常相互切磋。孔门弟子众多,英才辈出,通过相互学习、取长补短,双方都获得了成长和进步。这是孔门自由学风的又一生动写照。从《论语》中,我们也经常能见到孔门弟子之间讨论的情景。

樊迟问仁。子曰:"爱人。"问知。子曰:"知人。"樊迟未达。子曰:"举直错诸枉,能使枉者直。"樊迟退,见子夏,曰:"乡也吾见于夫子而问知,子曰'举直错诸枉,能使枉者直',何谓也?"子夏曰:"富哉言乎!舜有天下,选于众,举皋陶,不仁者远矣。汤有天下,选于众,举伊尹,不仁者远矣。"(《论语·颜渊》)樊迟问什么是仁。孔子说:爱人。他又问什么是知。孔子回答:"知人。"樊迟没有理解。孔子又回答:"举直错诸枉,能使枉者直。"意思是把正直的人提拔上来,使他们的位置在不正直的人上面,就能使不正直的人变得正直。樊迟退了出来,见到同学子夏,说:"刚才我去见老师,问他什么是知,他说:'举直错诸枉,能使枉者直',这是什么意思?"子夏说道:"这句话的含义多么丰富呀!舜治理天下,在众人中选拔人才,把皋陶提拔起来,不仁的人就远远地离开了。汤治理天下,也从众人中选拔人才,把伊尹提拔起来,那些不仁的人就远远地离开了。"

像这类例子还有不少。"独学而无友,则孤陋而寡闻。"一个人的学识与灵感,也往往来自与他人的交流讨论之中。孔门中师生之间、同学之间的自由研讨,也是孔门的教学得以成功的一大重要原因。

(二)教的原则——如何当一个好老师

关于教的原则,实际上说的是如何当一个好老师。有两个职业应该得到特别的尊重:一是医生,一是老师。前者从身体上治病救人,后者从精神上塑造灵魂。不尊重这两个职业的社会是没有希望的。

教书育人,是天底下最崇高的事业之一,"如何当一个好老师",这个问题事关重大。老师不善教学,正如工人不善做工、农民不善种田。孔子是个好老师,是为师者的楷模。《论语》中讲了很多教的原则,对成为一个优秀的老师具有非常重要的借鉴价值。

1. 教学为先

事在人为,无论是为人,还是为政,都是建立在人的基础之上。

"教育为先"典出《礼记》。"古之王者,建国君民,教学为先。"(《礼记·学记》)意思是古代君王治国安民,以教育为第一要务。这与孔子的教学理念十分吻合。

教育为先这个教学理念奠基于孔子关于人性论的哲学思考。孔子谈人性与天道问题比较少,有众多原因,但少谈并不等于不谈。在《论语》中可以发现,孔子虽只谈论过一次人性问题,但是分量极重、影响极广。

子曰:"性相近也,习相远也。"(《论语·阳货》)人的原始本性是接近的,由于后天所处的环境与所受的教育不一样,互相之间差异就拉大了。正因为如此,孔子非常重视"里仁"(所处的人文环境)与"教之"(教育百姓)的重要价值。受此影响,孟子说:"人之有道也,饱食、暖衣、逸居而无教,则近于禽兽,圣人有忧之,使契为司徒,教以人伦。"(《孟子·滕文公上》)孟子的观点是,从人类的本质来说,吃饱、穿暖、安居而没有教育,这和禽兽几乎没有什么差别了。尧帝对此感到担忧,于是派契担任司徒,对百姓进行伦常教育。荀子也说:"生而同声,长而异俗,教使之然也。"(《荀子·劝学》)各地区的人们出生时发出的声音是相同的,但是长大以后习俗风气却大不相同,这是教化不同的原因。先秦儒学(经典儒学)的代表者孔子、孟子、荀子均认为,教育是使人与禽兽相区别的重要因素。

从这个教育哲学理念出发,孔子阐发了一系列教育为先的教学观念。比如:

子曰:"爱之,能勿劳乎?忠焉,能勿诲乎?"(《论语·宪问》)爱一个人,能不让他受到艰苦的磨炼吗?忠于一个人,能不对他进行教诲吗?这是孔子在《论语》中唯一一次明确讲到家庭教育问题,具有极强的现实针对性。首先,要让孩子健康成长,就不要为他包办一切,应该让他们在艰苦磨炼中茁壮成长。要毁掉一个孩子很简单,就是让他什么事情也不做。不少家庭养了不少"废子",游手好闲,百无一用,不但成了家庭的累赘,而且也是社会的隐患。其次,对一个孩子的成长来说,教育引导在任何时候都不可或缺。大家熟知的"孟母教子"的故事,反映了孟母的教育艺术。

子曰:"里仁为美。择不处仁,焉得知?"(《论语·里仁》)孔子认为居住在有仁德的地方才是完美的。不在有仁德的地方选择住处,怎么能说是聪明智慧呢? 孟母三迁,讲的就是里仁为美的问题。近代教育家陶行知先生说"生活即教育""社会即学校",讲的就是这种教育观念。

子谓子夏曰:"汝为君子儒,毋为小人儒。"(《论语·雍也》)孔子要求子夏做君子式的知识分子,不要做小人式的知识分子。士大夫阶层的人格修养太重要了,因为从某种程度上来说,他们是社会风尚的风向标。

子曰:"君子之德风,小人之德草,草上之风,必偃。"(《论语·颜渊》)这个句子中的"君子"指的是统治者,他们的品德好比风,老百姓的品德好比草,风在草上吹过,草就必定会向风吹向的方向倾倒。孟子受到孔子这种思想的直接影响,他说:"上有好者,下必有甚焉者矣。君子之德,风也;小人之德,草也。草上之风,必偃。"(《孟子·滕文公上》)君子德风,小人德草。要治理好一个国家,统治者必须要有良好的道德修养,因为统治者的道德修养对广大民众具有示范作用。

孔子强调教育的重要性,当然面向广大百姓,同时更针对士大夫与君王。通过教化百姓,可以形成公序良俗,通过教育提高士、君王的素养,可以达到化成天下之目的。孔子谈教育,从来不是为谈教育而谈教育,而是把教育与国家社会治理相联系,把教育与人口、财富作为立国的三大要素,以教育作为治理国家的重要手段,尤其强调德育的价值,这是他的高明之处。

2. 有教无类

子曰："有教无类。"(《论语·卫灵公》) 有教无类，这一成语典出于此。对于施教对象不加区别，实质上涉及教育公平的思想，这是孔子教学思想的一个十分重要的内容，对当今教育影响深远。

孔子不但是这么说的，也是这么做的。他创办私塾，打破了"学在官府"这种教育为贵族子弟所垄断的局面，使学术下移，让广大平民子弟也得到了受教育的机会，这在中国教育史上是具有里程碑意义的大事。

子曰："自行束脩以上，吾未尝无诲焉。"(《论语·述而》) 孔子说："只要愿献上十束干肉作为拜师礼，我从来没有不给予他教诲的。"当然，对句子中"束脩"的解释，学界一直存有争议。东汉大汉学家郑玄认为"束脩"是"束发"的意思，古代男子十五开始束发，表示成年了。宋代朱熹认为，"束脩"是"十束干肉"，拜师薄礼。笔者比较赞同朱熹的说法，因为后来"束脩"一词，一直就是学费的意思。比如，明清之际的冯梦龙所写的小说《三言二拍》中有一回"韩秀才乘乱聘娇妻，吴太守怜才主姻簿"，多次提到"束脩"，说韩子文"积下数年束脩"，韩子文是乡村秀才，生活来源主要就是学生的学费。

有些网友在网上吐槽说：孔老夫子也太腐败了吧，弟子三千多，如果每个学生向他献上十束干肉的话，那么他要收多少束干肉啊，教育腐败！这当然属于搞笑的段子。"束脩"只是拜师薄礼，只具有象征意义。当然这个拜师礼也不能没有：一方面表示学生是愿意来学习的，另一方面孔子也需要一点学费来维持生计，毕竟孔子也不能不食人间烟火。

"有教无类"主张的实施，造就了孔门的一道独特景观：弟子众多，来源复杂,不拘一格。

孔子的弟子有鲁国人,也有他国的。根据《史记·仲尼弟子列传》记载,子贡、子夏、公孙宠为卫国人,子张、公良儒、巫马期、陈亢为陈国人,原宪、司马黎耕是宋国人,公皙哀为齐国人,漆雕开为蔡国人,俨然是一派"国际学校"的气象。

从家庭环境来看,有穷人,也有达官显贵与富家子弟。早期孔门弟子多是贫寒子弟,如颜渊、仲弓、原宪、子张、子路。后来的孔门弟子中有不少达官贵人与富家子弟。例如,孟懿子和南宫敬叔是鲁国大夫孟禧子的两个儿子。子贡不仅是个政治家、外交家,还是个大商人。

此外,孔门中还有一个奇特景象,那就是有父子同为孔门弟子,如曾皙与曾参,颜路与颜回。这样的关系比较复杂,既是父子关系,又是同学关系,不失为孔门中的佳话。

根据记载,有一位名为南郭惠子的人曾经问了子贡这样一个问题:"夫子之门何其杂也?"意思是说孔夫子的弟子为什么那样庞杂呢?这是一个略带挑衅意味的问题。子贡的回答很巧妙,他说:"君子端正自身来对待他人,想来求学的人都不拒绝,想要离去的也不阻止。就像良医的门前病人多、矫形器的旁边弯曲的木头多一样,这就是孔夫子的弟子来源庞杂的原因。"子贡不愧为一位出色的外交家,辞令得体,辩才超群。用良医的门前病人多、矫形器的旁边弯曲的木头多这种类比,轻巧化解了具有挑衅性的问题,并把孔门子弟为何庞杂的原因说得无比透彻,令人心服口服。

实事求是地说,"有教无类"作为一种教育公平的理念是理想的,但目前各种择校现象还时有发生,需要逐步加以解决。真正做到"有教无类"还有很长一段路要走。

3. 因材施教

"因材施教"这个命题，虽然不是孔子明确提出来的，但是谁也不会否认，这是孔子在教学中竭力推崇与奉行的一个核心原则之一，并取得了重大成就。朱熹说："孔子教人，各因其才。"他还引用张敬夫的话说："其施教，则必因其材而笃焉。"①

孔子因材施教的案例在《论语》中随处可见，比比皆是，试举两个典型案例。

子曰："中人以上，可以语上也；中人以下，不可以语上也。"(《论语·雍也》)对于中等资质以上的人，可以给他们讲一些高深的学问，但是对中等资质以下的人，就不可以讲高深的学问。这是至理名言。

公西华曰："由也问：'闻斯行诸？'子曰：'有父兄在。'求也问：'闻斯行诸？'子曰：'闻斯行之。'赤也惑，敢问。"子曰："求也退，故进之，由也兼人，故退之。"(《论语·先进》)要理解这段文字，需要讲下前因后果。有一次，孔子跟他的弟子公西华（名赤）在一起的时候，子路（名由）进来了，向孔夫子问了一个问题"闻斯行诸"，意思是说，听到善言是否应该及时地把它付诸行动。孔子回答说："还有父兄在呢，应该要咨询一下他们的意见，不要自以为听到了良言就要立即把它付诸行动。"子路问完就走了，不久又进来一个学生冉有（名求），又向孔子问了同样的问题"闻斯行诸"，孔子回答说："对，听到善言，就应及时地把它付诸行动。"冉有问完也走了。公西华听了很奇怪，就问孔子："子路和冉有两人问了同样一个问题，老师给出的答案完全相反。这是为什么呢？"孔子解释说："求也退，故进之；由也兼人，故退之。"冉求这个人性格比较内向，是个慢性子，所以我要促进他一下；子路这个人生性比

---

① 朱熹：《四书章句集注》，上海古籍出版社 1995 年版，第 147、108 页。

较莽撞，是个急性子，因此我要约束他一下。这是孔子因材施教的一个经典案例。对此，毛泽东十分欣赏，多次提到这个例子。

孔子的因材施教还体现在针对不同弟子问孝、问仁，他的回答不尽相同。

孟懿子问什么是孝道。孔子说："无违。"就是要礼待父母。孟武子问什么是孝道。孔子说："父母，惟其疾之忧。"父母只为子女的疾病担忧。所以，为人子女应珍重自己的身体，不要让父母为自己担忧。子夏问什么是孝道。孔子说："色难。"对待父母，和颜悦色是最难能可贵的"。（《论语·为政》）

颜渊问怎样做才是仁。孔子说："克己复礼为仁。"克制自己，按照礼的要求去做，这就是仁。仲弓问怎样做才是仁。孔子说："出门如见大宾，使民如承大祭；己所不欲，勿施于人；在邦无怨，在家无怨。"出门办事如同去接待贵宾，使唤百姓如同去进行重大的祭祀，自己不愿意要的，不要强加于别人；做到在朝廷上没有怨恨自己的人；在封地里也没有怨恨自己的人。司马牛问怎样做才是仁。孔子说："仁者，其言也讱。"仁者说话是慎重的。

孔子因材施教的理念与实践造就了孔门人才济济的盛况。"孔子以诗书礼乐教，弟子盖三千焉，身通六艺者七十有二人。"①孔门弟子在多个领域都有杰出人才，德行方面有颜渊、闵子骞、冉伯牛、仲弓；言谈方面有宰我、子贡；政事方面有冉有、季路；文学方面有子游、子夏。（《论语·先进》）

德行、言谈、政事、文学，这就是孔门"四科"。后来，颜渊、闵子骞、

---

① 司马迁：《史记》，中华书局 2009 年版，第 329 页。

冉伯牛、仲弓、宰我、子贡、冉有、季路、子游、子夏,被称为孔门"十哲"。

细心的人们也许会很好奇,上述十人中为什么没有有若、曾参、子张等杰出弟子呢?其实,《论语·先进》篇中记载得很清楚,孔子讲的这些弟子"从我于陈蔡者",他带领弟子在周游列国的过程中,厄于陈、蔡,以前与孔子同生死共患难的弟子,现在也都不在孔门了,孔子十分怀念他们,便列举了这十个人。因此,孔子门人的贤者,远远不止"十哲"。

毛泽东对孔子这种因材施教的做法予以充分肯定。他在 1944 年 3 月 22 日关于边区文化教育问题的讲话中说:"在教学方法上,教员要根据学生的情况来讲课。教员不根据学生要求学什么东西,全凭自己教,这个方法是不行的。""现在我看要有一个制度,叫做三七开,就是教员先向学生学七分,了解学生的历史、个性和需要,然后再拿三分去教学生。这个方法听起来好像很新,其实早就有了,孔夫子就是这样教学的。"①这可以看作是毛泽东对孔子"因材施教"教学理念的创造性继承与发展。

4. 循循善诱

循循善诱这一成语典出《论语》,是颜回说的。

颜渊喟然叹曰:"夫子循循然善诱人,博我以文,约我以礼,欲罢不能。"(《论语·子罕》)颜渊有一次深有感叹地说道:"老师善于有次序地引导我,用各种文献来丰富我的学识,用礼仪礼节来约束我的行为,使我想停止学习都不可能。"这是孔子最得意的弟子颜回对孔子教育方法的一种总结性评价,很能反映孔子坚持的循循善诱这一教育的

---

① 《毛泽东文集》(第三卷),人民出版社 1996 年版,第 116 页。

准则。

孔子曾观察过颜回的学习成果，也验证了颜回的说法。

子曰："吾与回言终日，不违，如愚。退而省其私，亦足以发，回也不愚。"（《论语·为政》）孔子说："我跟颜回花费一整天讨论问题，他没有任何与我不同的意见，像是愚笨的人。等他回去后，我仔细观察他私底下的言行，却足以阐发我告诉他的道理。颜回并不愚笨啊！"可见，孔子对颜回的领悟能力是非常认可的。

教学就好像带领人们登山一样，由易到难，由浅入深，要有秩序地进行，不可能一蹴而就。

5. 愤启悱发

愤启悱发，是"不愤不启，不悱不发"的缩写，这是孔子所倡导与推崇的又一重大的教育原则。

子曰："不愤不启，不悱不发，举一隅不以三隅反，则不复也。"（《论语·述而》）孔子主张，不到弟子想发愤学习的时候不要去启发他，因为这是没有什么作用的，这时候最要紧的是激发他学习的热情；不到弟子心里想说但又说不清楚的时候，也不要去启发他，因为要给他们自己研究的过程。给弟子们讲了房子一个角的道理，他们却不能推导出其他三个角的道理，就不再给他们继续往下讲了，因为要给他们一个思考消化的过程。在这一短句中，孔子为后人贡献了三个成语："不愤不启""不悱不发""举一反三"，令人叹为观止！

对启发式教育，孟子有一个极好的概括。他说："引而不发，跃如也。"（《孟子·尽心上》）正如善于教人射箭的人一样，只作跃跃欲射的姿态，以便于学习的人细心观摩。教学要善于引导启迪而不越俎代庖。孟子讲的这句话十分经典，至今尚被广泛引用，是对孔子启发式教育理念的形象表达。

举一个例子。说起西安交通大学辩论队,关注辩论赛事的人们都不陌生,因为在各种国际国内的辩论赛上均取得过不俗的战绩,拿过很多冠军。这与总教练韩鹏杰教授关联极大。2014 年韩教授与笔者再次担任教练,率队去北京参加全国大学生税收辩论赛。在去往北京的飞机上,笔者问他以前带辩论队拿了很多国际国内各种赛事的冠军回来,其中有什么秘诀吗?他说,最主要的秘诀是让学生自己去研究辩题、做框架、找论据,当教练的最主要的职责是在队员所做的框架上加以积极引导、纠偏、完善、升华,千万不要越俎代庖,不要事先替队员设计一个自以为高明的框架,即使这个框架再高明,由于不是队员们自己经过艰辛的研究思考得来的,他们不会太理解或理解不深刻,在场上的应用就会很生硬,不能应用自如、自由发挥,那就必败无疑。现在回想起来,这的确是宝贵的经验。在本场辩论赛中,交大辩论队雄风再现,气势如虹,连胜数场,闯进决赛。就在决赛的前一天晚上,笔者问他要不要今晚组织队员开会指导一下,他说先不管,让队员自己讨论,有问题他们自然会来问的。果然,到了凌晨一点,队员们要求教练指导,因为有些难点与逻辑问题解决不了。韩教练这才过去给他们释疑解惑。第二天的比赛,交大队以七比零的大比分获胜,再次获得辩论大赛的冠军。事后笔者对他说:"这就是孔子讲的'不愤不启,不悱不发'?"他说:"你总结得很对。"

启发式教育的真谛,在于善于引发学生的求知欲望,培养学生独立自主思考问题与解决问题的能力。孔子对此非常重视,十分关注创造性思维与思想的培养。比如:

子谓子贡曰:"女与回也孰愈?"对曰:"赐也何敢望回?回也闻一

以知十,赐也闻一以知二。"子曰:"弗如也,吾与女弗如也!"(《论语·公冶长》)有一次,孔子对子贡说:"你和颜回相比,谁更出色一些?"子贡回答:"我怎么能与颜回比!颜回能够闻一以知十,听到一件事就可以推知十件事。而我呢只能够闻一知二,听到一件事只能推知两件事。"孔子说:"的确比不上,我赞同你的说法,你比不上他。"颜回敏而好学,刻苦勤奋,善于思考,深得孔子赏识,所以孔子从不吝啬对颜回的赞美。

类似的例子还有很多,就不一一举例了。有些人说古希腊的苏格拉底注重启发式教育,孔子强调灌输式教育,把孔子看作灌输式教育的鼻祖,这不是无知,就是诬蔑。"不愤不启""不悱不发""举一反三""闻一知十""告诸往而知来者""温故而知新"都典出《论语》,并成为中外教育学的著名格言,也是启发式教育的金科玉律,孔子怎么能是灌输式教育的鼻祖呢?

6.诲人不倦

有一个"猫教老虎"的故事,讲的是老虎看见猫有那么多特殊本领,诸如捕食、侦察、加速跑、弹跳、俯冲、猛扑等,很是羡慕,于是就向猫拜师学艺。猫教给了老虎很多本领,老虎都一一学会了,却突然用猫教它的本领向猫猛扑过去,要把猫吃掉!猫见状赶紧爬上一棵大树而得以逃脱,它对老虎说:"幸好我没教你爬树的本领,要不然你就把我吃了。"这个寓言故事流传很广,以至衍生出"教出徒弟饿死师傅"的说法,告诫为师者在教育弟子过程中务必"留一手"。然而,孔子在教学中全然没有这种顾虑,可以说是知无不言,言无不尽。

"诲人不倦"是孔子一生中始终执着践行的一大教育理念。

子曰:"默而识之,学而不厌,诲人不倦。何有于我哉!"(《论语·

述而》)孔子说:"对于古代优秀的学问要默默领会并牢记在心,不断学习而从不厌倦,教育学生要做到不知疲倦。除了这些我还做了什么呢?"

不少书中把"何有于我哉"解释为"这些事我做到了哪些",这种解释明显有误。《论语》中这种句式出现过多次,可以通过"以经解经"的方式来解决这个问题。比如,子曰:"出则事公卿,入则事父兄,丧事不敢不勉,不为酒困,何有于我哉?"(《论语·子罕》)孔子说:"出外侍奉公卿,入门侍奉父兄,有丧事,不敢不尽力去办,不被酒所困扰,除此之外我还做了些什么呢?"《孟子》中提道:"孔子曰:'圣则吾不能,我学不厌而教不倦也'。"(《孟子·公孙丑上》)这是完全可信的。

孔子讲的这段文字中又为后人贡献了三个成语:"默而识之""学而不厌""诲人不倦"。对于这些,孔子的确都做到了。这也可以说是夫子自道,是孔子的一幅自画像。

要真正做到诲人不倦,并不容易,有一个前提,那就是学而不厌,否则诲人不倦的"诲"就要改为毁灭的"毁"。学不厌与教不倦两者是密不可分的。教师本身没有良好的学识素养,怎么去教学生呢?"以己昏昏,使人昭昭",这不是缘木求鱼吗?

孔子强调"诲人不倦",他是这么说的,也是这么做的。《论语》中这类例子俯拾皆是。

陈亢问于伯鱼曰:"子亦有异闻乎?"对曰:"未也。尝独立,鲤趋而过庭。曰:'学诗乎?'对曰:'未也。''不学诗,无以言!'鲤退而学诗。他日,又独立,鲤趋而过庭。曰:'学礼乎?'对曰:'未也。''不学礼,无以立!'鲤退而学礼。闻斯二者。"陈亢退而喜曰:"问一得三:闻诗,闻礼,又闻君子远其子也。"(《论语·季氏》)

这段文字非常有意思,有点长,也有点难,来解读一下。

有一个叫陈亢的人,至于这个人是孔子的弟子,还是子贡的弟子,还有争议。根据他与孔子儿子伯鱼(名孔鲤)的交往来看,应该是孔子的弟子。有一次他问孔鲤:"你从父亲那里有没有受到特殊的教导?"孔鲤回答:"没有。有一次父亲独自站在庭院中,我从他身边悄悄地走过。他问:'你学《诗经》了吗?'我回答说:'没有。'他说:'不学《诗经》,你就无法说话。'我于是就回去学《诗经》。又有一天,他又独自站在庭院中,我又悄悄地走过。他又问我:'你学《礼经》了吗?'我回答说:'没有。'他说:'不学《礼经》,你就无法在社会立足。'我于是又回去学《礼经》。我所单独听到的就是这两次。"陈亢回去后高兴地对他人说:"我问了一个问题,却有三大收获:一是要学《诗经》,二是要学《礼经》,三是君子不偏爱自己的孩子。"在这段文字中,"不学诗,无以言""不学礼,无以立",都是著名格言。在教学中,孔子没有对他的儿子单独开小灶,也没必要这样做,因为他在对弟子们传道授业时从来不隐藏什么,可以说毫无保留。对此,孔子自己也讲得很明白。

子曰:"二三子以我为隐乎?吾无隐乎尔。吾无行而不与二三子者,是丘也。"(《论语·述而》)孔子说:"弟子们认为我对你们有什么隐藏的吗?我对你们可是没有一点隐藏啊,我没有什么东西是不可以与你们分享的,这就是我孔丘的为人。"

孔子还有一个"三无私"的说法。

子夏曰:"何谓三无私?"孔子曰:"天无私覆,地无私载,日月无私照。"(《孔子家语·论礼》)苍天无私地覆罩万物,大地无私地承载万物,日月无私地照耀万物,这就叫"三无私",充分体现出孔子作为一个师者的可贵品质。

7. 不言之教

"不言之教"一语,原是老子讲的。

"是以圣人居无为之事,行不言之教。"(《道德经》第二章)圣人用无为的态度处理事情,用不言的方式施行教化。"不言之教"对孔子的教育理念有较大影响。

不言之教的内涵比较丰富,具体地说主要有以下两层含义。

一是身教重于言教。

子曰:"予欲无言。"子贡曰:"子如不言,则小子何述焉?"子曰:"天何言哉? 四时行焉,百物生焉,天何言哉?"(《论语·阳货》)孔子说:"我想不说话了。"子贡回答:"如果您不说话的话,那么我们这些学生还能传述什么呢?"孔子说:"老天又说了什么呢? 四时运行,百物生长,老天又说了什么呢?"孔子用天道运行比喻不言之教,意味深长。教者以身作则,把自己的人格魅力融入日常生活,一言一行、举手投足无不对学生有着春风化雨、潜移默化的影响。

二是"不教之教"。

孺悲欲见孔子。孔子辞以疾。将命者出户,取瑟而歌,使之闻之。(《论语·阳货》)孺悲乃何许人? 根据朱熹在《论语集注》中的记载,他是鲁国人,曾经"学士丧礼于孔子",也可以说是孔子的弟子了吧。根据《仪礼·士相见礼》记载:"孺悲欲见孔子,不由绍介故孔子辞以疾。"他是鲁国国君派来的大臣,比较傲慢,孔子以身体不适为借口,拒绝接见。传话的人刚刚走出房门,孔子便取出琴来,一边弹琴一边唱歌,故意想让孺悲听到。

这段文字乍看起来似乎与孔子"有教无类"的一贯主张有不同之处。至于孔子为何不愿意见孺悲,详情不得而知,但是孔子这样做一定是有原因的。这也是孔子的一种特殊的教育方法,就是"不教之教"。不加教诲,本身也是一种教诲,促使学生自我反省,使其幡然省悟。正如孟子所说:"教亦多术矣,予不屑之教诲也者,是亦教诲之而已矣。"(《孟子·告子下》)教育的方法有多种多样,我不屑于加以教育,这本身也是一种教育。这可以说是对《论语》中这段文字的极好注解。

8.教学相长

在真理面前,人人平等。师生之间要培养一种学术民主、自由讨论的学风。韩愈说:"是故弟子不必不如师,师不必贤于弟子。"(《师说》)尺有所短,寸有所长,学生不一定不如老师,老师不一定比学生贤能。闻道有先后,术业有专攻。所以,学生要虚心向老师求教,老师也要虚心向学生学习,唯有如此,才能相互补充,相互促进,达到共同进步、共同发展的目的。《论语》中这种教学相长的案例也比较多,在这种学术氛围下,孔门的教学相长之风十分盛行。试举两个例子。

第一个例子:

子贡曰:"贫而无谄,富而无骄,何如?"子曰:"可也。未若贫而乐,富而好礼者也。"子贡曰:"《诗》云'如切如磋,如琢如磨,其斯之谓与?'子曰:"赐也,始可与言《诗》已矣,告诸往而知来者。"(《论语·学而》)子贡问孔子:"贫穷却不奉承巴结,富裕却不傲慢自大,怎么样呢?"孔子回答:"这当然是可以的,但是还没有达到最高境界,最高境界是那些安贫乐道、富而好礼的人。"子贡继续说:"《诗经》有言道:'如切如磋,如琢如磨',讲的就是这个意思吧?"孔子听了很开心,说道:"子贡啊,我可以和你谈论《诗经》了,你能从我说过的话中领会我没有提到的意思。"

还有一个比较典型的例子:

子夏问曰:"'巧笑倩兮,美目盼兮,素以为绚兮'何谓也?"子曰:"绘事后素。"曰:"礼后乎?"子曰:"起予者商也,始可与言《诗》已矣。"(《论语·八佾》)句中"巧笑倩兮,美目盼兮,素以为绚兮"一句,据传出自《诗经》,但现在所见的《诗经》中,只有前两句:"巧笑倩兮,美目盼兮",至于"素以为绚兮"是否是《诗经》中的句子就不得而知了。此句的意思是,美妙的笑容真好看啊,美丽的眼睛多水灵啊,洁白的布上画出绚丽的图画。子夏读到这句诗,问孔子是什么意思。孔子回答说:"绘事后素。"意思是正如绘画一样,必先施以素色的底粉,然后才能在上面创作五彩缤纷的图画。子夏又问:"正如礼在人的本性之后一样吗?"孔子回答说:"子夏啊,你启发了我,今后我就可以与你讨论《诗经》了。"显然,孔子在与子夏的对话中也获得了启发与灵感,因而十分高兴。

林林总总,讲了孔子竭力提倡并身体力行的关于教的八大原则,实际上,《论语》中涉及的教的原则远远不止这些。孔子的确是一个好老师,教育工作者应该多向孔子学习如何当一个好老师。

那么,作为一个好老师,应该具备哪些品质呢?概括起来起码应该具备三大品质:一是学而不厌。就是老师要不断加强学习,有渊博的学识,深厚的学养。孔子说自己"述而不作,信而好古"(《论语·述而》)。孔子素以好学闻名,他对古代学问的喜好,几乎到了痴迷的境地。至于"述而不作",只是他的自谦之辞,谁都知道,孔子在继承前代文化的过程中有颇多创造,创立了儒家学说,终成一代宗师。二是教而不倦。孔子在教学时,没有任何私心隐藏,尽心尽力,做到了鞠躬尽瘁,死而后已。三是教导有方。他在长期的教学实践中,形成了一系列教育思想,诸如"教学为先""有教无类""因材施教""循循善诱""不愤不启""不悱不发""举一反三""温故知新""不言之教",等等,在中外教育史上均产生了深远影响,至今仍然不减其色。

孟子在这个基础上又提出了五大教学方法,可以说是对孔子教的原则的丰富与发展。

孟子曰:"君子之所以教者五:有如时雨化之者,有成德者,有达财者,有答问者,有私淑艾者。此五者,君子之所以教也。"(《孟子·尽心上》)孟子提出了以下五种教育人的方式:一是像及时雨一样化育;二是成全德行;三是培养才能;四是解答疑问;五是以自身的学识风范感化他人。总之,因人而异,因材施教,通过不同的方式如春风化雨般滋润学生的心田,达到教育的目的。

高尚的人格、渊博的学识、执着的追求,使孔子非常有个人魅力,很多学生始终追随他,在兵荒马乱的岁月,跟着他周游列国,风宿露餐,颠沛流离,无怨无悔。

根据《孟子》一书的记载,孔子去世后,他的三个弟子宰我、子贡、有若有一段对话,主要是对孔子的评价。

宰我说:"以予观于夫子,贤于尧、舜远矣。"意思是说,以我看,我们老师的贤明远远超过尧帝和舜帝。这个宰我,就是被孔子斥为"朽木不可雕"的那个弟子,孔子对他并不看好,但正是这个弟子,在孔子去世后不仅对他评价极高,而且对孔子学说的阐发也不遗余力,对孔子学说的传承弘扬厥功至伟。

子贡说:"自生民以来,未有夫子也。"意思是说,自从有人类以来,没有人能比得上孔夫子。孔庙大成殿上有一块雍正皇帝御笔题写的匾额,写着"生民未有"四个字,就取材于此,以昭示孔子在中华文化史上的至尊地位。

有若说:"岂惟民哉?麒麟之于走兽,凤凰之于飞鸟,太山之于丘垤,河海之于行潦,类也。圣人之于民,亦类也。出于其类,拔乎其萃。自生民以来,未有盛于孔子也。"意思是,何止是人有高下之分呢?麒麟和走兽,凤凰和飞鸟,泰山和土堆,河海和溪流都属于同类。圣人和平民也属于同类,自从有人类以来,没人比孔子更负盛名了!

有若的评价与子贡相同,用一系列类比,来突显孔子的历史地位。"出类拔萃"这一成语就典出于此。也许大家看到这些资料,会认为宰我、子贡、有若这三个弟子,把自己的老师吹得神乎其神,未必可信。让我们继续来听听孟子对此是怎么解释的。

孟子说,宰我、子贡、有若,三人见识高明,学识深厚,其智慧足以让他们深深地了解圣人,只要是他们所称赞的,都是有依据的。即使他们有私心,也不至于偏袒他们所喜爱的人。(《孟子·公孙丑上》)

不管这三个弟子对孔子的评价是否过头,但是这的确是他们的由衷之言。在《论语》中可以看到,除了陈亢认为子贡比孔子还强,结果遭到子贡的严厉批评外,其他众弟子表达对孔子的衷心钦佩与热情赞美的话语比比皆是。举几个例子:

颜渊喟然叹曰:"仰之弥高,钻之弥坚。瞻之在前,忽焉在后。夫子循循然善诱人,博我以文,约我以礼,欲罢不能。既竭吾才,如有所立卓尔。虽欲从之,末由也已。"(《论语·子罕》)颜回有一次十分感叹地说道:"仰望先生的才德,高不可攀,钻研先生的学问,越钻研越觉得博大精深。明明看到他在前面,忽然又到了后面。先生对我循循善诱,以文献来广博我的学识,以礼义来约束我的行为,我想要停止学习都不可能。即使竭尽我的才能去追求，但好像有一个高大的东西立在我面前，我虽然想尽力地攀登上去达到他的高度，可是找不到路径。"颜回为表达对孔子的崇敬心情，为后世贡献出了一连串成语：仰之弥高、钻之弥坚、循循善诱、博文约礼。颜回是孔子最得意的弟子，从孔子的教诲中得益颇多，他对孔子的赞美，几乎到了登峰造极的程度，自然也在情理之中。

子曰："君子道者三，我无能焉；仁者不忧，知者不惑，勇者不惧。"子贡曰："夫子自道也。"（《论语·宪问》）孔子说："君子之道有三个方面，我都没有能做到：仁德的人不忧愁，智慧的人不迷惑，勇敢的人无所畏惧。"听了孔子这番话，子贡说："这正是老师的自我表述啊！"在子贡看来，孔子正是这样的集智仁勇于一身的圣人。"夫子自道"也是我们现在常用的一个成语，只不过和这里的意思有区别，带了一些贬义。

子禽问于子贡曰："夫子至于是邦也，必闻其政，求之与？抑与之与？"子贡曰："夫子温、良、恭、俭、让以得之。夫子之求之也，其诸异乎人之求之与！"（《论语·学而》）子禽问子贡为什么孔子每到一个国家都能听到该国的政事。子贡回答："夫子温、良、恭、俭、让以得之。"意思是说，他老人家温和、善良、恭敬、俭朴、谦让，他用这样的态度去对待别人，别人自然会把政事告诉他，这是他与众不同的品德，也是与别人听到政事的方式不同的原因。在子贡看来，孔子具有"温、良、恭、俭、让"五种品德。"温、良、恭、俭、让"五个字是对孔子形象的极好素描，后来也成了儒家提倡的待人接物的重要准则。毛泽东在《湖南农民运动考察报告》一文中这样写道："革命不是请客吃饭，不是做文章，不是绘画绣花，不能那样雅致，那样从容不迫、文质彬彬，那样温良恭俭让。"①这是讲革命，革命会有流血牺牲，自然不能这样讲究温文尔雅。当今社会提倡培养文质彬彬、温、良、恭、俭、让的品德，这是社会文明程度的重要体现，正所谓"谦谦君子，温润如玉"。

鲁国有一个大夫叔孙武叔，多次诋毁孔子，遭到了子贡的回击。

叔孙武叔语大夫于朝曰："子贡贤于仲尼。"子服景伯以告子贡。子贡曰："譬之宫墙，赐之墙也及肩，窥见室家之好。夫子之墙数仞，不得其门而入，不见宗庙之美，百官之富。得其门者或寡矣。夫子之云，不亦宜乎？"（《论语·子张》）有一次，叔孙武叔在朝廷上对大夫们说："子贡比孔子更贤能。"子服景伯把这话告诉了子贡。子贡说："如果用房屋的围墙作个比喻，我的围墙，只到肩膀那么高，人们都能窥见房屋的富丽堂皇。我老师的围墙有数丈高，找不到门，无法进入，看不见宗庙的壮观和房舍的富丽堂皇。能找到门进去的人或许极少呢。叔孙武叔那样说，不也是很正常的吗？"

叔孙武孙毁仲尼。子贡曰："无以为也！仲尼不可毁也。他人之贤者，丘陵也，犹可逾也；仲尼，日月也，无得而逾焉。人虽欲自绝，其何伤于日月乎？多见其不知量也。"（《论语·子张》）还有一次，叔孙武叔毁谤仲尼。子贡说："不要这样做！仲尼是不可毁谤的。别人的贤能，好比山丘，还可以越过去。仲尼呢，好比太阳和月亮，是不可能超越的。有人想自绝于太阳和月亮，那对太阳和月亮又有什么损害呢？只显得他自不量力罢了。"

叔孙武叔是鲁国大夫，属于权臣，此人在各种场合多次诋毁孔子，说

---

① 《毛泽东选集》（第一卷），人民出版社1991年版，第17页。

子贡比孔子要强得多。子贡对此相当反感,他不畏权贵,多次公开回击。如果没有对孔子的道德学问、人格魅力的真心钦佩,是根本做不到的。

陈子禽谓子贡曰:"子为恭也,仲尼岂贤于子乎?"子贡曰:"君子一言以为知,一言以为不知,言不可不慎也!夫子之不可及也,犹天之不可阶而升也。"(《论语·子张》)陈子禽对子贡说:"你是谦恭了,仲尼怎么能比你更贤良呢?"子贡回答说:"君子的一句话就可以表现他的智慧,一句话也可以表现他的不智,所以说话不可以不慎重。孔夫子是高不可及的,正像天是不能够顺着梯子爬上去一样。"陈子禽,又叫陈亢,很佩服子贡,认为子贡比孔子还要贤能。子贡因此严肃地批评了他。《论语》中记录了陈子禽对孔子的一些不敬的言论,可见《论语》中的记录还是比较客观的。

这样的例子还有很多,就不一一列举了。孔子弟子众多,个个满腹经纶,文采斐然,但他们几乎个个都是孔子的"粉丝",对老师的景仰,可以说到了"如滔滔江水,连绵不绝;又犹如黄河泛滥,一发不可收拾"的程度。

孔子的一生虽然没有大富大贵,但是却有桃李芬芳。为师若此,夫复何求!

(三)学的原则——如何做一个好学生

与怎么教相对应,还有怎么学的问题,这就是学习原则。不仅要好学,而且要善于学习,从某种程度上来说,善于学习是一个人一生中最大的本领。在教学实践中,孔子提出一系列学习原则,值得我们好好总结,认真借鉴,努力做一个好学生。

1.敏而好学

敏而好学,是孔子大力倡导的重要学习原则之一。对一个学生来说,首要的前提是好学、乐学,使学习成为爱好、习惯,成为生命的组成部分。

子贡问曰:"孔文子何以谓之'文'也?"子曰:"敏而好学,不耻下问,是以谓之'文'也。"(《论语·公冶长》)子贡问道:"孔文子这个人为什么被谥为'文'呢?"孔子回答:"孔文子聪敏好学,不以为向不如自己的人请教是羞耻,因此被谥为'文'。""敏而好学"这个成语就典出于此。

子曰:"知之者不如好之者,好之者不如乐之者。"(《论语·雍也》)这是孔子关于为学的著名格言。知道需要学习的人不如爱好学习的人;爱好学习的人又不如以学习为乐的人。在这里孔子实际上提出了学习由低到高的三重境界:知之、好之、乐之。

第一境界:知之。为了功利性的目的去学习,把学习当作世俗进阶的工具,学习成就往往不大,属于学习的较低层次。

第二境界:好之。因为喜欢而去学习,这样才有望学有所成。这个境界属于学习的较高层级。

第三境界:乐之。以学习本身为乐,乐在其中,甚至到了痴迷的程度,这才可望取得大的成就。这个境界属于学习的最高层面。

第一种境界是由外部原因驱动的学习动机,一般很难有持久动力。后两种境界是由内在原因所驱动的学习动机,这样才能生发出强劲动力。人们常说,兴趣是最好的老师。如果没有这种好学、乐学精神,很难学有所成。

"学之不讲",是孔子担忧的事情,其现实针对性很强。

如果学生学习的目的主要是考试,这样的学习,学习效果往往是不好的,更为严重的是,还会使学生产生厌学情绪,认为读书并不是一件快乐的事情，这样就会后患无穷。

一些大学生除了教材以外，几乎不怎么读书，而把大量时间花在手机、电脑上，浏览各类娱乐新闻和打游戏。大学校园的读书氛围不浓，这种现象让人担忧。没有大量的原始文献、名家名作的阅读积累，还能成长为真正的人才，笔者是始终不相信的。

在《论语》中可以看出，孔子就是乐学、好学的典范。我们首先要向孔子学这种学习精神。

子曰："学如不及，犹恐失之。"(《论语·泰伯》)做学问就像唯恐赶不上一样，还生怕把学到的东西又丢掉了。学习的确是一辈子的事情，犹如逆水行舟，不进则退。尤其是在当今知识爆炸的时代，如果不加强学习，光靠吃老本，很快就会被时代所淘汰。

子曰："十室之邑，必有忠信如丘者焉，不如丘之好学也。"(《论语·公冶长》)孔子说："即使只有十户人家的小村子，也一定有像我这样讲忠信的人，只是不如我这样好学罢了。"他直言与别人比较起来，自己有一个优点就是好学。孔子很少自我表扬，这是一个例外。

孔子认为最为好学的弟子是颜渊，颜渊可以说是学习者的标杆。

哀公问："弟子孰为好学？"孔子对曰："有颜回者好学，不迁怒，不贰过，不幸短命死矣。今也则亡，未闻好学者也。"(《论语·雍也》)有一次鲁哀公问孔子："你的学生中谁是最好学的呢？"孔子回答："以前有一个叫颜回的学生最为好学，他从不迁怒于别人，也从不犯同样的过错。可惜不幸短命死了。现在没有了，没有听说好学的人了。"孔子对颜渊的好学精神十分赞赏，但又觉得他英年早逝，太可惜了，这真是莫大的悲剧！

子路是孔门中一个很特殊的学生，颇有游侠之气，为人仁义、忠信、勇猛、刚毅,但是唯独不大爱好学习,对此孔子对他多有批评,来看两个例子。

子路使子羔为费宰,子曰:"贼夫人之子。"子路曰:"有民人焉,有社稷焉。何必读书,然后为学。"子曰:"是故恶夫佞者。"(《论语·先进》)子路让子羔去费这个地方当官,孔子说:"你这是祸害子弟啊。"子路说:"那个地方有人民可以管理,有宗庙可以祭祀,为什么只有读书才算为学。"孔子显然有些生气,说:"我就讨厌那些善于狡辩的人。"孔子主张学而优则仕,但认为子羔学识还不足,需要再学习一段时间才能去做官。子路的话其实也没有什么错,但是问题在于他不重视读书,所以才说这样的话作为借口,孔子就批评他强词夺理。

又有一次,孔子单独与子路进行了语重心长的谈话:"子路呀,你听说过六种品德和六种弊病吗?"子路回答:"没有。"孔子说:"坐下,我来告诉你。"孔子接下来就讲了六种品德和六种弊病:

好仁不好学,其蔽也愚;好知不好学,其蔽也荡;好信不好学,其蔽也贼;好直不好学,其蔽也绞;好勇不好学,其蔽也乱;好刚不好学,其蔽也狂。(《论语·阳货》)

这段文字有些深奥,翻译如下:

爱好仁德而不爱好学习,它的弊病是容易受人愚弄;爱好智慧而不爱好学习,它的弊病是会造成行为放荡;爱好诚信而不爱好学习,它的弊病是可能危害自己;爱好直率却不爱好学习,它的弊病是会导致说话尖刻;爱好勇敢却不爱好学习,它的弊病是会引发犯上作乱;爱好刚强却不爱好学习,它的弊病是会导致狂妄自大。孔子讲这段话,针对性极强,一方面肯定了子路有六大优点:好仁、好知、好信、好直、好勇、好刚,这六种品德,都是孔子所推崇的君子应该具备的重要品德,也是子路身上的可贵品质,但是,子路有一大缺点就是不太好学。在孔子看来,好学是一个人最重要的基础品质,只有好学才能统领其他各种品质。一个人如果不好学,自己身上所具有的其他优点也会成为缺点,而且还可能是最致命的缺点!从孔子的这番话可见他对子路的良苦用心。孔子的这个观点对我们有没有重要的启迪意义呢?用"振聋发聩"这个成语来形容也毫不过分。

敏而好学,贵在自得。只有通过勤勉的学习而形成的知识结构才会牢固,才能应用自如。对此,孟子讲过一段富有哲理的话:"君子深造之以道,欲其自得之也。自得之,则居之安;居之安,则资之深;资之深,则取之左右逢其原,故君子欲其自得之也。"(《孟子·离娄下》)这段文字讲得太好了。君子为学,应该通过自己的学习而获得学识。只有这样,根基才能牢固,根基牢固,积累才能深厚,积累深厚才能"左右逢其原"。

在敏而好学思想的影响之下,中国古代历史上涌现出诸多动人故事。战国时的苏秦,他夜间读书,困倦的时候,就用锥子刺自己的大腿,血一直流到脚背上。汉代的孙敬好学,夜间读书时,用绳子把头发系在屋梁上,以防止打瞌睡,督促自己努力攻读。晋人孙康半夜醒来,借着雪光来读书。"头悬梁,锥刺股""映雪夜读"等一直被传为佳话。

2. 学无常师

"学无常师"这一成语,典出《论语》,是子贡讲的,意思是学习没有固定的老师,可以向一切可以学的人士和事物学习,把敏而好学的精神发挥到极致,这四个字正是孔子好学精神的真实写照。

卫公孙朝问于子贡曰:"仲尼焉学?"子贡曰:"文武之道,未坠于地,在人。贤者识其大者,不贤者识其小者,莫不有文武之道焉,夫子焉不学,而亦何常师之有?"(《论语·子张》)卫国的大臣公孙朝经过观察,发现了一个有趣的现象:孔子没有固定的老师。孔子博学多识,时人尽知,那么孔子是向谁学习的呢?什么样的高人才能教出像孔子一样的圣人?这的确是个有意思的问题。一向能说会道的子贡回答得也很巧妙,他说:"(周)文王、武王之道并没有坠落在地上,而是在人间流传。贤能的人抓住了大的方面,不贤能的人只抓些细枝末节。处处都有文王、武王之道,孔夫子随时随地向任何人都可以学习,为什么非要有固定的老师呢?"言下之意是,孔子是有老师的,但是没有必要有固定的老师专门传授。子贡善于辞令也由此可见一斑。

孔子好学博学,他是视学问为生命的人,尤其是对古代优秀文化情有独钟,从不放过任何可以增长学问的机会。

一是向书本学。

子曰:"我非生而知之者,好古,敏以求之者也。"(《论语·述而》)孔子说:"我并不是生下来就有知识的,而是因为喜爱古代文化,通过勤奋刻苦学习得来的。"事实上,这世界上哪有什么生而知之者,都是学而知之者。虽然孔子自称"信而好古,述而不作",但这只是他谦虚的说法,他通过整理古代文献,删定六经,对古代文化多有阐发,并形成了完备的思想体系,他不仅"信而好古",而且"述而有作"。

二是向贤人学。

孔子的老师其实挺多的,他向一切贤能的人士请教。韩愈在《师说》一文中说:"圣人无常师,孔子师郯子、苌弘、师襄、老聃。"他在郯国,向剡子请教官制;在晋国遇到苌弘,就向他学习乐器;在齐国遇到师襄,便向他学弹琴;关于孔子问礼于老子的问题,更是一直被传为佳话。

当然学术界对于孔子问礼于老子是否真实一直有争议。这个故事在《史记》《礼记》《庄子》《孔子家语》等古籍中均有记载,笔者认为是可信的。根据记载,孔子问礼于老子后,对弟子们说:"鸟,吾知,其能飞;鱼,吾知其能游;兽,吾知其能走。走者可以为罔,游者可以为纶,飞者可以为矰。至于龙,吾不能知,其乘风云而上天。吾今日见老子,其犹龙邪!"①意思是:鸟,我知道它能飞;鱼,我知道它能游;野兽,我知道它能跑。在地上走的可用网去缚它,在水中游的可用钩去钓它,在天上飞的可用箭去射它。至于龙,我就不知道怎么对付了,龙可以乘风云而直上九天! 我今天见到的老子,就是一条龙啊! 杭州黄龙洞门上有一副对联:右联是"黄泽不竭",左联是"老子其犹"。有游客将左联读作"老子其猫",令人哭笑不得。根据《孔子家语》记载,孔子曾多次提到"吾师老聃",可见老子对孔子的思想有着深刻影响。通过《论语》与《道德经》的比较,我们可以从中发现,孔子的不少思想与老子的思想是相通的,或者说是受了老子思想的影响,孔子思想中也有些道家的成分,比如"无为而治""用之则行,舍之则藏"(《论语·述而》),"贤者辟世,其次辟地,其次辟色,其次辟言"(《论语·宪问》),还有"道不行,乘桴浮于海"(《论语·公冶长》),等等,应该是受到了老子的深刻影响。

三是向学生学。

韩愈在《师说》一文中说:"弟子不必不如师,师不必贤于弟子。"每个人各有所长,也各有所短。老师不可能在所有地方都比学生强,因此老师也可以向学生学习,达到教学相长的目的。孔子在《论语》中也讲到"启予者,商也"等内容。

---

① 司马迁:《史记》,中华书局 2009 年版,第 394 页。

四是向其他人学。

子曰:"三人行,必有我师焉。择其善者而从之,其不善者而改之。"(《论语·述而》)这可以说是家喻户晓的格言,三个人一起走路,其中必定有人可以做我的老师。我选择他好的地方向他学习,看到他不好的地方就作为警示,改掉自己的缺点。不但向他人学习长处,也从他人的不足中得到启发。学生也要学会听课,听到好老师的课自然是幸事,听到差老师的课也可以思考,这个老师为什么没有把课讲好,问题在哪里,自己以后怎么避免陷入这样的窘境,等等。这就是孔子所说的"见贤思齐焉,见不贤而内自省也"(《论语·里仁》)。

3. 不耻下问

"不耻下问",是孔子倡导的又一大学习原则,实际上是一种为学的谦逊态度。

子贡问曰:"孔文子何以谓之文也?"子曰:"敏而好学,不耻下问,是以谓之文也。"(《论语·公冶长》)子贡问道:"孔文子为什么被谥为'文'呢?"孔子回答:"因为他聪明好学,向不如自己的人请教也不以为耻,所以被谥为'文'。"不耻下问也是孔子倡导的一大学习原则。毛泽东对此给以高度肯定,他在《党委会的工作方法》一文中对"不耻下问"作了新的诠释。他指出:"我们切不可强不知以为知,要'不耻下问',要善于倾听下面干部的意见。先做学生,然后再做先生。先向下面干部请教,然后再下命令。"①"先做学生,然后再做先生",说得何等精妙!

子入太庙,每事问。或曰:"孰谓鄹人之子知礼乎?入太庙,每事问。"子闻之,曰:"是礼也。"(《论语·八佾》)孔子到了周公之庙,每件

————————————————————

① 《毛泽东选集》(第四卷),人民出版社1991年版,1441页。

事都要问。有人说："谁说那个鄹人之子（指孔子）是懂礼的啊，他到了周公庙里，什么事都要问别人。"孔子听到这番言论后就说："这本身就是礼呀！"其中"每事问"三个字写得好！毛泽东在《反对本本主义》这篇文章中，在讲到调查研究的极端重要性时指出："迈开你的两脚，到你的工作范围的各部分各地方去走走，学个孔夫子的'每事问'。"①这就是虚心求学、注重调查的精神。社会是一个大课堂，处处皆学问，需要随处留心，学会调查研究。

孔子还批评了一种相反的学习态度。

子曰："亡而为有，虚而为盈，约而为泰，难乎有恒矣。"（《论语·述而》）本来没有却装作有，本来空虚却装作充实，本来贫乏却装作博学，这种人是难以有恒心的。这样的不懂装懂的情形，自古至今并不少见。

孔子的这种为学态度，也深深地感染着他的弟子，对孔门学风影响至深。孔子的大弟子曾子大力称赞过颜渊不耻下问的谦虚精神。

曾子曰："以能问于不能，以多问于寡，有若无，实若虚，犯而不校。昔者吾友尝从事于斯矣。"（《论语·泰伯》）曾子说："自己有才能却向没有才能的人请教，自己知识多却向知识少的人请教，有学问却像没学问一样，知识很充实却好像很空虚，被人冒犯也不计较。从前我的朋友就是这样做的。"句子中的"吾友"指的应该就是颜回。其中"以能问于不能，以多问于寡"，就是不耻下问的精神，"有若无，实若虚"，颇有"良贾深藏若虚"的道家风范！

现实社会中，有一些人耻于向人请教，不但做不到"不耻下问"，而且还做不到"不耻上问"，这就有大问题。古人云："谦受益，满招损。"

---

① 《毛泽东选集》（第一卷），人民出版社 1991 年版，110 页。

谦虚使人进步,骄傲使人落后。这是一条亘古不变的至理名言!

4.实事求是

除了好学,还要有良好的学风。孔子讲为学还必须要有科学的态度,可以把它概括为实事求是的学风。

"实事求是"典出《汉书·河间献王传》,其中讲到东汉大儒刘德"修学好古,实事求是"。汉景帝时期,河间王刘德特别喜欢研究儒家的经典著述,总是根据实例求证真相。他从民间得到好书后,亲自抄写一份给原主,同时还赠以金银。因此,很多人慕名给他送书。长此以往,"故得书多,与汉朝等",他的藏书比朝廷的藏书还要丰富。[①] 唐代颜师古在注《汉书》时指出,"实事求是"意指"务得事实,每求真是也",意思是做学问非常踏实,讲求依据。

实事求是,最初指的是一种良好的学风。用它来概括孔子讲的一个学习原则,也是非常贴切的。

子曰:"由,诲汝知之乎? 知之为知之,不知为不知,是知也。"(《论语·为政》)孔子说:"子路啊,我告诉你什么是知道好吗? 知道的就是知道的,不知道的就是不知道的,这是关于知道的真谛。"做学问来不得半点虚假,不要不懂装懂,这是一种应有的学习态度,这实际上是孔子对子路的批评之语。

子曰:"道听而涂说,德之弃也。"(《论语·阳货》)在路上听到传言就到处传播,这是对道德的背弃,因为违背了实事求是的原则。"涂"通"途","道听途说"这一成语就典出于此。做学问也是如此,资料的来源一定要可靠,有多少史料说多少话。

---

① 班固:《汉书》,中华书局1962年版,第923页。

子绝四:毋意,毋必,毋固,毋我。(《论语·子罕》)这也是一句几乎家喻户晓的话。孔子杜绝了以下四种毛病:不凭空猜测,不绝对肯定,不拘泥固执,不自以为是。这是一种科学的精神、科学的态度、科学的学风、科学的方法,两千多年前孔子就强调了这种清明理性的科学精神。

5.学贵有疑

马一浮先生在《释学问》一文中说学问二字是由学与问两方面组成的。"学是学,问是问,虽一理而有二事。""故必先学而问,善问者必善学,善学者必善问。"①此说相当精妙。当然,疑问是建立在学的基础之上的,否则就是胡思乱想,没有任何价值。

孔子鼓励学生提问,教育学生要有问题意识。

子曰:"不曰'如之何? 如之何?'者,吾末如之何也已矣。"(《论语·卫灵公》)孔子说:"总是不问'怎么办,怎么办'的人,我也不知道对他怎么办才好了。"孔子在这里没有说教,只用一种诙谐的方式表达了这样一个哲理:遇到问题,要多问几个为什么、怎么办。不善于提问题的学生,就不是真正的好学生。

尽管孔子对颜渊褒扬有加,但是也有一些微词,原因是颜回不太提问题。

子曰:"回也,非助我者也,于吾言无所不说。"(《论语·先进》)孔子说:"颜回不是对我有帮助的人,他对我说的话没有不心悦诚服的。"颜回对孔子的学说深信不疑,往往听得很认真,听课时从来不提问题,也不常有不同见解。所以孔子认为他对自己并没有多大启发与帮助,

---

① 马一浮:《泰和宜山会语》,辽宁教育出版社1998年版,第45页。

因为达不到教学相长的目的。

在《论语》中可以见到，孔子还常以"大哉问""善哉问"的方式，对弟子的提问加以激励与引导。比如：

林放问礼之本。子曰："大哉问！礼，与其奢也，宁俭；丧，与其易也，宁戚。"（《论语·八佾》）有一个叫林放的人问孔子礼的根本是什么。孔子回答："大哉问！"意思是，你问的问题太重要了！他接着说道："就礼仪来说，与其奢侈，不如节俭；就丧事而言，与其仪式周到，不如真心悲伤。"

樊迟从游于舞雩之下，曰："敢问崇德，修慝，辨惑。"子曰："善哉问！先事后得，非崇德与？攻其恶，无攻人之恶，非修慝与？一朝之忿，忘其身，以及其亲，非惑与？"（《论语·颜渊》）樊迟跟随孔子来到祈雨的地方，说："请问崇尚道德、修正错误、辨别疑惑，具体应该怎么做呢？"孔子说："善哉问！"你问的问题太好了！他接着解释道："做事在先，获得在后，这不就是崇尚道德吗？反省自己的过失，不要去攻击别人的短处，这不是修正错误吗？一旦生起气来，不顾自己的安危，还连累到了亲人，这不是不能辨别疑惑吗？"

类似案例，比比皆是。《论语》是对话体著作，是孔门问题式教学的实录，有着强烈的问题意识。问题的针对性很强，师生自由讨论，老师给以适当引导，得出重要结论。古今中外有不少文化名著都是以对话体形式呈现的。孔子教育弟子，多是采用问答的形式，类似我们现在讲的互动式教育方式。在这里，我们真的还得感谢孔子的弟子这么善于提问，从而使孔子深层次的思想精髓抽丝剥茧般层层呈现出来，给我们留下了无比珍贵的思想宝藏。

6.学思结合

正如学与问是一对范畴一样,学与思同样也是一对范畴。学与问密不可分,学与思更是如影随形。

子曰:"学而不思则罔,思而不学则殆。"(《论语·为政》)这也是一句广为人知的至理名言。只是学习而不加思考,就会产生迷茫;只是思考而不去学习,就会发生危险。五四时期,北京大学有两个著名的教授,一个是胡适,一个是梁漱溟,他们在同一座教学大楼的上下楼讲课,胡适属于新派,梁漱溟属于旧派,由于他们的学术思想差异、观点相左。胡适批评梁漱溟"学而不思",梁漱溟则反讽胡适"思而不学"。客观地说,胡适与梁漱溟都是学思结合的典范,这也许可以视作学人之间的一桩雅事吧。

子曰:"吾尝终日不食,终夜不寝,以思,无益,不如学也。"(《论语·卫灵公》)孔子自述自己曾经一整天不吃饭,一整夜不睡觉,一直思考问题,但是并没有什么收获,还不如去学习。他以自己的亲身经历去教导弟子,更具说服力。从中也可以看到孔子平易近人、和蔼可亲,善于反省、知错就改的一面,这是相当可贵的为师品德。

子夏曰:"博学而笃志,切问而近思,仁在其中矣。"(《论语·子张》)博览群书并且能坚定志向,恳切提问并且能深入思考,仁德就在其中了。复旦大学的校训"博学而笃志,切问而近思"就是从这里来的。博学,体现学术思想,教育救国;笃志,体现精神品质,笃定志向,服务国家;切问,体现好学谦虚,摒弃思想束缚,学习先进科学;近思,体现勤勉致学,思考学为何用,何以为学。这个校训是活学活用的一个样板,对大学精神的塑造作用巨大。

杨万里有言道:"学而不化,非学也。"(《庸言》)光是学习而不思考,不能把所学的内容内化吸收、融会贯通就不能算是真正有意义、有成效的学习。同样的道理,思而不学,亦非学也。光是思考而不学习,亦不算是真正有意义、有成效的学习。没有学习的基础,连起码的原始资料、经典名著都没有读过,而整天思考问题,那只是胡思乱想罢了,这样下去连像样的问题也提不出来,更不要说是有成效的学习了。在一次课程上,有一个理工科的研究生提过这样一个问题:"老师,美国在日本丢过两颗原子弹,是不是真的?"笔者问道:"你为什么提这样的问题?"他说网上有一篇文章说这是一个天大的谎言。令人瞠目结舌!这样的课堂对话、讨论有意义吗?

7. 温故知新

温故知新,是孔子所倡导的学习的又一大重要原则。温习已经学过的知识从而获取新知。

子曰:"温故而知新,可以为师矣。"(《论语·为政》)如果能够在温习已有知识的基础上有自己新的体会与发现,那就可以当老师了。"温故知新"这一成语典出于此。"记问之学,不足以为人师。"(《礼记·学记》)仅仅能背诵和记忆前人的东西,而没有自己的独到见解和想法,这样的人可以成为"经师",而不足以为人师,最多可以称为"知道分子",而不是真正意义上的知识分子,可以成为学问家,而不能成为思想家。思想家比学问家要高一个层次,学问家不一定能成为思想家,但思想家必须同时就是学问家。

人们只有在学习总结前人的知识与经验的基础上,有所发现,有所发明,有所创造,有所前进,学识才能长进,社会才能进步。

温故知新,对现代高校的教师来说具有重要的启迪意义。在大学课堂上,教师主要应该讲什么? 这是一个重大问题。大学应该是一个研讨高深学问的地方,大学教师在课堂所讲的应该是他毕生的研究成果与真知灼见,用一个专门术语来说,大学教学应该采用"研究型教学"。如果大学教师在大学课堂上所讲的不过是教材上的那些东西,照本宣科、人云亦云,没有独立研究与独到见解,这样就失去了大学教师应有的重大价值。

8.融会贯通

碎片化的知识,是一种没有生命力的单个知识元素,像现实电视节目中搞的形形色色、杂乱无章的所谓知识竞赛,是并没有多大价值的东西,尤其是在资讯发达的现代社会,对这些单个的知识元素,多知道一点与少知道一点,其实无关紧要。只有系统的知识,才能成为理论,才是真正的智慧。在学习过程中要善于触类旁通、融会贯通,并在这个基础上自成体系,这样才能应用自如。在这个方面,孔子为我们作出了杰出示范。

子曰:"赐也!女以予为多学而识之者与?"对曰:"然,非与?"曰:"非也,予一以贯之。"(《论语·卫灵公》)有一次,孔子对子贡(名赐)说:"子贡啊!你以为我只是博学并多识吗?"子贡答道:"是啊,难道不是这样吗?"看来子贡这个人尽管在政治、外交、经商方面都天分很高,但是他的学术天分似乎并不太高,对孔子学说的领悟不深。孔子回答:"不是的,我用一个根本的道理把它们贯通。"

子曰:"参乎!吾道一以贯之。"曾子曰:"唯。"(《论语·里仁》)还有一次,孔子对曾参说:"曾参啊!我讲的道理是有一个根本的思想贯串始终的。"曾子说:"是的。"由此可见,子贡与曾参的学问境界的确有高下之分,曾参要比子贡更胜一筹。

在《论语》中,孔子两次提到他的思想学说有一个核心思想,一以贯之之道。他并不以"多学而识之"为满足,而是要把这些学识融会贯通,形成一个完整的思想体系。

优秀的学习者不仅要敏而好学、实事求是、博学笃志、温故知新,而且还要举一反三、触类旁通、自成体系、独树一帜,成为某一领域的专家。所谓专家,在笔者看来,起码应该有以下三个标准:一是对自己所从事的研究领域几乎是无所不知;二是提出一系列独到见解;三是形成一整套完整的学术体系。

9.学以致用

学以致用,这是孔子所倡导的又一重要的学习原则。

子曰:"诵诗三百,授之以政,不达;使于四方,不能专对。虽多,亦奚以为?"(《论语·子路》)孔子说:"把《诗经》三百零五篇('诗三百'是一个大致的数目)背得滚瓜烂熟,让他去从政,做不了;派他去搞外交,不能应对自如。如果是这样,背得再多,又有什么用呢?"可见,孔子注重学以致用。

学习的目的在于应用,要为人生服务,为现实服务,经世治邦。孔子所创立的儒家学说就十分注重与现实的结合,强调身体力行、经世致用,对后世影响极为深远。

举一个例子:

《三国演义》第四十三回"诸葛亮舌战群儒"中,诸葛亮为了联吴抗曹,与东吴文武官员二十余人展开辩论,把他们逐一驳倒之后,有个东吴的大臣程德枢气急败坏地对诸葛亮进行了人身攻击,大声说:"公好为大言,未必真有实学,恐适为儒者所笑耳。"意思是你在这里高谈阔论,未必有真才实学,恐怕要为儒者所讥笑。诸葛亮就抓住了"儒者"一词再次大展辩才:

儒有君子小人之别。君子之儒，忠君爱国，守正恶邪，务使泽及当时，名留后世。若夫小人之儒，惟务雕虫，专工翰墨；青春作赋，皓首穷经；笔下虽有千言，胸中实无一策。且如扬雄以文章名世，而屈身事莽，不免投阁而死，此所谓小人之儒也；虽日赋万言，亦何取哉！①

这段文字写得太好了！无法去掉一个字，也无法增加一个字，斐然成章。中国古代四大文学名著把中华文字写绝了，后来的诸多作家着实无法望其项背。这段文字也充分体现了诸葛亮的高超辩才。真正的辩论讲究短兵相接，不能回避问题。儒分君子儒与小人儒，这句话是有来历的，原来是孔子说的。**子谓子夏曰："汝为君子儒，毋为小人儒。"**（《论语·雍也》）孔子对子夏说："你应该做君子式的知识分子，不要做小人式的知识分子。"这一方面表示孔明儒学功底很好，另一方面体现了他的高超辩才。君子之儒应该是什么样的呢？他用了"忠君爱国、守正恶邪、泽及当时、名留后世"这十六个字来形容，这才是真正的大丈夫。同时也用了"惟务雕虫、专工翰墨、青春作赋、皓首穷经"十六个字来形容小人之儒，而且认为小人之儒"笔下虽有千言，胸中实无一策"，实际不值一提。

后来到了宋明时期，出现了宋明理学。尽管宋明理学在理论上、实践上作出过重大贡献，但它的确存有一大严重弊端，即空谈心性、不务实际，一度偏离了学以致用、经世致用的优良传统。宋亡、明亡之时正是宋明理学昌盛之时，以至于明清之际的有些启蒙思想家将宋亡明亡的原因归结于宋明理学清谈误国。当然，对于这个观点要加以分析，宋亡明亡的主要原因，还在于政治腐败，军事技术、军事制度落后，将宋亡

---

① 罗贯中:《三国演义》(上)，人民文学出版社2005年版，第359页。

明亡主要归因于宋明理学清谈误国,有所偏颇。但是,宋亡明亡与宋明理学是不是一点关系也没有呢?恐怕也不能这么说。宋明理学有一个重要缺点,就是空谈心性,不务实际。以至于后人给一些宋明理学家写过一副对联:"平时袖手谈心性,临危一死报君王。"平时袖着手,高谈阔论、空谈心性,到国家真的有难的时候,一方面没有真才实学,另一方面又要保持崇高气节,那怎么办呢?只好拿根绳子"自挂东南枝",上吊自尽了。

有鉴于此,明清之际的启蒙思想家力倡经世致用的实学与实事求是的朴学。鸦片战争以来,亡国灭种的危险,呼唤着学以致用、经世致用的实学精神和优良传统,这种学风与传统在近代中国得到了强烈的回响。中国共产党奉行的实事求是的思想路线,实际上就是对中华优秀传统文化中务实求实、经世治邦这种实践理性精神的继承、升华与发展。

总体来看,作为一种优良的学术传统,学以致用使中华民族能够脚踏实地、求真务实地干一番大事。中国共产党之所以能够领导中国人民成就一番伟业,与实事求是的思想路线有极大关涉。

10. 当仁不让

当仁不让,是孔子所倡导的学习的重要原则之一。

子曰:"当仁,不让于师。"(《论语·卫灵公》)孔子说:"只要你认为这件事情是正确的,连老师也不要相让。""当仁不让"这一成语即典出于此。句子中的师,一般解释为老师,朱熹也是这么说的。但是学界对此也有不同解释,如近代国学大家钱穆提出一个新解,他认为"疑此师当众训",认为"师"应当解释为"众人"的意思,他认为"当仁不让",

就是见义勇为的意思。① 这也是一家之言。笔者认为把句中的"师"理解为老师的师是可以的,而理解为"众人"似乎比较勉强。如果说这个"师"还有其他什么注解的话,也许还可以解释为"军队"。如老子说:"师之所处,荆棘生也。"(《道德经·第三十章》)战争期间军队所到的地方,荆棘横生。其中的"师"就是军队的意思。如果是这样的话,应该解释为如果是正确的话,那么即使三军在前也无所畏惧、义无反顾。

学习的重要目标在于探求真理,在真理面前人人平等,因此,为学者要具有一种坚持真理的大无畏勇气。亚里士多德说:"吾爱吾师,吾更爱真理。"此之谓也!

---

① 钱穆:《论语新解》,生活·读书·新知三联书店 2017 年版,第 380 页。

第四编

为政的智慧

总体看来,《论语》主要是一部政治哲学著作。当然,对此也有不同看法。上文也已提到,有人把本书视作有助于过上快乐生活的"心灵鸡汤"之类的著作,就把《论语》矮化了。无独有偶,周作人在《读〈论语〉小记》一文中说:"《论语》二十篇所说多是做人处世的道理,不谈鬼神,不谈灵魂,不言性与天道,……更没有什么政治哲学的精义,可以治国平天下。"①周作人之所以这样说,很可能是由于他缺乏对政治的了解。

　　有人说:"我又不搞政治,对政治不感兴趣。"这就涉及对政治的理解问题。孙中山先生曾说:"政就是众人的事,治就是管理,管理众人的事,就是政治。"②这与《论语》中经常讲到的"为政"这一概念是基本一致的。五四时期陈独秀在《谈政治》一文中说:"你谈政治也罢,不谈政治也罢,除非逃在深山人迹绝对不到的地方,政治总会寻着你的。"③政治哲学是一门国家治理的学问。相信很多年轻人必将会走上领导岗位,因为老一辈总要向年轻人交棒的,世界归根到底是属于年轻人的,以后哪怕什么长都不是,起码也是家长,家长也是社会基层管理者,因此,也需要懂得管理以及领导艺术。

---

① 周作人:《苦茶随笔》,北京十月文艺出版社 2011 年版,第 15 - 16 页。
② 《孙中山选集》(下),人民出版社 2011 年版,第 719 页。
③ 《陈独秀文章选编》(中),生活·读书·新知三联书店 1984 年版,第 1 页。

尽管孔子作为政治家并不算成功,但这是时代局限所导致的。他的政治哲学具有穿透历史时空、超越国界的思想伟力,值得我们认真总结借鉴。

一、智慧之源

《论语》中有关为政的论述,内容十分丰富,极富政治哲学智慧,中国古代就有"半部《论语》治天下"的说法。历史地看,孔子创立的儒家学说在战乱年代价值不大,但是在和平年代就充分显现出来了,因此它主要是一本治世的著作。

但是,到目前为止,对孔子的为政思想所作的系统阐发还比较少。孔子的为政思想,既包括一系列治国理念,也包括许多行政的大原则,属于现在的政治学与行政学的范畴,这在下文有详细阐述,它不仅适合古代社会,也适用于现代社会,不仅影响了中国,也影响了世界。

那么,人们不禁会问,孔子的为政思想是从哪里来的?"问渠那得清如许,为有源头活水来",孔子的政治智慧主要来自以下三个方面。

(一)政治历练

一个从来没有从政经历的人,却大谈国家治理,正如一个从来没有管理过企业的人,却大谈企业管理一样,都是有问题的。孔子有从政经历,这使他对政治有着独特的体悟。

大家知道,孔子对政治一直有特别的情怀,并且非常自信。

子曰:"苟有用我者,期月而已可也,三年有成。"(《论语·子路》)
孔子说:"假若有人用我主政,一年内便可见成效,三年便会大有成效。"有人把句中的"期月"解释为一整月是不对的,期月是指一年的周期,为一整年。年轻时孔子的确有志于从政,并做过季氏家的"委吏"

（仓库保管员）、"乘田"（牧场管理员），从基层做起。从五十四到五十七岁，孔子在鲁国当过大官，始初为"中都宰"，就是鲁国中都这个的地方行政长官，后被提拔为司空，相当于管理水利建设的官员，不久又被提拔为大司寇，就是主管司法的官吏，相当于司法部部长，并且代理过宰相。这是孔子在政治上的高光时刻。这也是孔子终于能把他的为政思想付诸实践的机会。在这段时间，他把鲁国治理得很好，在内政外交上都取得了非凡成就，甚至引起了齐国的不安与恐慌，"孔子相鲁，齐人患其将霸，欲败其政"。齐国挑选了八十名貌美女子，让她们穿上漂亮衣服并且精心修饰，训练她们跳齐国的容玑舞，又挑选了一百六十匹好马，送给鲁国的国君。鲁国国君果然中计，君臣荒淫无度，三日不听国政，孔子不得已被迫离开鲁国。这些在《孔子家语》中均有记载。

孔子的从政经历，使他对政治有着独到的理解，积累了丰富的为政经验。

（二）周游列国

孔子有十四年都在周游列国，并经常为这些诸侯国的君王提供为政咨询。他晚年回到鲁国，以德高望重的"国老"身份做一些政事咨询。他虽然并没有得到各国的重用，但是对各国的政情十分了解。另外，他的很多弟子都在政界取得了不少政绩，这也极大地拓宽了他的政治视野。

子禽问于子贡曰："夫子至于是邦也，必闻其政，求之与？抑与之与？"子贡曰："夫子温、良、恭、俭、让以得之。夫子之求之也，其诸异乎人之求之与？"（《论语·学而》）子禽姓陈名亢，《论语》中有三处涉及此人。有一次他问子贡："老师到了一个国家，必定知道这个国家的政事。这是他自己求得的，还是他人主动告诉他的呢？"大家知道，政事被不少统治者视为国家机密,一般人很难知道。孔子却能很快了解所到国家的政治动向,子禽很奇怪,于是问了这样一个问题。子贡道:"他老人家是靠温和、善良、严肃、节俭、谦逊来获得的。他老人家获得的方法,和别人获得的方法,也是不相同的吧?"

(三)圣贤之道

孔子善于总结贤明的君王之道,并从中汲取丰厚的政治智慧。

首先,孔子对尧、舜、汤、禹、周公等人推崇备至,认为他们都是古之圣人,是后世效法的榜样。

关于尧。

子曰:"大哉,尧之为君也。巍巍乎,唯天为大,唯尧则之。荡荡乎,民无能名焉。巍巍乎,其有成功也。焕乎,其有文章。"(《论语·泰伯》)孔子说:"尧作为国之君主,真是崇高呀! 天最高最大,只有尧能效法于上天。真是伟大呀,百姓简直不知道该怎样来称赞他。真是崇高啊,他创建的功绩。真是灿烂啊,他制定的礼仪制度。"赞美之词,溢于言表,文采飞扬,激情荡漾,对尧帝的礼赞几乎到了登峰造极的程度,这对孔子来说实属罕见。

关于舜。

子曰:"舜有臣五人而天下治。"(《论语·泰伯》)孔子称赞舜善于使用人才,他说舜有五位贤臣就能治理天下。治理国家的关键在于人才,只要治国的大政方针正确,加上仁者在位、贤者在职,就能达到"无为而治"的理想境界。

关于禹。

子曰:"禹,吾无间然矣。菲饮食而致孝乎鬼神,恶衣服而致美乎黻冕,卑宫室而尽力乎沟洫。"(《论语·泰伯》)孔子对于禹的评价也非常高,他说:"对于禹,我没有什么可以挑剔的了。他的饮食很简单,而敬献鬼神的祭品却很丰盛;他平时穿的衣服很简朴,而祭祀时却尽量穿得华美;他自己住的宫室很低矮,却致力于修治水利。"禹可算得上"鞠躬尽瘁,死而后已"的贤明君主了。

关于周公。

子曰:"甚矣,吾衰也! 久矣,吾不复梦见周公。"(《论语·述而》)周公作礼奠定了周王朝七百多年的基业,孔子对此印象十分深刻,说:"我衰老得很厉害呀! 我已经好久没有再梦见周公了。"孔子晚年甚至以不复梦见周公为憾事,而且公开讲,如果有人能用我为政,我将在东方重建一个周朝。

其次,孔子还高度肯定了与他同时代的子产、管仲、晏子等名相的治国成就。

关于子产。

子产是春秋时期郑国的名相。子产相郑时期,使郑国欣欣向荣,社会安定,百姓富足,牢房里面没有犯人。子产去世后,所有的百姓都为之流泪,几个月内都听不到娱乐的琴声,这就足以说明子产推行的政令是深得人心的。

子谓子产:"有君子之道四焉:其行己也恭,其事上也敬,其养民也惠,其使民也义。"(《论语·公冶长》)孔子赞扬子产在四个方面符合君子之道:严于律己修己正身;恭奉君上符合礼仪;施惠于民非常仁慈;使用民力符合仁义。如果能够做到以上四个方面,就是非常出色的大臣了。

或问子产。子曰:"惠人也。"(《论语·宪问》)有人问子产是个什么样的人。孔子说他是个"惠人",就是对百姓有恩惠的人,也就是仁人。可见,孔子对子产的评价极高。不过,在这一点上孟子与孔子的看法并不一致。子产主持郑国国政之时,曾用自己的车马帮人们渡过溱河与洧河。孟子评论子产"惠而不知为政"(《孟子·离娄下》),就是只懂小恩小惠,而不知道如何为政。如果能够早点把桥修好,那么百姓就不会遭受蹚水过河之苦。作为执政者,把政事处理好才是主要的职责。这种说法虽然不无道理,但是据此否定子产不知为政,似乎有些以偏概全了。这也是孟子与孔子之间少有的看法不一之处。

关于晏子。

晏子,名婴,字仲,谥平,习惯上多称平仲,他是春秋时期齐国名相,著名的政治家、思想家、外交家,以其政治远见、外交才能及直道而行而名满天下。根据记载,晏婴个子矮小、貌不出众,但足智多谋、刚正不阿、机敏过人、辩才无双,为齐灵公、齐庄公、齐景公三朝元老,辅政五十余年,为齐国强盛立下了汗马功劳,厥功至伟。司马迁对晏子也赞美有加,他在《史记·管晏列传》中曾说:"假令晏子而在,余虽为之执鞭,所忻慕焉。"①意思是说,如果晏子尚在,我哪怕为他当执鞭之士,也感到无上荣光。司马迁以这样的口吻评价历史人物,十分少见,只是对孔子亦有过类似"高山仰止"的评价。

不过,晏子与孔子曾经有过过节。孔子年轻时,有一次来到齐国,与齐景公有过深入交往。

齐景公问政于孔子,孔子对曰:"君君,臣臣,父父,子子。"公曰:"善哉! 信如君不君,臣不臣,父不父,子不子,虽有粟,吾得而食诸?"(《论语·颜渊》)孔子年轻时曾经来到齐国,齐景公向他请教如何治理

---

① 司马迁:《史记》,中华书局 2009 年版,第 393 页。

国家。当时齐国的大臣陈恒把持着齐国的实权,不安于大臣的本分,有篡夺政权的野心,所以孔子回答:"君要行君道,臣要行臣道,父要行父道,子要行子道。"君臣父子只有认真履行自己的职责,遵守相应的礼制,国家社会才能稳定。齐景公感叹道:"说得好啊!如果君不行君道,臣不行臣道,父不行父道,子不行子道,虽然有粮食,我能够享用吗?"从中可以看出,孔子与齐景公的对话的确不在一个频道上,孔子讲的是治国以礼,齐景公关心的只是自身问题。但是齐景公对孔子的印象不错,准备重用孔子,打算把泥溪田封给孔子。可是,宰相晏子对齐景公说,儒者都是一群说得天花乱坠却不懂实务的人,使齐景公最终没有重用孔子。对于这件事情,孔子是知情的,但是他并没有因此对晏子心存芥蒂,对晏子的评价依然很高。

子曰:"晏平仲善与人交,久而敬之。"(《论语·公冶长》)孔子说晏子这个人非常擅长与他人交往,人们和他相处时间久了,对他的敬意就会油然而生。这"善与人交,久而敬之"八个字,十分耐人寻味。一个身居高位的人能做到这八个字可谓十分难得。

关于管仲。

管仲是齐国名相,春秋时期的大政治家,也是一个颇有争议的人物。《论语》中多次涉及对管仲的评价。如孔子说他不知节俭,更不懂礼数(《论语·八佾》)。子路与子贡对管仲颇有微词,认为齐国公子纠与公子小白争夺王位失利被杀,召忽与管仲同为公子纠的谋臣,召忽以自杀尽忠,管仲却当上了公子小白(就是后来的齐桓公)的宰相,因此质疑管仲是否为"仁者"。但是,孔子在回答子路与子贡的疑问时却对管仲赞誉有加,说管仲辅佐齐桓公,使齐国很快富强起来,"九合诸侯,不以兵车""霸诸侯,一匡天下"(《论语·宪问》)。民众至今仍然享受着管仲带来的巨大恩泽,他的功劳很大。孔子说,如果没有管仲,我们恐怕早已沦于夷狄之人了。管仲难道应该像常人一样,只想着为主子尽忠而忘记了天下百姓,独自在山沟里自杀而不为人知吗?非常人必有非常之行为,孔子认为,看人看大节,从总体来看管仲依然不失为仁者。

这类例子,在《论语》中还有很多,就不一一列举了。

可见,孔子的为政思想,并非空穴来风。它自成一体,富有智慧,至今仍然散发着迷人的魅力,不仅对国家治理有重要的启迪作用,而且还被广泛应用于现代组织管理之中,值得高度重视。

二、政治价值

所谓政治哲学,主要指的是追求什么样的政治价值,并以这种政治价值指导政治实践,推动政治发展。因此,讲政治哲学,首先要讲政治价值。孔子政治哲学的价值追求,可以用四个字来概括:以人为本。

先来说一下以人为本的来历。以人为本不是现代才有的,而是早就出现了。根据笔者掌握的文献资料,最早出现在西汉时期著名的学者刘向假托管仲的名义写的《管子》一书。《管子》汇集了诸子百家的领导智慧,这是一本领导学名著,因此有不少优秀的领导者在研究《管子》,其中说道:"夫霸王之所始也,以人为本。本治则国固,本乱则国危。"(《管子·霸言》)这就是以人为本的出处。

以人为本虽然不是孔子提出的,但是用它来概括孔子的根本治国理念,是非常合适的。那么,孔子以人为本的思想到底包含哪些内容呢?概括起来大抵有以下四层含义。

（一）敬鬼神而远之

在人类文明发展的早期,均有迷信鬼神的现象,这很正常,因为人类对自然、对社会的认知能力较低。中国也不例外,在夏商周时期,鬼神迷信比较流行。但是,后来中国社会并没有出现像西方社会那样被宗教全面统治的局面,中华文化走上了世俗化、哲学化的轨道,这与孔子创立的儒家学说关联极大。

以人为本,首先是针对以神为本而言的。从学理上说,一切以人为本的思想与学说,都可以称为"人文主义",或者叫"人本主义"。与古希腊文化侧重人与自然的关系、西方中世纪时期的基督教与印度的佛教文化侧重人与神的关系不同,中华文化侧重人与社会、人与人、人与自身的关系,是重视人的,被称作"哲学人类学"。北京大学著名学者楼宇烈先生说:"与西方文化相比,以人为本的人文精神是中国文化最根本的精神,也是一个最重要的特征。"①人文主义历来被视作是中华文化的一大传统,从很大程度上来说是孔子奠定的,这种说法并不为过。中华文化并没有走上宗教化的道路,这是中国文化与西方、印度等国家地区文化的一个重要的不同之处,在这个过程中孔子厥功至伟。

"子不语怪、力、乱、神。"(《论语·述而》)孔子不太谈论怪异、暴力、作乱、鬼神。清代学者袁枚写过一本书叫《子不语》,还有纪昀(就是风流才子纪晓岚)写过一本《阅微草堂笔记》,却反其道而行之,专谈怪、力、乱、神这套东西,流传也很广泛,这倒也正常,越是不太谈的东西,越能够激发人们的好奇心。关于句子中的"子不语",多数注释本把它直接解释为"孔子不谈",这与事实有所出入。"子不语",应该解

---

① 楼宇烈:《中国文化的根本精神》,中华书局 2016 年版,第 46 页。

释为孔子"不太谈",更符合原意。

一方面,在《论语》中,孔子谈鬼神的地方还是有的。

祭如在,祭神如神在。子曰:"吾不与祭,如不祭。"(《论语·八佾》)在祭祀的时候,就好像神就在那里一样。孔子说:"如果我没有去参加祭祀,就像没有祭祀一样。"

子曰:"非其鬼而祭之,谄也。"(《论语·为政》)孔子说:"不是你应该祭祀的鬼神,却去祭祀它,这就是谄媚。"

子曰:"禹,吾无间然矣。菲饮食而致孝乎鬼神。"(《论语·泰伯》)孔子说:"对于禹,我没有什么可以挑剔的了。他自己的饮食很简单,而敬献鬼神的祭品却很丰盛。"

在这里我们可以看到,孔子还是谈到了鬼神问题。不过细心的人会发现,孔子谈鬼神一般都跟祭祀有关。这是为什么呢? 因为在孔子看来,鬼神与祖先几乎是相等同的。至于鬼神究竟是否存在,这不太确定,这个问题本身似乎也并不重要,但是对祖先的祭祀却是非常重要的,因为这是涉及孝道与教化的大问题。对此,他的大弟子曾子一语道破天机。

曾子曰:"慎终追远,民德归厚矣。"(《论语·学而》)谨慎地对待父母的丧事,恭敬地祭祀祖先,就能使民风归向淳厚了。

另一方面,在《论语》中也同样可以发现,孔子的确很少或者不愿谈及鬼神问题。在这里,有一个案例比较典型。

季路问事鬼神。子曰:"未能事人,焉能事鬼?""敢问死"。曰:"未知生,焉知死?"(《论语·先进》)孔子的弟子季路(子路),向孔子请教鬼神方面的问题。孔子回答:"连人的事情都搞不明白,还搞什么鬼神的事情。"子路不甘心,又问人死后会怎样。实际上问的还是鬼神问题,只是换了一个角度而已。孔子回答说:"连生的事情都弄不明白,还谈什么死的问题?"有人据此说,孔子是一个无神论者,这倒未必见得。在文明发展的早期,迷信鬼神十分普遍,几乎无一例外,这是完全可以理解的。中国夏商周三代及春秋时期,迷信鬼神亦十分普遍。《墨子·明鬼》中,甚至专门用一套逻辑来论证鬼是存在的。因此,说孔子完全未受鬼神迷信的影响,可能有些武断。但是,孔子起码对鬼神抱着一种清明理性的态度,这是无疑的。

子曰:"务民之义,敬鬼神而远之,可谓知矣。"(《论语·雍也》)为政者要努力从事对人民根本利益有利的事情,对鬼神迷信应该采取敬而远之的态度。这是一种理性的智慧。"敬而远之"这一成语就典出于此。

"子不语怪、力、乱、神""未能事人,焉能事鬼?""未知生,焉知死?""敬鬼神而远之",这些都成了著名格言,对中华文化产生了极为深远的影响,此后便"天道远,人道弥"。天道是遥远的,人道是切近的。这样就使中华文化从鬼神迷信的迷思中走了出来,从而使中国社会避免了被宗教全面统治的历史。在这个过程中,孔子起的作用最大。后来太平天国运动以改造过的基督教作为发动农民起义的理论武器,虽然是洪秀全的一大高明之处,但是毕竟不符合中华文化的传统,很难得到广大儒家知识分子的认同,这也许是导致太平天国运动失败的一大文化原因。

(二)以人为尊

中华文化中的人文主义传统,深深植根于孔子创立的儒家学说。当然,西方文化中也有人文主义传统,而且同样源远流长,但是,两者的价值取向、具体内容是有差别的。

孔子创立的儒学,非常强调人在天地万物中的中心地位。既然人在天地万物中占据了中心地位,那么在宇宙万物中,人的生命是第一宝贵的,因此要十分重视人的价值,尊重人的生命。有个例子非常有名,在很多场合被引用。

厩焚,子退朝,曰:伤人乎,不问马。(《论语·雍也》)有一次,孔子家中的马棚失火了,他上朝回来,仆人们告诉他马棚失火之事,他首先问的是有没有伤到人,而没有问有没有伤到马。当时的马是家庭的重要财产。这个句子中讲的人,应该是孔子家里的仆人,这体现了孔子对人的生命极其关怀。

根据《孝经》记载,孔子还讲过的一句话:"天地之性,人为贵。"(《孝经·圣治章》)句子中的"性",通生命的"生"。这句话的意思是,在天地万物中,人的生命是最为宝贵的。

另据《孟子》记载,"仲尼曰:'始作俑者,其无后乎!'为其象人而用之也"(《孟子·梁惠王上》)。孔子说:"最早以人形陶俑殉葬的人,他们会断子绝孙的!"因为用来殉葬的陶俑像人的形状。这是孔子讲的一句骂人的话,而且骂得很凶,这对一贯温文尔雅的孔子来说,应该属于例外。任何事情都有例外,但这一例外却表达了孔子对于殉葬制度的强烈不满,即使用像人形的陶俑作为陪葬也不能容忍,因为这不符合仁义精神。

受孔子思想的深刻影响,在中华文化中这种人本主义思想被广泛弘扬,留下了诸多脍炙人口的格言,比如,"人者,天地之心,五行之端也"(《礼记·礼运》)。在天地五行中,人占了中心地位。"天地之间,莫贵于人"(《孙膑兵法·月战》)天地之间没有比人更为宝贵的了。"身体发肤,受之父母,不敢毁伤,孝之始也。"(《孝经》)人的身体四肢、毛发皮肤,都是来自父母,不敢轻易损伤,这是孝的开始。连身体发肤都不敢损伤,更何况是人的生命呢?所有这一切,都体现了对人的生命与价值的尊重。中国传统文化中的人权思想资源是相当丰富的,值得我们深入挖掘。

(三)以民为贵

中华传统文化中的人主要不是指单个的自然人,而是一个集合的概念,相当于民的概念。所以,"以人为本"与"以民为本"这两个概念基本上是通用的。

以民为贵的思想,在中国传统文化中源远流长。孔子对这一思想就有很多自己的见解。

子曰:"修己以安百姓,尧舜其犹病诸?"(《论语·宪问》)加强自身的修养,安顿好黎民百姓,这个恐怕连尧舜也难以做到吧?

子贡曰:"如有博施于民而能济众,何如? 可谓仁乎?"子曰:"何事于仁? 必也圣乎! 尧舜其犹病诸!"(《论语·雍也》)子贡说:"假若有一个人,他能给老百姓很多恩泽又能周济大众,怎么样? 可以算是仁人了吗?"孔子回答:"岂止是仁人,简直是圣人了! 就连尧、舜尚且难以做到呢!"

"修己以安百姓""博施于民而能济众",就是这种民本思想的集中反映。

在这里,还要提一句大家熟知的格言:"水则载舟,水则覆舟。"这句格言究竟是谁最先提出的? 在不少人的印象中,这是唐太宗说的,或者是魏征说的,还有不少研究中国文化的专家认为是荀子说的,其实都是人云亦云、以讹传讹的产物。根据《荀子》一书的记载,孔子在与鲁哀公的对话中说:"且丘闻之,君者,舟也;庶人者,水也。水则载舟,水则覆舟。"(《荀子·哀公》)荀子在文中讲得十分明白,这是孔子讲的一句名言。"水则载舟,水则覆舟"这句格言,对后世影响有多大,大家都知道,在此不再赘述。

当然,在这里有必要指出的一点是,民本思想与民主思想是有区别的,两者不能混为一谈。区别在什么地方呢?简单地说,民本思想还是统治者的思想,可以概括为四个字:"为民作主",就是孟子讲的"为民父母"。直到现在还有"当官不为民作主,不如回家卖红薯"的说法。民主思想,是老百姓的思想,也可以用四个字来概括:以民为主。但是,两者也并不是水火不容的,而是密不可分的,两者都认为民众是国家的主体与基础,要以广大民众的意愿与根本利益为重。因此,从民本发展到民主,这是顺理成章的事情。台湾著名学者韦政通先生指出:"在近代民主政治未成熟以前,对防范权力,实想不出比民本思想更好的办法。就是在今天,环顾世界各国政治状况,我们能说民本思想业已失去其意义了吗?"①

总之,民本思想,是中国传统政治文化的主要特色,对后世开明统治者的影响至深,对历史进程亦有相当积极的作用。

(四)以仁为本

子曰:"仁者,人也。"(《中庸》)这个仁义的仁,与人类的人是一致的。这句话虽然在《论语》中并未见到,但是应该是可信的。孟子也说:"仁也者,人也。合而言之,道也。"(《孟子·尽心下》)在孔孟看来,以人为本与以仁为本也是一致的。

前文讲过,孔子思想的核心是仁,而仁的核心内容则是"爱人"。

樊迟问仁。子曰:"爱人。"(《论语·颜渊》)孔子的学生樊迟问什么是仁,孔子明确回答仁就是爱人。仁者爱人,这是一种博大的人道主

---

① 韦政通:《中国的智慧》,中国和平出版社 1988 年版,第 31 页。

义精神。它讲的不仅仅是一种人伦道德，更是一种开明的执政理念。

子曰："如有王者，必世而后仁。"（《论语·子路》）如果有王者兴起，也一定要三十年才能实现仁政。这就是孔子的仁政思想。

从以人为本的政治观念出发，逻辑的必然结论是实施仁政。孔子主张仁政，反对苛政。有一个故事比较典型。

孔子路过鲁国的泰山边，有个妇人在坟墓旁哭得很悲伤。孔子扶着车轼听着，派子路问她："你这样哭，真好像不止一次遭遇到不幸了。"妇人说："是啊！以前我公公死在老虎口中，我丈夫也死在老虎口中，现在我儿子又被老虎咬死了。"孔子问："那么为什么不离开这里呢？"妇女回答："因为这里至少没有苛捐杂税啊！"孔子说："子路你要记住，残暴的政令比老虎还要可怕！"（《礼记·檀弓下》）这个故事，在中国几乎家喻户晓，大家熟知的"苛政猛于虎"的典故就源于此。

实现仁政，反对苛政，就是孔子总的政治理想。这种"仁政"思想后来被孟子充分发扬光大。孟子从人性善的理论出发，提出："以不忍人之心，行不忍人之政，治天下可运之掌上。"（《孟子·公孙丑上》）有人觉得"不忍人之心""不忍人之政"不好理解，其实很好理解，人们经常讲的一句大白话：我于心不忍。其中的"不忍"就是人性中固有的善良的本性：恻隐之心。

孙中山先生说："仁爱也是中国的好道德。""古时在政治一方面所讲爱的道理，有所谓'爱民如子'，有所谓'仁民爱物'，无论对于什么事，都是用爱字去包括。"[①]这话讲得很有见地。

上面讲的以人为尊，以民为贵，以仁为本，就构成了孔子以人为本

---

① 孙中山：《三民主义》，九州出版社 2011 年版，第 54 页。

思想的主要内容,奠定了中华文化中的人文主义传统。

以人为本,是现在广为流行的术语,现代组织管理乃至国家治理,都非常强调以人为本。从某种程度上来说,深入研究中华文化语境中的以人为本究竟是什么含义,怎么把它制度化,并落实到具体政策,是东方式管理的文化底色与成功奥秘。

三、治国方策

所谓的治国方策,是指一系列关于国家治理的根本性原则。为了实现仁政,孔子提出了一系列治国方策,主要由治国总纲、治国三部曲、治国三要素这三大内容组成,是孔子关于治国安邦的重要秘籍。

(一)治国总纲

治国总纲就是治国的总纲领、总政策。孔子的治国总纲集中体现在以下这句话之中:

子曰:"道千乘之国,敬事而信,节用而爱人,使民以时。"(《论语·学而》)句子中的"千乘之国",就是有一千辆马车的国度,在当时属于中等规模的诸侯国。句中的"道",通领导的"导",是治理的意思。这句话的意思是说,治理一个中等规模的国家,为政者就要严谨认真地处理国家大事而又恪守信用,节约财政开支而又爱护百姓,使用民力要不误农时。"敬事而信,节用而爱人,使民以时",就是孔子提出的治国总纲。中国古代皇太子的师傅讲到《论语》,总会对太子说,以后作为国君,务必要把握这句话,具体地说,做好以下五件事情:

敬事,就是孔子讲的"执事敬",为政者要兢兢业业,恪尽职守。

信,就是孔子讲的"民信之",为政者要取信于民。

节用,就是孔子讲的"俭",为政者要懂得节制,节约财政开支。

爱人,就是孔子讲的"仁者爱人",为政者要爱民如子。

使民以时,就是使用民力不要违背农时,为政者要合理使用民力。

孔子讲的这个治国总纲,听起来非常浅显,但是,分量并不轻。对此,朱熹、程子等人都给予了极高的评价,说要是把孔子这句话推敲到极致,即便是尧舜时期治理国家也不过如此。

老子说:"我有三宝,持而宝之:一曰慈,二曰俭,三曰不敢为天下先。"(《道德经·第六十七章》)实际上讲的也是为政者的素养问题,与孔子讲的这个治国总纲息息相通。

大道至简,大象无形。如果为政者能够将这些为政理念落实到具体的制度、政策与实际行动中,国家社会就能够得到有效治理。反之,就会导致败亡。比如,秦始皇统一中国后大兴土木,滥用民力,弄得民不聊生,最终导致秦王朝二世而亡。前事不忘,后事之师,这类教训不可胜数,不可谓不深刻。

(二)治国三部曲

什么是孔子讲的治国三部曲呢?请看下面一段文字:

子适卫,冉有仆。子曰:"庶矣哉!"冉有曰:"既庶矣,又何加焉?"曰:"富之。"曰:"既富矣,又何加焉?"曰:"教之。"(《论语·子路》)有一次孔子去卫国,弟子冉有为他驾车。到了卫国后,孔子感慨地说道:"卫国的人口真多啊!"冉有问:"人多了,还应该做什么?"孔子说:"让他们富起来。"冉有又问:"富起来以后,还应该做什么?"孔子答:"让他们受教育。"这是一个很典型的孔门教学的经典案例。学生善于提问,老师善于回答。这才是真正意义上的问题式、互动式教学。在此我们要感谢冉有善于提问,把孔子久藏于心的治国理念,如抽丝剥茧般层层展现了出来,从而给后世留下了弥足珍贵的政治哲学。"庶、富、教"这三个字,就是孔子提出的治国三部曲。这段文字分量很重,对国家社会治理有极其重要的思想价值。

庶,即人口众多。在中国古代社会,由于地广人稀,诸侯国君大都实行鼓励人口增长的政策,人口多寡也是衡量一个国家实力大小的重要指标。

富,即让民众富裕。人口多了,接下来的重点就是让民众富裕起来,使民众的物质需求得到满足。如果民众连基本的温饱问题都没有得到解决,那就没必要再去谈国家治理了。

教,即人文教化。所谓文化,从中国传统词语学的角度来说,就是相对于武功而言的文治概念,就是"以文化人"的意思,尤其注重道德教育。在民众富裕起来、物质生活需求基本得到满足之后,接下来的重点就是加强对民众的教化。

孔子把人口、富裕、教育看作是治理国家的三大主要内容,具有层层递进的特征。在国家发展的不同阶段,治理的侧重点有所不同。先"庶"后"富","富"而后"教",这在相当程度上说是符合辩证法的。

孔子的治国三部曲思想,对现代国家治理、组织管理还有没有启迪意义呢?答案是肯定的。中华人民共和国的历史发展,在相当程度上也印证了孔子的这一说法。1949年新中国成立到1978年改革开放以前,处于"庶"的阶段。改革开放以来,处于"富"的阶段。此后,"教"的问题就会更加突出。

人口与发展的关系是一个值得探讨的问题。在现代社会,国家社会的发展也需要一定规模的人口。中国改革开放以来经济发展取得了举世瞩目的成就,其中有一个重要因素就是"人口红利"。当然,过犹不及,人口超出了社会的承载能力就会走向反面,因此就要搞计划生育了。但是如果一个社会人口数量减少太快,对经济社会发展就会产生严重影响,所以就得及时地调整人口政策。

对国家来说是这样,对组织、企业发展来说,又何尝不是如此? 也可以在这三个字上做文章。政治哲学与组织、企业管理完全相通。

(三)治国三要素

什么是孔子讲的治国三要素呢? 请看这段文字:

子贡问政。子曰:"足食,足兵,民信之矣。"子贡曰:"必不得已而去,于斯三者何先?"曰:"去兵。"子贡曰:"必不得已而去,于斯二者何先?"曰:"去食。自古皆有死,民无信不立。"(《论语·颜渊》)子贡向孔子请教怎样治理国家。孔子答:"粮食充足,军备充分,为政者取信于民。"子贡问:"如果非得去掉一项,那么在三项中先去掉哪一项呢?"孔子答:"去掉军备。"子贡问:"如果还必须得再去掉一项,那么这两项中应该先去掉哪一项呢?"孔子答:"去掉粮食。自古以来人总是要死的,如果老百姓对统治者不再有信任了,那么这个国家也就不能存在了。"有人说,子贡这种提问方式显得有些矫情,那是因为他们不太懂得孔门教学的精髓。在这里我们再一次看到了孔门师生之间问题式、互动式教学的生动情景。对此,我们也要感谢子贡的刨根问底,把孔子深层次的治国理念揭示了出来。

"足食、足兵、民信之",这就是孔子提出的治国三要素。他认为要治理好一个国家,起码应当具备三个条件:充足的粮食、充足的军备、人民对政府的信任,并且这三者有轻重缓急之分。从重要性程度而言,它们的排列顺序为民信之、足食、足兵。其中,"足食足兵"后来成为一个成语。《三国志·蒋琬传》记载:"亮数外出,琬常足食足兵以相供给。"意思是说,诸葛亮多次在外征战,蒋琬都供给充足的粮食和兵器。诸葛亮因而对蒋琬大为器重,还秘密上表给后主刘禅说:"如果我不幸去世,国家大事可以托付给蒋琬。"但是,孔子认为,要治理好一个国家,在这三者中,"足食、足兵"固然很重要,而"民信之"更为重要。

"足食、足兵、民信之",这是一个十分重要的治国思想。足食,就是富起来,足兵,就是强起来。当今的中国,正处于从富起来到强起来的进程中,使人民对国家有信心,就显得更为重要。"足食、足兵、民信之"这个治国理念,现在也被广泛地应用到组织管理中。

总之,治国总纲、治国三部曲、治国三要素这三大方面的内容构成了孔子关于国家治理的整体理念。虽然有些内容有交叉重复,但是这是他从不同场合、不同角度讲的,侧重点也有所不同。

孔子的这些治国理念,后来为孟子所继承与发展。孟子曰:"诸侯之宝三:土地、人民、政事。"(《孟子·尽心下》)孟子说:"诸侯有三大宝:土地、人民和政事。"在这里孟子实际上提出了治国三要素:土地、人民和政事。这个说法已经得到了当今政治学界的广泛认同。孟子认为治理国家应该从土地、人民、政事这三个方面入手,这是国家治理的关键。这与孔子讲的一系列治国思想是一脉相承的。所有这些重要思想,对当今的国家治理和组织管理而言,其借鉴意义是不言而喻的。

(四)德礼合治

德礼合治,或者说是德法合治,是孔子的一个重要的治国理念,也是一个重要的领导艺术。其中的礼讲的是礼制礼数,与法是相通的,因此,德礼合治也可以称作德法合治。

其一,孔子强调"为政以德"。"为政以德"是孔子提出来的。

子曰:"为政以德,譬如北辰,居其所而众星共之。"(《论语·为政》) 为政者如果能够依照道德来处理政事,就可以像北极星那样,自己居于固定的位置,而群星都环绕在它的周围。这句话虽然讲的是为政思想,但是,语言却那么感性且富有诗意。

孔子讲的为政以德,主要包括两层意思:一是为政者应当加强自我的道德修养,依据道义要求来处理政事;二是为政者要以自身高尚的道德情操与行为去感化百姓,教化社会。这实际上就是"以德治国"的意思。目前,有些人对"以德治国"有误解,认为这并不是一种成熟可用的政治理念,有人甚至把它看作一种人治传统而加以否定。在这里,涉及政治学中的一个根本性命题,就是政治与道德的关系。意大利著名的思想家马基雅维利(Machiavelli)认为,政治与道德是两回事,要分开,可以称作"非道德的政治观"。孔子与此相反,认为理想的政治应该是以美德为基础的政治,强调政治事务不能脱离美德。实际上提出了一种"有道德的政治观"。从理论上说,美德对任何政权来说都是十分重要的。即便到了现在,我们能说孔子讲的"为政以德"的思想过时了吗?

其二,孔子强调"为国以礼"。"为国以礼",也是孔子提出来的政治术语。有一次,孔子与众弟子谈论为政问题,对子路的治国主张,他没有表态,只是讥讽地笑了笑。事后,曾皙问他,为什么要讥笑子路。孔子回答:"为国以礼,其言不让,是故哂之。"(《论语·先进》)治理国家要以礼为规范,他说话不谦让,因此讥笑他。"为国以礼"一词,就典出于此,就是实行礼治的意思。这是孔子的一个重要的治国主张。孔子讲到礼治的地方较多。

子曰:"上好礼,则民易使也。"(《论语·宪问》)为政者喜好礼,那么百姓就容易遵从了。

子曰:"上好礼,则民莫敢不敬。"(《论语·子路》)为政者喜好礼,老百姓就不敢不敬畏。

孔子崇尚礼治,所以对于破坏礼治的行为就不能容忍。

孔子谓季氏:"八佾舞于庭,是可忍也,孰不可忍也。"(《论语·八佾》) 孔子在议论鲁国权臣季氏时说:"在他的庭院里用八佾奏乐舞蹈,对这样的事情都能容忍,还有什么不可以容忍的呢?"按周礼规定,奏乐舞蹈,只有天子才能用八佾,诸侯用六佾,卿大夫用四佾,士用二佾。当时鲁国的权臣季氏只是正卿,按照礼制只能用四佾,他却用了八佾。孔子对这种破坏周礼的僭越行为极为不满。季氏是鲁国的权臣,孔子说这话是有风险的,但是他无所畏惧,刚正不阿,这就是真正的儒者刚毅的精神气质。"是可忍也,孰不可忍也"就典出于此。

子贡欲去告朔之饩羊。子曰:"赐也!尔爱其羊,我爱其礼。"(《论语·八佾》) 子贡想要省去告朔之日所用的祭羊。孔子说:"子贡啊,你爱惜那只羊,我却爱惜那种礼。"原来,周礼规定,周天子每年秋冬之际,就把第二年的历书颁发给诸侯,诸侯把历书放在祖庙里,并按照历书的规定,每月初一日来到祖庙,杀一只活羊祭庙,表示每月听政的开始。子贡想把祭祀用的羊去掉。对此,孔子大为不满,认为"告朔饩羊",虽然只是形式,但是一定的仪式感还是必要的。有人据此认为,孔子赞成"告朔饩羊",铺张浪费,是导致形式主义、政治腐败的一大原因,就有些过分了。内容与形式,是不可分离的。任何好的内容,都需要通过一定的形式表现出来。

礼不是法律,也不等于道德,但是礼有法的功能,也有道德的内容,具有重要的社会功能。礼治就是以一整套公序良俗维护社会的稳定与和谐,相当于一种自治模式。孔子十分重视礼治,把它提到了治国安邦的高度。尽管孔子讲的"为国以礼",现在看起来的确也有一些不合时宜的地方,比如等级制度、形式主义、繁文缛节等,但是,如果能够对礼治的内容做些创造性的改造,赋予其新的时代内涵,礼治的现代价值仍然不可忽视。中国有一种礼教传统,中国素有礼义之邦的美誉。我们要继续发扬这种传统,展现礼义之邦的风采。

不仅如此,孔子还主张把"以德治国"与"为国以礼"有机地结合在一起。这样国家社会才能真正得到有效的治理。

子曰:"道之以政,齐之以刑,民免而无耻。道之以德,齐之以礼,有耻且格。"(《论语·为政》)句中的"道"通"导",通借字,就是引导、治理的意思。此句是说,以政令去引导老百姓,用刑罚去规范老百姓的行为,老百姓可能会暂时免于犯罪,但是因为内心没有羞耻感,以后还可能重新犯罪。如果以道德去引导老百姓,以礼制去规范老百姓的行为,老百姓由于内心有羞耻感,在行为上也能够严格约束自己。这是一段非常有名的话,经常被管理者所引用。孔子主张"为政以德",但他从来没有忽视礼与法的作用。

闵子骞为费宰,问政于孔子。子曰:"以德以法。"(《孔子家语》)孔子的弟子闵子骞担任鲁国费地的长官时,向孔子请教如何为政。孔子回答:"用德政和法制。"可见,孔子讲的德礼合治与德法合治是一致的。

与"德法合治"相关的还有"宽猛相济"的说法。

仲尼曰:"善哉!政宽则民慢,慢则纠之以猛;猛则民残,残则施之以宽。宽以济猛,猛以济宽,政是以和。"(《左传·昭公二十年》)施政过于宽和,百姓就会懈怠,如果百姓懈怠就用严厉的措施来纠正;施政过于严厉,百姓就会受到伤害,如果百姓受到伤害就用宽和的政策来缓解。以宽和来调节严厉,以严厉来调节宽和,政事就会通达了。"宽猛相济"这一成语就典出于此,这与"德法合治"相辅相成。"德法合治""宽猛相济",文武之道,一张一弛,只有这样政令才会通畅,社会才能和谐。

孟子说:"徒善不足以为政,徒法不能以自行。"(《孟子·离娄上》)只有道德不足以处理国家的政务,只有法令不能自动发生效力。只有道德和法令不行,还要去推行。他还说:"上无道揆也,下无法守也。"(《孟子·离娄上》)上级如果没有管理的准则,那么下级就没有法规制度可遵守。这是对孔子德礼合治思想的创造性继承与发展。

今天我们仍然强调以德治国与依法治国相结合,并将之提升到治国方策的高度,这与孔孟所倡导的"德礼合治""德法合治"思想具有一定的历史承继关系。

(五)社会善治

近年来,社会善治成了学界研究的一个热门话题。其实,"善治"一词,并不是时髦的词语,在古代很早就有了,较早见于老子讲的"正善治"(《道德经·第八章》),就是以正治国的意思。"善治"一词,在中国其他古典文献中也经常出现。善治主要有两种含义:一是善于治理;二是与善政等同。在西方新的治理理论中,英文 good governance,被译为中文的"善治",主要指的是实现公共利益最大化的管理过程。总之,社会善治,实际上讲的就是社会治理的理想诉求。

孔子虽然没有讲过社会善治这个术语,但是他的社会善治思想却很丰富,这与他所处的时代密不可分。

众所周知,孔子生活于春秋末期,这是个大动荡、大战乱的年代。有一个叫桀溺的隐士说:"滔滔者天下皆是也,而谁以易之。"(《论语·微子》)天下就像滔滔洪水泛滥那样,有谁能改变它呢? 这是对当时的社会的生动描写。孔子对此痛心疾首,他最迫切的希望是,结束这种大动乱,恢复"大一统"的局面,并进而实现大同社会的最高理想。

孔子关于社会治理的理想诉求,也就是对理想社会的追求,有最低目标与最高目标之分。

1. 最低目标

孔子关于理想社会的最低目标,主要体现在《论语》中的这段文字:

子曰:"丘也闻有国有家者,不患寡而患不均,不患贫而患不安。盖均无贫,和无寡,安无倾。夫如是,故远人不服,则修文德以来之。既来之,则安之。"(《论语·季氏》)无论是诸侯还是大夫,不担心财富不多,只是担心财富分配不均平;不担忧人口太少,只是担忧境内不安定。如果财富均平,便无所谓贫穷;社会和谐,人口便不会减少;境内安定,国家便不会发生危险。如果做到这些,远方的人还不归服,就再修治典章制度、提倡礼乐教化以招揽他们。他们既然来了,就要使他们安心。其中"不患寡而患不均,不患贫而患不安""既来之,则安之",均已成为当今人们耳熟能详的格言了。"均无贫""和无寡""安无倾""修文德",可以看作是善治社会的四条具体标准。

均无贫,主要说的是经济均平对社会发展的积极意义。不少人把孔子讲的"不患寡而患不均"看作中国"平均主义"的思想源头,认为这是小农经济的思想观念,从而加以否定与批判。毋庸讳言,孔子讲的"均无贫",的确带有一些小农经济的平均主义色彩,我们不能苛求历史与历史人物,但是,孔子在这里讲的主要不是平均主义的思想,而是一种经济均平思想,即社会财富分配中的公平正义思想。无独有偶,老子也讲过:"天之道损有余而补不足。人之道则不然,损不足以奉有余。孰能有余以奉天下？唯有道者。"（《道德经·第七十七章》）"天之道"，就是理想的自然法则，是通过减损富贵的有余来补充贫穷的不足，"人之道"，就是人类社会世俗的做法，与"天之道"相背离，通过剥夺贫穷不足的来奉养富贵有余的。谁能让富贵有余的人来奉养天下呢？只有有道之人。这实际上是对当时社会中存在的严重的贫富差距的强烈控诉，认为这有违天道。孔子讲的"均无贫"与老子讲的"天之道"完全相通，具有显著的承继关系。一个社会如果贫富差距过大，不仅有损社会公平正义，而且还会引发社会动荡乃至战乱，历史上改朝换代的故事大都与此密不可分。

和无寡，这实际上说的是和谐对社会发展的重大价值。崇尚和平、和睦、和谐是中华文化的重要特点。

有子曰："礼之用，和为贵。先王之道，斯为美，小大由之。"（《论语·学而》）礼的应用，以和为贵。古代君王的治国之道，宝贵的地方就在这里，不论大事小事都遵循这个原则。"礼之用，和为贵"这句话太有名了，不少人都对它耳熟能详。然而，现实中有不少人经常会说这是孔子讲过的一句名言，张冠李戴，实系人云亦云、以讹传讹之故。孔子当然有这种思想，但是这句话是孔子的弟子有若讲的，而这句话与孔子的"和无寡"的思想完全一致。

安无倾，这实际上说的是稳定对社会发展的积极意义，它是任何社会发展的前提与条件。这就是孔子讲的"修己以安百姓"的意思。社会安定了，政权自然没有倾覆之忧。

现代政治学原理告诉我们，社会稳定是现代化建设的前提条件。任何国家与地区都不可能在动荡与战乱的条件下进行现代化建设。现代化与社会稳定之间存在着一种"二律背反"现象：一方面，现代化建设需要有一个稳定的社会秩序；另一方面，现代化过程中又难免会出现变化与动荡。也正是在这个意义上，我国现代化的过程中特别强调稳定。任何社会的发展，必须有一个安定的社会环境，否则就将一事无成。

修文德，这实际上说的是人文教化对社会发展的重大价值。孔子重视文化教育尤其突出道德教化在国家社会治理中的极端重要性，也强调了文化在对外交往中的重要作用。这是孔子为政思想的重要特色，也是行之有效的治国理念。

孔子的"修文德"思想对后世影响十分深远。例如，"九天阊阖开宫殿，万国衣冠拜冕旒"的大唐气象，是综合国力强大的生动体现，其中有一个重要因素，就是"修文德以来之"。

2014 年 10 月 15 日，习近平主持召开文艺工作座谈会并在讲话中说道："古往今来，中华民族之所以在世界有地位、有影响，不是靠穷兵黩武，不是靠对外扩张，而是靠中华文化的强大感召力和吸引力。我们的先人早就认识到'远人不服，则修文德以来之'的道理。"[①]这段话讲得极为深刻，富有见地。

以上四个方面，是孔子提出的关于社会善治的基本目标，以此作为衡量现代国家社会的治理水平与文明程度的标准也是合适的。对于社会善治的这四大标准，孔子还用一句话作过概括。

<u>叶公问政。子曰："近者悦，远者来。"（《论语·子路》）</u>叶公问怎样处理政事。孔子说："让国内的人安居乐业，让国外的人慕名而来。"这

---

①　习近平：《习近平在文艺工作座谈会上的讲话》，《人民日报》2015 年 10 月 15 日第 2 版。

"近者悦,远者来"六个字,可以说把社会善治下的内政外交状态一语道尽。"近者悦"是因为人民安居乐业,生活蒸蒸日上;"远者来"是因为综合国力强大,文化声名远扬。

记得在学校的一次大会上,笔者听到人力资源部部长说:学校人力资源部的目标就是"近者悦,远者来"。笔者感受到了学校的文化底蕴与建设世界一流名校的决心。有些书法家给管理者题字,上书"近悦远来"四个字,也蛮有文化的,可见这句名言已经深入人心了。

2. 最高目标

上节讲的是孔子关于理想社会的最低目标,本节来讲孔子关于理想社会的最高目标。

根据《礼记·礼运》记载,孔子提出了"大道之行也,天下为公"的"大同"社会理想。

有人认为这只是孔子提出的"乌托邦"的社会理想,对此不屑一顾。事实上,孔子的大同社会理想,虽然不免有空想的色彩,但其中也有不少积极的思想成分,不应简单地予以否定。

孔子的大同社会理想对中国的影响极为深远。中国文化一直有追求大同社会理想的传统,从历代农民起义的"均贫富"到洪秀全的《天朝田亩制度》,从康有为的《大同书》到孙中山的"天下为公",都一以贯之。这种追求大同社会理想的传统,是孔子所奠定的。马克思的科学社会主义与孔子的大同社会的确有着契合之处,这也是五四以后一批先进的知识分子能够接受马克思主义的文化原因之一。郭沫若先生早在 1926 年 1 月 1 日出版的《洪水》第一卷第七期上,发表了一篇题为《马克思进文庙》的文章,以丰富的想象力和幽默的笔触,畅想了马克思走进文庙与孔子对话的场景。其中有这样的描写:马克思说到共产主义社会的蓝图,孔子也不禁拍手叫绝,说"你这个理想社会和我的大同世界竟是不谋而合"。这种说法不乏真知灼见。

孔子对大同社会理想的设计中,还提出了不少有价值的关于国家治理的重要原则:"天下为公"的目标追求;"选贤与能"的用人准则;"讲信修睦"的道德氛围;"不独亲其亲,不独子其子"的仁爱原则;"老有所归""幼有所长""矜寡孤独废疾者,皆有所养"的人道精神,等等。至今仍然闪耀着政治智慧的迷人光芒。

总之,孔子的"均无贫""和无寡""安无倾""修文德"的治国准则,以及"大同"社会的理想蓝图,对现代国家社会治理仍然不乏镜鉴意义。只要人类还在追求理想社会,孔子有关理想社会的思想原则就不会过时。国家社会治理如此,组织管理也同样如此。

四、为政者素养

治国理念、治国方略诚然重要,但是要把这些治国理念、治国方略落到实处关键在人,尤其是为政者的素养,否则一切都是空的。这就涉及孔子讲的"为政在人"的重要思想。

<u>子曰:"人能弘道,非道弘人。"(《论语·卫灵公》)</u>人能够使大道发扬光大,而不是道能够使人的才能增长。

子曰:"故为政在人,取人以身,修身以道,修道以仁。"(《中庸·第十九章》)"为政在人"这四个字说明了为政的关键。

现代国家社会的治理,关键还在于干部。正如毛泽东所说:"政治路线确定之后,干部就是决定的因素。"①孔子与毛泽东这两种说法是

---

① 《毛泽东选集》(第三卷),人民出版社1991年版,第526页。

否存有承继关系难以断定,但是从精神实质来说的确是相类相通的。

事实上,一个组织、社会以至国家能不能搞得好,与为政者的素质密不可分,这已为许多事实所证明。孟子甚至说"一正君而国定矣"。

孟子曰:"君仁,莫不仁;君义,莫不义;君正,莫不正。一正君而国定矣。"(《孟子·离娄上》)国君仁,没有谁敢不仁;国君义,没有谁敢不义;国君正,没有谁敢不正。一旦国君端正了,国家就安定了。虽然这话说得有些极端,也有一定的时代局限性,但的确反映了为政者的关键作用,"关键少数"最为关键。

在《论语》中,关于为政者的素养问题,孔子主要是围绕着内圣外王的理想人格而展开的,内容非常多,诸如"温、良、恭、俭、让",还有"恭、宽、信、敏、惠"等等,最主要有以下四个方面。

(一)以德服人

对于为政者来说,道德修养十分关键。这是"为政以德"的核心要素。在这里突出一个"德"字。

季康子问政于孔子,曰:"如杀无道,以就有道,何如?"孔子对曰:"子为政,焉用杀?子欲善而民善矣。君子之德风,小人之德草。草上之风,必偃。"(《论语·颜渊》)鲁国权臣季康子向孔子请教如何为政,说:"如果把无道的人杀了,以使社会走上正道,怎么样?"孔子回答:"您治理国家社会为什么要用杀戮的手段呢?您自身为善老百姓自然向善。为政者的道德就好像风一样,老百姓的道德就好像草一样,风在草上吹过,草自然会向风吹的方向倾倒。"这里把为政者的德行比作风,把老百姓的德行比作草,太形象了。孔子强调的是如何为政以德的问题,一方面为政者自身要有良好的道德修养,另一方面要对老百姓进行道德教育,并以身作则,作出表率。

孔子的"德风""德草"的论断,对孟子以及诸多儒家学者产生了直接而深刻的影响。

孟子曰:"上有好者,下必有甚焉者矣。君子之德风,小人之德草。草上之风,必偃。"(《孟子·滕文公上》)在上位的人爱好什么,下面的人必定对此更加爱好,上行下效之风历来如此。句子中直接引用了孔子讲的"君子之德风,小人之德草"的说法,在此基础上,孟子还进行了深入论证与阐发。

"以力服人者,非心服也,力不赡也。以德服人者,中心悦而诚服也。"(《孟子·公孙丑上》)如果为政者以强制力使人服从,他人只是屈服于强制的淫威,但是从内心上是不服气的,不可能真心服从。如果为政者以道德力使人服从,那么就可以使人从内心与行动上真心服从,心悦诚服。前者搞的是霸道,不能长久,后者行的是王道,才能致远。强迫服从还是自愿服从,这是区分权力与权威的根本标志。

(二)正己正人

正己正人就是要求为政者自身要端正,在这里突出一个"正"字。对此,《论语》中有三句脍炙人口的格言,为历代清廉的为政者所津津乐道。

子曰:"政者,正也。子帅以正,孰敢不正?"(《论语·颜渊》)政治的政,就是正直的正。你自己带头正直,谁还敢不正直呢?把政治的"政"与正直的"正"连接在一起,这是孔子的一大发明。"政者,正也"这句名言,有两层含义:一是政治就是要把社会引上正道;二是为政者为人要正直。

子曰:"其身正,不令而行;其身不正,虽令不从。"(《论语·子路》)如果为政者自身端正了,即使不发号施令,政令也会自动被推行,如果为政者自身不端正,纵然三令五申,老百姓也不会遵从。为政者具有榜样作用,其自身的品质,直接关系到他的影响力、号召力和领导力。

子曰:"苟正其身矣,于从政乎何有? 不能正其身,如正人何?"(《论语·子路》)如果为政者自身端正了,从政还有什么困难的呢? 如果为政者自身不端正,又怎么能够去矫正别人呢?

对此,国学大家陈来先生评论说:"在这里,政治的本质不再被理解成正人,而是正己,正己就是首先要作表率。"①的确,孔子历来认为正人的前提是正身,对领导者来说,这一点至关重要。

从现代管理学的角度来说:一个优秀的管理者首先是一个能够管理好自己的人。这讲的就是正己才能正人的道理。孔子在两千多年前就讲过了,而且讲得十分透彻。比如,一个懒散懈怠的管理者要求下属勤勉奋进,这不是一种莫大的讽刺吗? 从家庭的角度来讲,一个家长自己不读书,却要求孩子好好读书,这不也是一种滑稽的悖论吗?

(三)忠于职守

身居要职,就要有不知疲倦的敬业精神,"敬业乐群"从来就是中华民族的优良品格。

子路问君子。子曰:"修己以敬。"《论语·宪问》子路问什么是君子。孔子说:"加强自我修养,保持严肃恭敬的态度。"也就是说,对每一份事业,都要有恭敬之心。

子曰:"居处恭,执事敬,与人忠,虽之夷狄,不可弃也。"(《论语·子路》)孔子说:"日常起居要符合礼数,做事情要认真负责,与人交往

---

① 陈来:《中华文明的核心价值》,生活·读书·新知三联书店 2015 年版,第172 页。

要忠心诚恳。虽然到了未开化的蛮夷地区,也不可背离。"其中,"执事敬",就是要尽心竭力地去完成自己负责的事情。

子曰:"君子有九思。"(《论语·季氏》)其中之一便是"事思敬"。做事情,要思考是否专心致志地投入,即是否敬业。

修己以敬、事思敬、执事敬,这三者可以概括为敬业精神,表明了孔子对事业的态度。那么,对于为政者来说,忠于职守就显得更为重要,具体表现在"居之无倦,行之以忠"。

子张问政。子曰:"居之无倦,行之以忠。"(《论语·颜渊》)子张向孔子请教如何为政。孔子回答:"身居要位不能懈怠,执行政令尽心尽力。"句中的"居之无倦,行之以忠"是一句著名格言。

子路问政。子曰:"先之,劳之。"请益。曰:"无倦。"(《论语·子路》)子路向孔子问如何为政。孔子回答:"自己要身先士卒,同时带领部下与百姓勤勉地工作。"子路请求多讲一点。孔子说:"不要懈怠。"这与"居之无倦,行之以忠"的意思是完全一致的。为政者自身敬业,就能以上率下,带领部下勤勉地工作。

与"居之无倦"相联系的还有"行之以忠",即忠实地履行自己的职责。

定公问曰:"君使臣,臣事君,如之何?"孔子对曰:"君使臣以礼,臣事君以忠。"(《论语·八佾》)鲁定公向孔子请教君臣相处之道:"君主使用大臣,大臣侍奉君主,各自应该怎样做呢?"孔子回答:"君主应该礼待大臣,大臣应该忠于君主。""君礼臣忠"是一种理想的君臣关系。

但是,这里的"忠"不是愚忠,而是建立在符合仁义的基础之上,也就是"以道事君"。"以道事君"也是孔子提出来的。

季子然问:"仲由、冉求可谓大臣与?"子曰:"吾以子为异之问,曾由与求之问。所谓大臣者,以道事君,不可则止。今由与求也,可谓具臣矣。"(《论语·先进》)鲁国大夫季子然问孔子,仲由(子路)和冉求可不可以称作大臣? 孔子回答:"真正的大臣是能够以大道来侍奉君主的,如果行不通,宁肯辞职不干。现在仲由和冉求这两个人,只能算是有能力的臣子,还算不上是真正的大臣。"在这里孔子区分了"大臣"与"具臣"的概念,很有价值。大臣以大道侍奉君主,具臣只是从事一般具体事务。"以道事君"一语就典出于此,荀子讲的"从道不从君"与此是完全一致的。

为了尽到做大臣的本分,在中国古代甚至还有"尸谏"的说法,即臣子以付出生命为代价来规劝君主。

春秋时期,卫国有位贤人蘧伯玉,为人正直且德才兼备,但卫灵公却不肯重用他;另一位叫弥子瑕的,作风不正派,卫灵公反而委以重任。史鰌,字子鱼,是卫国的一位大臣,看到这种情况,内心很是忧虑,屡次进谏,卫灵公始终不采纳。后来,史鰌得了重病,奄奄一息,将要去世前,将儿子叫了过来,对儿子说:"我既不能使蘧伯玉得到提拔,也不能使弥子瑕被辞退。我活着不能纠正国君的错误,死了就不能按正规的礼节安葬。我死后,你把我的尸体放在北堂,这样就算完成丧礼了。"卫灵公前来吊丧时,见到大臣史鰌的尸体竟然被放置在北堂,如此轻慢不敬,因而责问史鰌的儿子。史鰌的儿子便将史鰌生前的遗命告诉了卫灵公。卫灵公听后大吃一惊,脸色都变了,说道:"这是我的过失啊!"于是马上让史鰌的儿子将史鰌的尸体按礼仪安放妥当,回去后,便重用了蘧伯玉,接着又辞退了弥子瑕。(《孔子家语·困誓》)这就是历史上有名的"史鰌尸谏"的典故。对此,孔子对史鰌给予了极高的评价:

子曰:"直哉史鱼!邦有道如矢,邦无道如矢。"(《论语·卫灵公》)孔子说:"多么正直的史鱼啊!国家政治清明时,他像箭一样正直;国家政治不清明时,他也像箭一样正直。"

近代中国有一个大臣,陕西蒲城人王鼎,道光年间任清朝的军机大臣兼大学士,忠于职守,颇具政绩。在鸦片战争期间,王鼎支持林则徐禁烟,并且是主战派的代表人物之一,但是道光帝不听。战事失败前夕,王鼎写好谏言上吊自杀,以死进谏,史称"王鼎尸谏"。"尸谏"虽然很极端,亦有极强的时代局限性,但却彰显了中国儒士"居之无倦,行之以忠"的高风亮节。

(四)敏行慎言

为政者身居要位,一言一行,关系重大。办事要讲效率,但是言论要谨慎。

子曰:"君子欲讷于言而敏于行。"(《论语·里仁》)孔子提出,对于君子来说,说话要谨慎,行动要敏捷。

子张学干禄。子曰:"多闻阙疑,慎言其余,则寡尤。多见阙殆,慎行其余,则寡悔。言寡尤,行寡悔,禄在其中矣。"(《论语·为政》)子张向孔子请教如何当官的问题。句中的"干禄"就是为官的意思,可见孔门学风很开放,什么样的问题都可以问。孔子回答:"要多听,对没有把握的事情要存疑,把有把握的事情谨慎地说出来,这样就可以减少失误。要多看,对不明白的事情要暂时搁置,把其余有把握的事情努力去做好,这样就能减少悔恨。说话减少失误,行为减少悔恨,这样就可以去当官了。""言寡尤,行寡悔"就典出于此。这也是敏行慎言的极佳注脚。

对为政者来说,特别要注意言论的谨慎。

定公问:"一言而可以兴邦,有诸?"孔子对曰:"言不可以若是其几也。人之言曰:'为君难,为臣不易。'如知为君之难也,不几乎一言而兴邦乎?"

曰:"一言而丧邦,有诸?"孔子对曰:"言不可以若是其几也。人之言曰:'予无乐乎为君,唯其言而莫予违也,'如其善而莫之违也,不亦善乎?如不善而莫之违也,不几乎一言而丧邦乎?"《论语·子路》

有一次,鲁定公问孔子:"一言而可以兴邦,有诸?"意思是一句话就可以使国家兴旺,有这样的事情吗?孔子回答:"话不可以完全这样说,有一句人们讲的话,倒比较接近这个意思。人们说:'做国君很难,做臣下也不容易。'如果真能知道做国君的艰难,不就可以使国家兴旺了吗?"

鲁定公又问:"一言而丧邦,有诸?"意思是,一句话就可以使国家灭亡,有这样的事情吗?孔子回答:"话也不可以完全这样说,有一句人们讲的话,倒比较接近这个意思。人们说:'我做国君没有别的快乐,只是我说任何话都没人敢违抗。'如果国君说的话正确而没人违抗,不是很好吗?如果国君说的话不正确也没人违抗,不就近于一句话可以使国家灭亡了吗?"

现在有一句名言"一言而兴邦,一言而丧邦",就典出于此。

上述是孔子关于为政者素养的主要内容,其实还有不少具体内容,就不一一讲了,大家可以通过读《论语》去细细品味。

明代大儒陈继儒写过一本名著《小窗幽记》,书中谈到当好官的七大要领,他说:"正以处心,廉以律己,忠于事君,恭以事长,信以接物,宽以待下,敬以洽事。此居官之七要也。"①为政者要内心端正、为政清廉、以道事君、尊敬上级、讲究信用、宽待下属、办事敬业。这些与孔子讲的为政者素养完全相通。

美国人文主义大师白璧德说:孔子关于领袖问题的论述可以提供现代领袖重要的品质,"是以真正的领袖乃是有品格的人"②。这个说法很有见地,对每一个为政者都有一定的借鉴意义。

五、领导职责

现代领导科学认为,领导职责规范着领导的工作。明确领导职责,是领导程序的中心环节,是领导者社会职责和功能的体现。一个优秀的领导者必然不会"事必躬亲",而要明确自己主要的职责并且全力以赴。

先来看一个案例。罗贯中在《三国演义》中有一段描述:诸葛亮六出祁山,在五丈原与魏将司马懿隔渭河对垒。司马懿发现蜀兵有一个致命的弱点,就是战线太长,后勤补给困难,于是就坚守不出,使诸葛亮无计可施,非常焦急。后来,诸葛亮派了一位使者,带了妇女的头巾、发饰、服装,并修书一封,送给司马懿,羞辱司马懿,想引诱司马懿出兵。司马懿先让手下的人厚待来使,后来又亲自接见来使,询问诸葛亮的生活与工作情况。使者回答:"我们丞相夙兴夜寐,罚二十军棍以上的事情,都要亲自过问。一天吃的东西,不过数升。"司马懿听了,哈哈大笑,

---

① 陈继儒:《小窗幽记》,中华书局 2013 年版,第 357 页。
② 欧文·白璧德:《民主与领袖》,张源、张沛译,北京大学出版社 2011 年版,第 26 页。

对诸将说:"孔明食少事烦,其能久乎?"①诸葛亮身体不好,吃得很少,事务繁忙,能够坚持多久呢? 不出司马懿所料,诸葛亮不久便积劳成疾,病逝五丈原。

这个案例,在领导学上具有典型意义。一个优秀的领导者一定要明白自己的主要职责所在,要善于抓对组织发展具有长远意义的战略性、根本性的事情。至于具体事务,除了关键环节,其他事情尽可放手让下属去做。这样,一方面可以腾出更多的时间与精力去思考组织长远发展的战略性问题,另一方面,可以更好地发挥部下的优势,千万不能大事小事一把抓,这样领导者把自己累死了,还不能让部下充分发挥自己的优势,这是管理学中的大忌。诸葛亮的领导风格是"事必躬亲",罚二十军棍以上的事情,都要亲自过问,这不是一种好的领导方法。"事必躬亲"这种领导风格就很可能导致"鞠躬尽瘁,死而后已"。所以,一个优秀的领导者对诸葛亮这种领导风格要辩证地看待。

那么,领导者的主要职责是什么呢? 还是让我们再来听听孔子是怎么说的,也许对广大的管理者来说会有重要启迪。

仲弓为季氏宰,问政。子曰:"先有司,赦小过,举贤才。"(《论语·子路》)孔子的弟子仲弓做了鲁国权臣季氏的总管,这在当时是一个很重要的官位。他走马上任前,特地来向孔子请教怎样处理政事。孔子私下向他面授机宜,把领导秘籍传给了他,那就是"先有司,赦小过,举贤才"九个字。这九个字后来被称为管理者的"九字真言",为人们所津津乐道。

---

① 罗贯中:《三国演义》(下),人民文学出版社 2005 年版,第 858 – 859 页。

（一）先有司

有司，是古汉语中常用的一个术语，是指政府具体职能部门及其官吏。"先有司"具体有三层含义：一是先设置各职能部门；二是领导者要作出表率；三是各职能部门的官员要各司其职。

子路问政。子曰："先之，劳之。"（《论语·子路》）

子路向孔子问如何为政。孔子回答："先之，劳之。""先之"就是领导者要身先士卒，"劳之"就是领导者带领部下勤勉地工作。这里讲的"先之，劳之"与"先有司"的意思是一致的。"先有司"这三个字，是领导的第一大职责，对现代管理具有重要指导意义。

（二）赦小过

所谓"赦小过"，就是对部下在工作中出现的小的过错，应该辩证地分析与对待。如果不是原则性问题，对部下在工作中发生的一些小过错要学会宽容。孔子讲"宽则得众"，也是"赦小过"的意思。不过，还有一点要指出的是，孔子赞扬颜回"不贰过"，就是不重复犯同样的过错，这也是在管理实践中要注意的问题。

对此，孔子的高足子夏作了进一步阐发。

子夏曰："大德不逾闲，小德出入可也。"（《论语·子张》）一个人在大节上不能超越界限，在小节上有些出入是可以容忍的。观水观大澜，看人看大节。个人修养虽然十分重要，但也不能求全责备。比如，以前我们讲过的孔子对管仲的评价，就是典型的例子。金无足赤，人无完人，一味地苛求他人，要求别人达到十全十美的境地，不仅不现实，还会带来不利后果。

任何开拓性的事业，必然伴随着不断试错、纠错的过程。俗话说："人非圣贤，孰能无过。"但是，这句话现在看来，还是有些问题的。因为它的前提是圣贤无过。这世界上哪有什么没有过错的圣贤？对于人才不能求全责备，尽管管仲有很多缺点，包括不能对原来的主子"尽忠"，不太讲究礼数，而且比较奢侈，如此等等，众多弟子对管仲的评价是否定的，但孔子依然认为他是一个"仁者"，"九合诸侯，不以兵车""霸诸侯，一匡天下"（《论语·宪问》），这些都是管仲的功劳。一个一辈子不犯任何错误的干部，绝不是好干部。因为除非他不干事，要干事就难免要出错。如果不容许部下在工作实践中出现任何差错，那么他们就会整天处于"战战兢兢，如临深渊，如履薄冰"的境地，不敢为天下先，不求有功，但求无过，也就不会有任何创造性的活动。

现在有些干部奉行一种处世哲学：不干事没有错，少干事少错，多干事多错。这种处世哲学导致了干部的不作为。干部不作为是一种严重的渎职腐败行为，绝不能等闲视之。其实，不干事本身就是最大的错。多干事难免多错，但是，只有在前进的过程中不断总结经验，吸取教训，纠正过错，事业才有可能兴旺发达。孔子提出的"赦小过"，体现了儒家人性化管理的思想，这在管理学上也是很有价值的思想。这与现在我们讲的要建立一套干部工作中的相应容错机制是相通的。

(三) 举贤才

所谓"举贤才"，就是推举贤能之士到合适的岗位。谁都知道，人才对一个组织、国家发展的关键性作用。问题在于，如何发现人才、举荐人才、使用人才。选人、用人是为政的关键所在。

"举贤才"，实际上讲的是孔子的人才观。孔子的人才观内容也比较丰富，概括起来主要包括以下几个方面。

1. 才难

所谓"才难"，就是人才难得。在这里，有两个例子比较典型。

第一个例子：

子言卫灵公之无道也，康子曰："夫如是，奚而不丧？"孔子曰："仲叔圉治宾客，祝鮀治宗庙，王孙贾治军旅，夫如是，奚其丧？"（《论语·宪问》）有一次，孔子说到卫灵公的荒淫无道。季康子说："既然如此，卫国为什么没有败亡呢？"孔子说："有仲叔圉掌管外交事务，祝鮀管理宗庙祭祀，王孙贾负责军备国防，像这样，怎么会败亡呢？"仲叔圉、祝鮀、王孙贾都为卫国的名臣，虽然卫灵公荒淫无道，但有贤能之臣辅佐，这就是卫国不灭的原因。

关于这个问题，在《孔子家语》中也有类似记载：

哀公问于孔子曰："当今之君，孰为最贤？"孔子对曰："丘未之见也，抑有卫灵公乎？"公曰："吾闻其闺门之内无别，而子次之贤，何也？"孔子曰："臣语其朝廷行事，不论其私家之际也。"（《孔子家语·贤君》）

鲁哀公问孔子："如今的君主，谁最贤能呢？"孔子说："我没有见过贤能的君主，如果有的话，或许是卫灵公吧？"哀公说："我听说他连自己家庭内部的事情都处理不好，而你却将他列为贤君，这是为什么呢？"孔子回答："我是根据他在朝廷上的行事来说的，并不是评议他的家庭事务。"就事论事，这是孔子的高明之处。

客观地说，卫灵公待孔子不薄。孔子周游列国时去的第一个国家就是卫国。卫灵公对孔子来卫国也很欢迎，立马给孔子"奉粟六万"，这与孔子在鲁国当大司寇时的待遇完全一样。但是，孔子并不喜欢卫灵公，对他本人的评价不高，说他好色不好德。尽管如此，孔子对卫灵公的一个优点是肯定的，那就是善于用人。从善于用人这一点，可以看出卫灵公不能算是昏君。从卫灵公对孔子不薄这一点来看，卫灵公还是爱才的。

第二个例子：

舜有臣五人而天下治。武王曰："予有乱臣十人。"孔子曰："才难，不其然乎？唐、虞之际，于斯为盛，有妇人焉，九人而已。"(《论语·泰伯》)舜有五位贤臣就能治理天下。周武王说："我有十个帮助我治理国家的'乱臣'。"这里的"乱臣"，是治国之能臣、贤臣的意思，与后来所说的"乱臣贼子"的"乱臣"的意思恰好相反，不能望文生义。孔子说："人才难得，难道不是这样吗？唐尧和虞舜时期，人才最多。周武王时期有十个治国之贤臣，其中有一个是妇女(就是皇后)，实际上只有九个贤臣而已。"孔子这里关于武王十个能臣中有一个是妇女，实际只有九个贤臣的说法，似乎有男尊女卑的嫌疑，但在古代男尊女卑的思想是相当普遍的，我们在此不必苛求孔子。长沙岳麓书院门前有一副对联："惟楚有才，于斯为盛。"这副对联，气势不凡，非常著名。其中"于斯为盛"一句，就取材于此。

孟子继承了孔子关于举贤才的思想，提出"尊贤使能，俊杰在位"(《孟子·公孙丑上》)与"贤者在位，能者在职"(《孟子·公孙丑上》)，殊为难得。

2. 举尔所知

所谓"举尔所知"，意思是要积极推荐自己所知道的人才。

(仲弓)曰："焉知贤才而举之？"子曰："举尔所知。尔所不知，人其舍诸。"(《论语·子路》)仲弓向孔子问了一个非常好的问题："怎样知道哪些人是贤才并推举出来呢？"孔子的回答同样很精彩，他说："只推举你所熟知的贤才就可以了。如果能做到的话，你所不知道的贤才，其他知道的人也不会埋没他们。"

孔子一方面主张积极推荐自己知道的优秀人才，另一方面他也提出如果有人知道有贤才而不加以举荐，这是一种渎职行为。在这里有一个典型的例子。

子曰："臧文仲其窃位者与！知柳下惠之贤而不与立也。"（《论语·卫灵公》）这段文字中提到了春秋时期鲁国的两个著名的历史人物。一个是臧文仲，是鲁国大夫，在《论语》中出现了两次，一次在这里，另一次在《论语·公冶长》中：

子曰："臧文仲居蔡，山节藻棁，何如其知也！"（《论语·公冶长》）孔子说："臧文仲建造大庙给占卜用的大龟居住，斗拱上刻画了山川，柱子上刻画了水草，他能明智到哪里去呢！"孔子批评臧文仲玩物丧志。可见，孔子对他评价不高。

另一个是柳下惠，曾经担任鲁国士师，就是掌管刑罚的官员，大家都知道他"坐怀不乱"的故事，他也被人们视为道德典范。

柳下惠为士师，三黜。人曰："子未可以去乎？"曰："直道而事人，焉往而不三黜？枉道而事人，何必去父母之邦？"（《论语·微子》）柳下惠因为性格耿直，不愿意巴结其他官员，遭到其他官员的排挤，连续三次被罢官。有人对他说："你不可以离开鲁国吗？"他说："用正直之道来侍奉人，去哪里而能不被三次罢免呢？不用正直之道来侍奉人，又为什么一定要离开故国呢？"孔子对柳下惠的评价很高，称他"言中伦，行中虑"（《论语·微子》）意思是，言语合乎伦理道德，行为经过深思熟虑。后来，孟子将柳下惠与伯夷、伊尹、孔子并称为四大"圣人"。

孔子说："臧文仲是一个尸位素餐的人吗？他明知道柳下惠是个贤人，却不举荐他为官。"臧文仲作为鲁国大夫，在其位不谋其政，身居高位，却不知提拔有才德的人。他认为这是臧文仲的渎职行为。

3. 举直错诸枉

举直错诸枉,就是把正直的人提拔起来,放到不正直的人上面。在《论语》中,孔子有两次提到"举直错诸枉"的问题。

*哀公问曰:"何为则民服?"孔子对曰:"举直错诸枉,则民服;举枉错诸直,则民不服。"(《论语·为政》)*鲁哀公问道:"怎样做才能使老百姓信服呢?"孔子回答:"把正人君子提拔起来,把他放到奸佞小人之上,老百姓就会信服;把奸佞小人提拔起来,把他放置到正人君子之上,老百姓就不会信服了。"

*问知。子曰:"知人。"樊迟未达。子曰:"举直错诸枉,能使枉者直。"樊迟退,见子夏,曰:"乡也吾见于夫子而问知,子曰:'举直错诸枉,能使枉者直',何谓也?"子夏曰:"富哉言乎! 舜有天下,选于众,举皋陶,不仁者远矣。汤有天下,选于众,举伊尹,不仁者远矣。"(《论语·颜渊》)*樊迟问孔子什么是"知",孔子说:"知人。"樊迟没有理解。孔子又说:"举直错诸枉,能使枉者直。"樊迟不太明白又不好意思继续问,出来遇见子夏,问子夏"举直错诸枉,能使枉者直"是什么意思。子夏说:"这句话的含意太丰富了! 当年舜治理天下,在众人中选拔了皋陶,那些不仁的人便远远地离开了。汤治理天下,在众人中选拔了伊尹,那些不仁的人亦远远地离开了。"由此,我们可以再次发现孔门学风之佳,不仅有师生之间的教学相长,还有弟子之间的相互学习。

"举直错诸枉",就是要选用正直正派的人为政。其作用有三:一是使老百姓心中服气;二是使不正直的正直起来;三是使不仁的人远远离开。

4. 德位匹配

所谓德位匹配,就是人尽其才,合理地使用人才。只有把人放在合适的位置,才能发挥他的最大效能。人才放错地方,也会成为废物。

子曰:"君子不可小知而可大受也,小人不可大受而可小知也。"(《论语·卫灵公》)孔子说:"君子不可以做小事情而可以承担大任,小人不可以承担大任而可以做小事情。"如果用君子去做小事情,那么就是大材小用,浪费人才;如果让小人承担大任,那么就会酿成大错,导致失败。

子曰:"德薄而位尊,知小而谋大,力小而任重,鲜不及矣。"(《易经·系辞下》)德行浅薄却身居高位,智慧不足却谋划大事,能力有限却担当重任,这样迟早会招致灾祸的。这段文字虽然在《论语》中没有记载,但是与上句的意思完全相通,极富哲理。"德不配位,必有灾殃",说的就是这个意思。这对我们每个人来说,也有重要的启迪意义。"德薄而位尊,知小而谋大,力小而任重",这是三种常见的低级错误,需要规避。不要去做与自己的才德不相匹配的事情,否则就会事与愿违,害己害人。

总之,孔子讲的"先有司""赦小过""举贤才"这九个字,可以说是为政者重要的管理之道。如果能够把握这"九字真言",认真领会,仔细体悟,并在实践中加以灵活应用,就能成为一个优秀的管理者。

说到领导的职责,就绕不开毛泽东的重要论述。他说:"领导者的责任,归结起来,主要地是出主意、用干部两件事。"①后来,还加了一条:善于做思想政治工作。这些已经成为领导科学中的经典论断。这与孔子讲的"九字真言"有异曲同工之妙,值得我们细细体会。

---

① 《毛泽东选集》(第二卷),人民出版社1991年版,第527页。

六、领导艺术

领导既是一门科学,也是一门艺术。孔子关于领导艺术的论述比较多,有其独特智慧,值得我们总结借鉴。

(一)必先正名

孔子认为领导必须要从"正名"开始,也是一种重要的领导艺术。

子路曰:"卫君待子为政,子将奚先?"子曰:"必也正名乎!"子路曰:"有是哉,子之迂也!奚其正?"子曰:"野哉,由也!君子于其所不知,盖阙如也。名不正则言不顺,言不顺则事不成,事不成则礼乐不兴,礼乐不兴则刑罚不中,刑罚不中,则民无所措手足。故君子名之必可言也,言之必可行也。君子于其言,无所苟而已矣。"(《论语·颜渊》)子路对孔子说:"假如卫国的国君要重用您去治理国家,您打算先从什么事情开始做起呢?"孔子回答说:"必须从正名分开始。"子路说:"这样做的话,老师是不是太迂腐了!这名分怎么正呢?"孔子回答:"子路,你太粗野了!君子对于他所不知道的事情,要采取存疑的态度。名分不正,说话就不顺当;说话不顺当,事情就办不成;事情办不成,礼乐也就不能兴盛;礼乐不能兴盛,刑罚就不会得当;刑罚不得当,百姓就会手足无措。所以,君子一定要定下一个名分,必须能够说得明白,说出来一定能够行得通。君子对于自己的言行,是从不马虎对待的。"其中"名不正,则言不顺""君子于其所不知,盖阙如也"都是名言,已经成为我们现实生活中的常用语。从中我们可以看到孔子与子路亦师亦友的特殊关系。子路生性耿直,直言不讳,甚至出言不逊,显得有些粗野,孔子对此虽然有些不高兴,但是,依然循循善诱,诲人不倦,大度豁达的为师风范由此可见一斑。

子路与孔子这段对话十分生动,再次可见孔门自由、民主、平等的学风。

《论语》中还有两则有关"正名"的例子。

第一个例子:

冉子退朝。子曰:"何晏也?"对曰:"有政。"子曰:"其事也? 如有政,虽不吾以,吾其与闻之。"(《论语·子路》)孔子的弟子冉求上朝归来。孔子说:"为什么回来得这么晚呀?"冉求说:"有政事。"孔子说:"只是一般的家事吧? 如果有政事,虽然我没有直接参与,但是我也会知道的。"在孔子看来,冉求只是鲁国季氏的家臣,而不是鲁国的大臣,如果有什么事情,最多是家事,而不能算是政事,这个名分必须要弄清楚。

第二个例子:

邦君之妻,君称之曰夫人,夫人自称曰小童;邦人称之曰君夫人,称诸异邦曰寡小君;异邦人称之,亦曰君夫人。(《论语·季氏》)国君的妻子,国君称她为夫人,夫人自称为小童;国人称她为君夫人,在他国人面前则称她为寡小君;他国人也称她为君夫人。为达到"正名"的目的,对人的称呼也很讲究,如果称谓不适当,就可能会出现尴尬的局面。

我们经常讲"师出有名",名分一定要正,否则什么事情都做不成。1939年2月20日,毛泽东在《致张闻天》的信中说:"'正名'的工作,不但孔子,我们也在做,孔子是正封建秩序之名,我们是正革命秩序之名,孔子是名为主,我们则是实为主,分别就在这里。"[1]孔子强调"正名",

---

[1] 中共中央文献研究室编:《毛泽东书信选集》,中央文献出版社 2003 年版,第 130 页。

其重要性就在这里。

(二)各司其职

这里涉及一个有争议的问题。

子曰："不在其位，不谋其政。"曾子曰："君子思不出其位。"(《论语·泰伯》)

孔子说："如果不在某个职位，就不做与这个职位无关的事情。"曾子说："君子所思考的问题不超出自己的职责范围。"曾子的说法，应该是受到了孔子上述观点的影响。

有人认为这是一种"事不关己，高高挂起""各人自扫门前雪，不管他人瓦上霜"的思想，从而加以否定。事实上，从行政学的角度看，"不在其位，不谋其政"的说法，具有相当的合理性。

为什么"不在其位，不谋其政"呢？第一，一个人不在其位是很难了解这个岗位职责范围内的深层次的情况的。第二，一个人不在其位也谋不了其政。因为权利与义务必须相匹配，不在相应的岗位，没有相应的权限与资源，是很难"谋其政"的，一般都是"事倍功半"。第三，如果不在其位而谋其政，做了超出自己职责范围的事情，就可能导致事权重叠，组织混乱，这也是管理中的大忌。所以，"不在其位，不谋其政"，基本上是正确的。当然，在这里要补充的一点是，从管理学上来看，各职能部门的主要任务有两个：一是要出色地履行自己职责范围内的事情，二是还负有与其他职能部门通力合作的责任与义务。

"不在其位，不谋其政"，自然地包含着若在其位、必谋其政的意谓，否则就是渎职行为。孔子讲的"先有司"就是这个意思。关于本问题，孟子讲得极为透彻。

孔子尝为委吏矣，曰："会计当而已矣。"尝为乘田矣，曰："牛羊苗

壮长而已矣。"位卑而言高，罪也；立乎人之本朝，而道不行，耻也。（《孟子·万章下》）

孔子年轻时曾经在鲁国权臣季氏家中当过家臣，当仓库管理员时，他说只要把账目记得清清楚楚就可以了，在担任主管畜牧的小官时说，把牛羊养得肥肥壮壮就可以了。地位低下而好高谈阔论，这是罪过。但是，如果一个人在朝廷中任职，而不能推行大道，则是耻辱。

（三）尊五美、屏四恶

孔子认为，为政者要"尊五美""屏四恶"，即尊崇五种美德、摒弃四种恶习，这既是为政者的素养，也是领导艺术，其中包含了极为丰富的领导思想和管理智慧，颇为后人所推崇。

子张问于孔子曰："何如斯可以从政矣?"子曰："尊五美，屏四恶，斯可以从政矣。"（《论语·尧曰》）孔子的弟子子张问孔子："应该怎样做就可以从政了呢?"孔子说："尊崇五种美德，屏除四种恶习，就可以从政了。"句子中的屏障的"屏"，通摒弃的"摒"，是通借词。

1. 尊五美

领导者要崇尚五大美德，具体是哪五大美德呢? 孔子说："惠而不费，劳而不怨，欲而不贪，泰而不骄，威而不猛。"（《论语·尧曰》）这就是"五美"。

何谓"惠而不费"呢? 对于为政来说，"惠而不费"，就是为政者给百姓带来了巨大的恩泽，自己本身并没费什么周折。可见，"惠而不费"，是领导与管理中的上乘智慧。那么，怎样才能做到"惠而不费"呢? 对此，孔子作了进一步的解释："因民之所利而利之，斯不亦惠而不费乎?"把老百姓的根本利益诉求作为施政目标，制定相应的政策，从而使他们从中能够获得切实利益，不就做到"惠而不费"了吗? 比如，我国改革开放之初，搞联产承包责任制，多种所有制共同发展，搞特区，对外开放，等等。这些政策使广大民众受益，这就是"因民之所利而利之"的举措，达到了"惠而不费"的目的。对国家社会治理来说是这样，对组织管理来说，也同样如此。领导者如果能够真正了解员工工作和生活中的各种实际要求，在追求组织利益的同时兼顾员工的重要利益，掌握好组织与员工利益的平衡点，就能取得巨大的成就。可见，"惠而不费"，这是一种非常高超的领导艺术，可以说是有百利而无一害。

什么叫"劳而不怨"呢？领导者能使部下勤勉地工作而毫无怨言，这就叫"劳而不怨"。这又是一种什么领导情境呢？领导让部下差不多成为自己的死党了。实现"劳而不怨"，需要极高的领导智慧。"劳而不怨"这句话，在《论语·里仁》中也出现过。孔子在讲孝道时说："事父母几谏，见志不从，又敬不违，劳而不怨。"其中的"劳而不怨"，实际上就是任劳任怨的意思。我们常说任劳任怨，任劳已经不容易，任怨就更加困难；让自己任劳任怨，相对容易一些，让他人任劳任怨就困难了。所以，要做到"劳而不怨"，需要相当高超的领导艺术。那么，怎么样才能做到"劳而不怨"呢？孔子进一步解释说："择可劳而劳之，又谁怨？"意思是，为他们选择可以胜任的工作，再让他们去辛勤劳作，又有谁会怨恨呢？对于现代管理者来说，"择可劳而劳之"这句话，的确意味深长，值得认真体会。具体地说，无非有三层含义：一是选择可以胜任的人；二是选择可以胜任的事；三是选择可以劳作的时间。

"欲而不贪"，是说为政者正当的欲望是应该得到满足的，但是不要显得贪婪。孔子创立的儒家学说，一方面倡导大公无私，另一方面，也并不排斥合理的私利。从理论上说，人都有利己的一面，也有利他的一面,一定的私欲也是人们奋斗的动力之一。为政者也是凡人,都有七情六欲,合理合法的私欲应该得到满足。但是,如果为政者一旦显得贪婪,只顾一己私利,而不顾整体利益,这样就会把自己的形象给毁掉,也就无法实行有效的领导。老子说过一句话:"不敢为天下先,故能成器长。"(《道德经·第六十七章》)对此很多人理解有误,认为"不敢为天下先"就是不要做出头鸟的意思,这是极大的误解。正确的解释是,为政者不争先抢功,这样才能够被众人拥戴。按照现代的话来说,就是领导干部要"吃苦在前,享乐在后"。那么,如何做到"欲而不贪"呢?孔子又进一步解释说:"**欲仁而得仁。**"(《论语·尧曰》)就是说为政者"求仁得仁",自己想得到仁德,自然就会得到仁德。说白了,就是要"以道制欲",以道义来控制私欲。

"泰而不骄",就是说为政者要泰然自若而不自大傲慢。孔子讲过"**君子泰而不骄,小人骄而不泰**"(《论语·子路》)。弟子们也说孔子"**恭而安**"(《论语·述而》),为人谦恭又安泰,讲的是同样的意思。现代组织的领导者也应该平易近人,切忌高高在上,骄横跋扈,不然就会非常不得人心。那么,如何才能做到"泰而不骄"呢?孔子解释说这需要做到"**无众寡,无小大,无敢慢**"。无论人多人少、地位高下,都不要怠慢,做到一视同仁、平等对待,这样就不会招来怨恨。

"威而不猛",是说为政者要有威严而不凶狠。弟子们说孔子"威而不猛"(《论语·述而》),讲的也是这个意思。为政者要实施有效的管理,需要有威严,树立自己的权威,但是,不能给人留下凶猛、凶狠的印象,否则人们就会对他敬而远之。那么,为政者如何才能做到"威而不猛"呢?孔子说这就需要"**正其衣冠,尊其瞻视,俨然人望而畏之**"。领导者衣冠整齐,目光正视,神情庄重,让人望而生畏。当然,在这里,对孔子的这种说法要进行一些补充。要真正做到威而不猛,为政者不仅仅需要这种外在形象,还需要有内在的良好德行与卓越才能,使个性魅力自然外化。

孔子提出的上述五种美德,前两条讲的是领导艺术,后三条讲的是领导者素养,是领导者的道德素养与领导艺术的有机结合,最终都会体现在领导力上,对当今的领导干部来说,其借鉴意义不言而喻。

2."屏四恶"

为政者要摒弃以下四种恶习:

子曰:"不教而杀谓之虐;不戒视成谓之暴;慢令致期谓之贼;犹之与人也,出纳之吝谓之有司。"(《论语·尧曰》)其中"不教而杀""不戒视成""慢令致期""出纳之吝",就是孔子所说的当政者要摒弃的四种恶习。这段文字,属于《论语》中的疑难句,有各种注解,下面作些具体解释。

"不教而杀",是说为政者平时不加强教育,一旦部下犯了大错就加以诛杀,这就叫作"虐",虐杀的虐。"不教而杀",无异于一种虐杀行为,应该摒弃。对于现代组织来说,培养一个干部也并不容易,干部的成长需要一个长期的过程。一个重要岗位的干部一旦离职,势必会给事业发展带来阻碍。所以,平常需要强化对干部员工的经常性教育,防患于未然,这与组织的长远发展关联极大。

"不戒视成",是说为政者平时不加强警示,一旦部下酿成大错就加以严惩,这就叫作"暴",残暴的暴。部下平时有小过失,要及时警示,令其整改,不能听之任之,否则,时间长了,积重难返,再加纠正,所付出的代价会很高。"不戒视成"是一种暴戾的管理行为,应该摒弃。

"慢令致期",是说为政者的政令很晚才下达,但又要求在很短的时间里完成,如果不能如期完成任务就加以严惩,这就叫作"贼"。盗贼的贼,是残害的意思。这样做必然会导致部下消极对抗,要么弄虚作假,要么投机取巧。所以,"慢令致期"是不合理的管理行为,应该摒弃。

"出纳之吝",是说该给的物质报酬没有及时足额给到,斤斤计较,显得小家子气。从管理学的角度来说,物质报酬是重要的激励手段。物质报酬要及时足额给到,否则,就会挫伤部下的工作主动性、积极性,严重影响事业发展,因此"出纳之吝",也是一种管理恶习,应该摒弃。

总之,"尊五美""屏四恶",是孔子讲的关于领导艺术的重要内容,这是一个问题的两个方面。如果说"尊五美"是从积极的层面来说的,那么"屏四恶"则是从消极的层面而言的。所有这些,对现代领导干部来说都是需要重视的大问题。

(四)德主刑辅

孔子主张的德主刑辅是德礼合治理念的逻辑延伸,比较突出地体现为"无讼"理想。

季康子问政于孔子,曰:"如杀无道,以就有道,何如?"孔子对曰:"子为政,焉用杀?子欲善而民善矣。"(《论语·颜渊》)季康子问孔子如何治理政事:"如果把无道的人杀了,以使社会走上正道,怎么样?"孔子说:"你治理国家为什么要用杀戮的手段呢?你只要想行善,老百姓也会跟着行善。"

子曰:"听讼,吾犹人也,必也使无讼乎。"(《论语·颜渊》)孔子说:"我审判案件和别人没有什么不同,但是我的目标在于使人们不打官司。"在人们发生纠纷时,孔子不主张首先利用法律诉讼来解决问题,而是利用传统的伦理道德等来调解协调。孔子这种"无讼"思想对中国社会影响深远,我国现在对一般的纠纷也多首先采用调解的方式解决。

《孔子家语》中还记载了一个例子。

> 孔子为鲁大司寇,有父子讼者,夫子同狴执之,三月不别,其父请止,夫子赦之焉。季孙闻之不悦,曰:"司寇欺余,曩告余曰:'国家必先以孝',余今戮一不孝以教民孝,不亦可乎? 而又赦,何哉?"冉有以告孔子,子喟然叹曰:"呜呼! 上失其道,而杀其下,非理也。不教以孝,而听其狱,是杀不辜。"(《孔子家语·始诛》)

这段文字有点长且难,翻译一下:

孔子担任鲁国大司寇的时候,遇到一个父子相讼的案子。孔子将那对父子一起关进了监狱,过了三个月也不加审理。后来,做父亲的请求不要审判,孔子便将父子俩都释放了。鲁国权臣季桓子听说此事,很不高兴,说:"这个大司寇骗了我,以前他曾经跟我说:'治理国家,要把孝道放在首位。'而今应该把这个不孝之子杀掉,以教育百姓尽孝道,这样不是很好吗? 他却把不孝之子放了,这是为什么?"冉求把这番话告诉孔子,孔子长叹一声说:"哎! 为政者丧失大道,而要杀害百姓,这是不合理的。不去教化人民要尽孝道,却要判罚不孝之子,这是在滥杀无辜。"为什么呢? 因为为政者不施行教化,罪责不在百姓。尽管"无讼"是一种理想状态,在现实社会中几乎是无法实现的,但是其中反映出来的德主刑辅的思想还是很有价值的。

(五)无为而治

无为而治,是中华传统文化中的一个重要命题,是最高的管理哲学,是为政者所追求的最高境界。

在人们的印象中,无为而治是老子的主张。的确,作为重要的治国理念,老子对此非常推崇,可以说"无为"是老子思想的核心。在《道德经》中前后七次谈到了无为而治。比如,"为无为,则无不治"(《道德经·第三章》)、"故圣人云:我无为,而民自化"(《道德经·第五十七章》),等等。

从《论语》中可以看到,孔子的确崇尚"无为而治"。

子曰:"无为而治者其舜也与?夫何为哉?恭己正南面而已矣。"(《论语·卫灵公》)孔子说:"能够做到无为而治的人,大概只有舜了吧?他做了些什么呢?只是端庄地面向南方坐在王位上罢了。"在这里,孔子明确讲了"无为而治"。尽管在《论语》中只出现了一次"无为而治",但是,由于尧舜是孔子心目中的"圣人",他推崇舜的"无为而治",可见,他对"无为而治"说是十分推崇的。当然,孔子的"无为而治"的主张,应该是受了老子的思想的深刻影响,这是没有多大疑问的。因此,我们读《论语》就可以发现,孔子思想中有一些道家思想的元素。

那么,什么是"无为而治"呢?不少人把"无为"解释为消极无为、无所作为的意思,比如,经常会听到有些管理者说:"这事我不管了,全权交给你了,我无为而治。"这显然是有问题的,是一种误解。老子所讲的"无为"有两重含义:一是不肆意妄为,二是顺应自然而为。通过这种"无为"途径,来实现天下大治的目的,这才是"无为而治"的真正含义。楼宇烈先生指出:"无为而治不是一种消极的态度,相反,它蕴含着积极的意义。"①这是很有见地的。

孔子一方面继承了老子"无为而治"的精华,另一方面,也发展了

---

① 楼宇烈:《中国的品格》,四川人民出版社 2014 年版,第 111 页。

老子"无为而治"的内容。怎么样才能实现"无为而治"呢？在孔子看来,主要有以下三种途径。

1. 顺应自然而为,不要妄为

孔子讲的"惠而不费",与老子的"无为而治"的思想是相通的,就是要顺应自然而为,不要妄为。这个思想后来被孟子进一步继承发展。孟子指出:"禹之行水也,行其所无事也。如智者亦行其所无事,则智亦大矣。"(《孟子·离娄下》)智者治理国家,要像大禹治水一样,顺其自然,因势利导。这是"无为而治"思想在政治上的集中体现。

2. 建立在"有为"之上

孔子认为,要以"有为"的方法实现"无为而治"的目标,这则是孔子对老子"无为而治"思想的一大发展。如果为政者能够做到"为政以德""先有司""举贤才"等,就可以达到"无为而治"的目的。"无为"与"有为",是密不可分的。关于这个问题,韩非子讲得最为明白,那就是"君道无为,臣道有为"(《韩非子·天道第十三》)。

3. 居敬行简

居敬行简,即心存敬畏,办事简约,不要以烦琐的东西来扰民。

仲弓问子桑伯子。子曰:"可也,简。"仲弓曰:"居敬而行简,以临其民,不亦可乎? 居简而行简,无乃太简乎?"子曰:"雍之言然。"(《论语·雍也》)有一次孔子的弟子仲弓(即冉雍)问孔子桑伯子这个人怎么样。孔子回答:"这个人还可以,行事简要而不烦琐。"仲弓说:"心存恭敬而行事简要,以这样的态度与方法管理百姓,不也是可以的吗? 但是如果以轻慢草率的态度与方法办事,这样岂不是过于简单了吗?"孔子说:"冉雍,你说的话是对的。"孔子对冉雍讲的"居敬而行简"的观点给予肯定。

2015 年 4 月 1 日的国务院常务会议上,时任总理李克强说:"'居敬',就是我们作为公务人员,首先要在内心敬畏人民。'行简',朱子(朱熹)后来解释了,就是不要用太繁多的东西来扰民。""这与我们简政放权的理念是非常吻合。""居简而行简,无乃大简乎?""这就是说,太'简'了也不行,就过于简慢、怠慢,就没有法度了。"简政放权的同时,还要"放""管"结合,要把握好其中的平衡。① 这是对"居敬行简"的执政理念的现代阐发,非常有价值。

---

① 《李克强详解"大道至简"》,中国政府网,2015 – 04 – 01,www. gov. cn/xin-wen/2015 –01/01/content_2841426. htm,访问日期:2022 年 5 月 20 日。

第五编

《论语》的现代价值

《论语》是中国传统文化中最重要的经典,它穿越了两千多年的历史时空,至今不仅未减其色,而且历久弥新,焕发着蓬勃生机,熠熠生辉,在政治、经济、文化、社会、生态、外交等各个领域的实践应用中成就斐然。

一、《论语》与国家治理

　　《论语》一书,内容十分广博,但从总体来看,主要是一本政治哲学著作。《论语》的为政思想,就是今天广义上的管理,对现实政治的重大价值,不可轻估。

　　在中国古代有"半部《论语》治天下"的说法。传说这是宋朝开国宰相赵普讲的一句名言。据史书记载,赵普文化水平不高,但处理政务的能力特别强。如果当天有疑难的政务处理不了,那么第二天他总有办法很好地加以处理。有人好奇,偷偷地去看晚上赵普到底在干什么,结果发现他就在研读《论语》。久而久之,后来就有一种传说,说赵普所读的书,只是一部《论语》。因此,宋太宗赵匡义问他是否如此。赵普回答说:"臣平生所知,诚不出此,昔以其半辅太祖定天下,今欲以其半辅陛下致太平。"(罗大经《鹤林玉露》卷七)意思是说,我平生所知道的学问,的确并未超出这个范围,以前我用半部《论语》辅佐宋太祖平定了天下,现在我将用半部《论语》辅佐陛下平治天下。这就是"半部

《论语》治天下"这句名言的传说之一。虽然后世对这句名言的出处、传承等有诸多争议,但《论语》对国家治理的影响却是极为深远的。

从历史经验来看,孔子所创立的儒家学说在战乱年代"打天下"的过程中往往起不到多大作用,因而也不受待见,但是,在和平年代的国家治理中却总能屡建奇功。由此可见,孔子所创立的儒家学说主要是治世的学问,它不是争斗文化,而是和谐文化,在国家社会治理中能发挥重大功效,具有重大价值。

有一个例子比较典型。

刘邦在打天下时,对儒生十分鄙视,认为儒生只懂诗云子曰、之乎者也,手无缚鸡之力,百无一用。如果有儒生求见,他一般是不见的,并且做了很多侮辱儒生的事情。有一次甚至把来访的儒生的帽子摘下来当场用来小便,可谓极尽侮辱之能事。他在打天下的时候,喜欢用江洋大盗、高阳酒徒之辈。打下天下后,刘邦一度对儒生也很不重视。但是后来很快发生了一百八十度转弯,开始转向重视儒学,这究竟是为什么呢?

刘邦打下天下以后,有一个谋臣叫陆贾,这个人儒生出身,因为没有透露自己的儒家身份,才得到刘邦的重用。他经常在刘邦面前跟他讲儒家那套学说,开始刘邦听了很不耐烦,说:"乃公居马上得之,安事《诗》《书》!"意思是我是从马上得天下的,跟儒家的《诗经》《尚书》这套东西有什么关系呢? 陆贾说:"居马上得之,宁可以马上治之乎?"于是他对刘邦讲了一整套在马上得天下而不能在马上治理天下的道理。刘邦居然也听进去了,于是开始对儒家学说感兴趣了。[1] 这也是刘邦

---

① 司马迁:《史记》,中华书局 2009 年版,第 576 页。

的一个高明之处,从善如流,善于察纳雅言。

　　还有一个叫叔孙通的人,原来也是个儒生,他也是隐瞒了自己的身份才得到了刘邦的重用。"叔孙通儒服,汉王憎之;乃变其服,服短衣,楚制,汉王喜。"在"蒙矢石争天下"的战乱年代,叔孙通认为属于他的弟子们的时代还没有到来,因此也没有向刘邦推荐,弄得弟子们对他还颇有微词。刘邦打下天下以后,与他一起打天下的一帮草莽英雄经常在朝廷上大碗喝酒,大块吃肉,认为既然天下是大家一起打下来的,也应该由大家一起共享。因此,他们在朝廷上常常"醉或妄呼,拔剑击柱",乱糟糟的,完全没有君臣礼仪,弄得刘邦很头疼,但也没有办法。叔孙通认为这样太不像话,于是建议刘邦制"朝仪",就是规定大臣觐见君主的各种各样的礼仪规范制度。刘邦于是就把制朝仪的任务交给了叔孙通。叔孙通认为现在是他的弟子们可以施展才华的时候了,就开始起用他们。叔孙通师徒一起为刘邦制定了一整套完备的朝仪,进行彩排时请刘邦去观看。只见大臣们面朝皇帝,跪拜、起立、行礼、就座,个个表情肃穆、毕恭毕敬,尊卑有序、井井有条。刘邦观看后十分高兴,说道:"吾乃今日知为皇帝之贵也!"①意思是我今天才真正体验到当了皇帝的尊贵! 儒学从此命运得以改变。

　　到了汉武帝时,又接受了汉代大儒董仲舒的建议,"罢黜百家,独尊儒术",孔子所创立的儒学思想,终于一跃而成为官方哲学,此后,开始成为中国传统社会的主导思想,在治理国家方面发挥了重大的作用,诸如汉代的"文景之治"、唐代的"贞观之治""开元之治"、清代的"康乾盛世",等等,从某种程度上来说,均是儒学的"仁德"思想所结出的

---

① 　司马迁:《史记》,中华书局 2009 年版,第 584 - 585 页。

开明政治之花。

直到今天,孔子创立的儒家学说中的许多治国理念还发挥着积极影响。

中国共产党是中华优秀传统文化的继承者、弘扬者,目前的执政文化,的确是创造性地继承发展了孔子创立的儒家文化的不少理念。

2014 年 10 月 13 日下午,中共中央政治局就我国历史上的国家治理进行第十八次集体学习。习近平总书记在主持学习时强调:"我国古代主张民惟邦本、政得其民,礼法合治、德主刑辅,为政之要莫先于得人、治国先治吏,为政以德、正己修身,居安思危、改易更化,等等,这些都能给人们以重要启示。"①习近平总书记的这段讲话,对中国传统的治国理政思想进行了非常有力度的系统概括,并肯定了这些思想的现代作用。

"以民为本""执政为民""以德治国""德法并重""与时俱进""以和为贵""亲望亲好、邻望邻好""亲仁善邻""义高于利""义利统一""协和万邦""天下为公"等,这些执政理念,在很大程度上可以说与孔子所创立的儒家学说密不可分,几乎都可以从《论语》一书中找到它的思想渊源。要治理好今天的中国,需要对我国的历史和传统文化有深入了解,也需要对我国古代治国理政的智慧进行深入总结。

要了解今天的中国,预测明天的中国,必须了解中国的过去,了解中国的文化。当代中国人的思维,中国政府的治国方略,浸透着中华优秀传统文化的基因。当然,我们也不能因此认为中国共产党的执政理

----

① 习近平:《牢记历史经验历史教训历史警示为国家治理能力现代化提供有益借鉴》,《人民日报》2014 年 10 月 14 日第 1 版。

念主要来自孔子所创立的儒家学说，这就走向另一个极端了。现在流行一种以"复兴儒学""以儒代马"为意旨的思潮，这是行不通的。但是，尽管如此，孔子创立的儒家学说，在治国理政方面给后人留下了许多宝贵的思想资源，需要我们对此作进一步的创造性挖掘整理，为治国理政提供有益借鉴。

二、《论语》与经济模式

先讲一个案例。

20世纪90年代，山东推出了一款白酒，叫作"孔府家酒"，曾经盛极一时，风行全国，远销海外，名声大噪。这其中离不开文化营销的作用。

所谓文化营销，是指在产品与服务中附加文化，广告中亦有相当的文化含量，通过提高产品与服务的文化含量，从而极大地提高它的经济效益。

"孔府家酒"这个品牌，是有一定的文化含量的。根据《论语》第十章"乡党"中的记载，孔子是不吃集市上买来的散酒与熟食的，可能是嫌这些东西不太卫生，不过孔子是能喝酒的，酒量还很大。但是，孔子饮酒有节制，"唯酒无量，不及乱"（《论语·乡党》），"不为酒困"（《论语·子罕》）。在不少外国人的心中，孔子就是中国文化的象征，人们在消费"孔府家酒"的同时，就在消费以孔子为代表的儒家文化。不仅如此，这个产品的广告也做得好，它的诉求中心是"家"，抓住了中华文化十分核心的东西。因为中华传统文化很大程度上是建立在家族制度的基础之上的，家族制度是中华文化的一大根基，家文化在中国相当发达。家在中国人的心目中具有十分重要的分量。光是看看每年春节时的人口"大迁移"就可以知道了。"常回家看看",这一句朴实无华的歌词曾经打动了多少中国人的心!且看"孔府家酒"的广告词:"千万里,我一定要回到我的家",还有"孔府家酒,叫人想家"深深抓住了顾客恋家、想家的心理。

可见,文化与经济的关系密不可分。现在有一门学科叫作"文化经济学",是文化学与经济学相结合的一门交叉性学科,主要研究文化在经济发展中的重要作用。把文化学与经济学两者有机地融合起来,可以为经济发展提供价值引领,让经济插上腾飞的翅膀。

那么,《论语》与经济模式有关系吗?

《论语》中只有一处写到经商问题。孔子有一个大弟子子贡,就是端木赐,他不仅是一个政治家、外交家,还是一个大商人。根据司马迁《史记·货殖列传》记载:"子贡结驷连骑,束帛之币以聘享诸侯,所至,国君无不分庭与之抗礼。"①子贡经商发了大财,富可敌国,他到其他诸侯国去,经常与诸侯国的国君平起平坐,叫作"分庭抗礼","分庭抗礼"这一成语就典出于此。孔子说:"赐不受命,而货殖焉,亿则屡中。"(《论语·先进》)意思是说,端木赐(就是子贡)不听天由命,去做生意,猜测市场行情往往很准。

按理说,《论语》属于政治哲学著作,与经济的确没有什么直接关联,但是,既然能治理好一个国家、社会,就能管理好一个组织、企业,管理之道在相当程度上都是相通的。儒家思想其实是一种很厉害的管理学说。

为了说清这个问题,还是让我们来回顾一下历史。

---

① 司马迁:《史记》,中华书局 2009 年版,第 752 页。

早在15世纪中叶,就是明清之际,当时的一些儒家士大夫就开始从事商业活动。明代传奇小说《三言二拍》就说,当时安徽的徽州社会风尚发生了很大的转变,当地人多以商业为第一要务,科举考试被放在了次要地位。明清之际,大批士人"弃儒就贾",他们把一些儒家的理念带入了商业活动,产生了真正意义上的儒商。像当时的徽商、晋商就是典型的儒商,取得了巨大的成功。对此,著名学者余英时先生指出:"商人之所以对儒学发生严肃的兴趣,是由于他们相信儒家的道理可以帮助他们经商。"①

　　可惜的是这种产生于中国的儒商传统在中国本土并没有得到很好传承,但在日本和韩国却得到了传承。其中的原因很简单:"虽然德川的日本并不像朝鲜李朝那样儒学化,然而直到17世纪末,日本社会中每一个受过教育的人都读过四书。"②这使人确有一种"礼失而求诸野"的感叹!

　　较早把《论语》与现代企业、商业经营相结合的,要数日本的"近代化之父"涩泽荣一。他写了一本书叫《〈论语〉与算盘》,把《论语》和企业经营与商业模式紧密地结合了起来。他在书中也深有感触地说:"商人用《论语》的处世箴言从事商业活动,一定可以大展宏图。"③这本书不仅讲商业运营,而且讲社会治理、国家管理,甚至外交政策等,极富智慧与文采。

　　涩泽荣一的企业经营理念非常丰富,但核心宗旨却万变不离其宗,

---

① 余英时:《儒家伦理与商人精神》,广西师范大学出版社2008年版,第311页。
② 杜维明:《儒教》,陈静译,上海古籍出版社2008年版,第72页。
③ 涩泽荣一:《〈论语〉与算盘》,李建忠译,武汉出版社2009年版,第9页。

主要集中在以下这段话:"我们的责任就是以道德仁义为本,推动经济的进步,确立义利合一的观念。"①要创造真正的财富,必须坚持正确的义利观。常言道:小财靠勤,中财靠智,大财靠德。发点小财,靠勤劳就可以了;要获取中等财富,要靠智慧;要创造巨大的财富,就要靠道德,就是要把伦理道德和物质利益相结合。这两者应该统一,而且能够统一。如此一来,不仅能够创造巨大的经济财富,而且能产生重大的社会效应。

　　这本著作中已经形成了一整套独特的具有浓厚儒家色彩的企业管理理论,即企业文化。企业文化为企业的生产经营注入了强劲的活力,对日本企业的经营影响极为深远。后来在日本出现了"五大企业经营之神",他们的企业经营思想与理念都是一脉相承的,其中以松下幸之助和稻盛和夫最有代表性。

　　松下公司的掌门人松下幸之助著有《松下经营成功之道》,他的经营理念跟涩泽荣一的经营理念同出一辙,他把孔子所创立的儒家学说与企业经营相结合,创立了一整套独特的企业文化,强调以人为本、以和为贵、团队精神、家庭式的氛围、年功序列、内工会制度、终身雇用等,努力把松下公司打造成松下员工的集体大家庭,并取得了巨大的成功。下面给大家讲讲让笔者深受触动的一件事。1929 年,发生了世界性的经济危机。当时的日本,也发生了严重的经济危机,松下电器公司难逃厄运,产品销不出去! 怎么办? 公司的董事们纷纷提出,产出要减少一半。而产出减少一半,必须要裁员一半。这个建议被松下幸之助坚决否定了,他认为任意裁员,将会严重损害这么多年辛苦经营的企业文

---

① 　涩泽荣一:《〈论语〉与算盘》,李建忠译,武汉出版社 2009 年版,第 71 页。

化,动摇员工对企业的信心,破坏松下公司作为员工集体大家庭的氛围,断不可取。因此,他力排众议,亲自决策,宣布了以下决定:第一,本公司的成员一个不裁,共克时艰。第二,产出必须减少一半,为了使产出减少一半,一天只干半天的活,半天休假,但有例外,那就是销售人员不但不能休假,而且要加班加点地工作。第三,工资奖金照旧,就是说以前干一天活的工资奖金,现在虽然只干了半天活,但是还是按照以前干一天活的工资奖金发。① 这样公司不是要损失很多钱吗? 但松下总经理认为值得,这是为了维护松下公司的企业文化所必须付出的代价。后来怎么样呢? 奇迹发生了! 松下公司的员工们纷纷自发地放弃了半天的休息日,义务为公司推销产品去了。半年以后积压的产品销售一空,一年以后生产恢复正常。一个企业的企业文化做到这样的境地,还有什么可担忧的呢? 松下公司绝处逢生,得益于中国儒家的智慧!

稻盛和夫著有《干法》《活法》《心法》等书,风行世界。他继承了涩泽荣一、松下幸之助的经营理念,并把它发扬光大,同样创造了奇迹。他的经营理念业已形成一套完整的哲学体系,其中一个核心的经营理念是:“在追求全体员工物质和精神方面幸福的同时,为人类社会的进步发展作出贡献。”②他把这种经营理念上升到至高无上的地位,称之为“宇宙的意识”“宇宙的法则”。他旗下有两家公司,一家是京瓷公司,一家是 KDDI 公司,都属于世界五百强企业。这是一大奇迹。日本航空公司原来是一家国有企业,由于经营不善,面临倒闭的绝境。稻盛和夫临危受命,受当时日本首相的邀请,出任日本航空公司株式会社社

① 松下幸之助:《松下经营成功之道》,秦忆初译,军事谊文出版社 1987 年版,第 10 页。
② 稻盛和夫:《活法》,曹岫云译,东方出版社 2013 年版,第 160 页。

长。他把自己的经营理念与管理制度引入日本航空公司，不仅使之扭亏为盈，而且同样使它跻身世界五百强企业的行列，又一次创造了奇迹。有一次，笔者在苏州给一个EMBA（高级管理人员工商管理硕士）班讲"国学与领导智慧"这门课，课间有一个董事长告诉我，他的企业的管理者就在研究稻盛和夫的《干法》《活法》《心法》这些书，把其中的管理理念与制度拆分，并结合自己企业的特点，加以本土化，同样取得了成功。可见，管理在相当程度上说是可以复制的。

包括中国在内的东亚经济的崛起，当然有其特殊的儒家文化底蕴，比如刚才讲的企业文化，还有重视教育的传统，还有其他诸多观念，像自强不息、勤俭节约、崇尚道义、和气生财，等等，都是东亚经济模式的儒家文化底蕴。如果不了解这一点，就不可能真正懂得东亚经济模式。

三、《论语》与核心价值

习近平认为中华优秀传统文化是中华民族的根与魂，是中华文化的独特优势，并对中华优秀传统文化的精神特质进行了高度提炼。他指出："深入挖掘和阐发中华优秀传统文化讲仁爱、重民本、守诚信、崇正义、尚和合、求大同的时代价值，使中华优秀传统文化成为涵养社会主义核心价值观的重要源泉。"①这段文字信息量极大，一方面把中华优秀传统文化的基本特质概括为"讲仁爱、重民本、守诚信、崇正义、尚和合、求大同"六个方面，可谓目光如炬；另一方面，又明确指出中华优秀传统文化是涵养中国特色社会主义核心价值观的重要源泉。

---

① 习近平：《习近平谈治国理政》，外文出版社2014年版，第164页。

核心价值观的概念比较复杂,让我们化繁为简吧。可以这样表述:如果说,价值观是文化的根本与核心,那么,核心价值观就是文化核心的核心,根本的根本。它关乎信仰体系,关乎国运兴衰,关乎文化安全,关乎民族精神的独立性。

中华文明作为世界上唯一未曾中断的文明,能绵延五千多年,当然是有其深刻的奥秘的。其在文化上的奥秘,就在于中华优秀文化传统,在于富有中国特色的价值观,它们构成了中华民族的精神信仰,也是中华民族几千年来的立国基石。

中华文明的核心价值与孔子所创立的儒家学说紧密相关,尤其是以《论语》为中心的"四书"更以完整的理论形态使中国传统社会的核心价值观得到了充分呈现。

《论语》是中国传统文化最重要的经典,它对中国文化精神与民族精神的形成厥功至伟。《论语》中提出的仁者爱人、忠恕之道、知仁勇"三达德"与恭宽信敏惠、温良恭俭让等德目,后来被孟子概括为仁、义、礼、智"四端",汉代大儒董仲舒更是明确地将其概括为仁、义、礼、智、信"五常"。仁、义、礼、智、信等在《论语》中均有详尽的论述,后来成为中国传统社会的核心价值观,独树一帜,读来朗朗上口,易识易记,深入人心,在中华民族心理结构中一直居于主导地位,构成了中华民族最主要的传统美德。孙中山先生又把中国传统的价值观概括为"忠孝""仁爱""信义""和平"①,这一方面是对中国传统价值观的继承,另一方面也有对中国传统价值观的创造性发展,具有重要的学理价值。

---

① 孙中山:《三民主义》,九州出版社 2011 年版,第 53 页。

四、《论语》与为人处世

前文提到的良村,儒风遗韵十分浓厚,有乡约村规,强调孝悌为本、教育为先、仁爱友善、团结互助、邻里和睦,等等。良村倡导村民遵守公序良俗,秩序井然,成为一景,也是开发文化旅游的宝贵资源。由此可见,孔子学说对为人处世的时代影响。

"现今的流行观点认为,儒家是一种特别重视人际关系的社会伦理学,这一见解是基本正确的。但是,它未考虑到作为一种独立、自主和具有内在导向过程的自我修养在儒家传统中的中心地位。"[①]这话讲得极有见地。《论语》中的为人处世,主要包括以下两方面的内容。

(一)修身为本

孔子及其创立的儒家学说,历来强调以修身为本。

所谓修身,就是《论语》中孔子讲的"修己"。这方面的思想资源相当丰富,如孔子倡导的君子人格,"恭、宽、信、敏、惠""温、良、恭、俭、让"等品格,对后世的人们影响极深。《大学》中说:"自天子以至于庶人,一是皆以修身为本。"孟子也说:"天下之本在国,国之本在家,家之本在身。"(《孟子·离娄上》)对于为政者来说,要把修身作为治国平天下的前提与基础。对于广大民众来说,加强自我修养也是根本的为人之道。涩泽荣一在《〈论语〉与算盘》一书中深有感触地说道:"我一直认为,人生在世,为人之道要避免陷入误区,就要先熟读《论语》。"[②]这句话讲得极好。如果我们真的能够按照《论语》中讲的为人之道来加

---

① 杜维明:《儒家思想新论——创造性转换的自我》,黄幼华、单丁译,江苏人民出版社1995年版,第52页。

② 涩泽荣一:《〈论语〉与算盘》,李建忠译,武汉出版社2009年版,第6页。

强自我修养,不仅可以避免陷入人生误区,还有可能取得巨大成就。

（二）人际关系

孔子所创立的儒家学说,历来注重人伦关系。

所谓人伦关系,也就是人际关系的一大类。孔子除了特别强调人作为道德主体的自我修养,还十分注重处理各种人伦关系。比如,"礼之用,和为贵"的人际关系理想,"己欲立而立人,己欲达而达人""己所不欲,勿施于人"的交往之道,"仁者爱人""泛爱众"的友善精神,"人而无信,不知其可也""与朋友交,言而有信"的诚信原则,"与人恭有礼""不知礼,无以立"的礼仪礼节等。所有这些,仍然是我们今天处理各种社会关系的基本准则。

孟子发扬光大了孔子的人伦关系思想,创造性地提出了著名的"五伦"说,即"父子有亲,君臣有义,夫妇有别,长幼有序,朋友有信"(《孟子·滕文公上》),对中国社会历史产生的影响极为深远,在很大程度上深刻地规范着传统社会人际关系的基本格局。"为人君者,中正而无私;为人臣者,忠信而不党;为人父者,慈惠以教;为人子者,孝悌以肃;为人兄者,宽裕以诲;为人弟者,比顺以敬;为人夫者,敦蒙以固;为人妻者,劝勉以贞。"(《管子·五辅第十》)这对提高自我修养、消除人际矛盾、维护家庭和睦、促进社会和谐均起到积极的作用。20 世纪30 年代新儒学大家贺麟先生指出:"五伦的观念是几千年来支配了我们中国人的道德生活的最有力量的传统观念之一。它是我们'礼教的核心',它是维系中华民族的'群体的纲纪'。"①他把"五伦"提到了"礼教的核心""群体的纲纪"这样的高度。在新加坡,李光耀在执政时期

---

① 贺麟:《文化与人生》,商务印书馆 2002 年版,第 51 页。

大力弘扬孟子的"五伦"说,为新加坡社会建设、精神文明建设作出了重要贡献。他说:"五伦里的权利和义务受到适当的遵循,社会就会稳定和有秩序。"①

总之,孔子创立的儒家对于当今社会人们的人格修养、为人处世乃至整个社会的精神文明建设来说均具有重要的时代价值,值得我们作进一步深挖与阐发。

五、《论语》与文化教育

孔子作为一个卓越的教育家的地位是举世公认的。对现实而言,孔子提出了一系列重要思想与原则主张,也许对当今时代的文化教育具有一定的借鉴价值。

(一)重教传统

孔子特别重视教育,这对后世儒学影响极大。流风所及,儒家文化圈内(包括中国在内的东亚国家与地区)历来有一种重教传统。这不仅对提高国民的文化素养起了很大的作用,而且对国家治理、经济发展也产生了积极影响。

教育是善治良方。孔子把"庶""富""教"并重,把教育列为国家社会治理的三大途径与手段之一,这是他的一个独特贡献。受此影响,在中国古代社会历来把教育视为"立国之本"。《礼记》中也有"建国君民,教学为先"(《礼记·学记》)的说法。

教育对国家社会治理的作用,主要表现在两个方面:一方面是通过

---

① 李光耀:《经济腾飞之路——李光耀回忆录(1965—2000)》,外文出版社2001年版,第404页。

教育,提升为政者的整体素质,尤其是道德素养;另一方面是通过教育提高百姓的道德水准。这样就能极大地加强社会治理的水平。这是因为社会治理的核心是人,只有人和人和谐相处,社会才会安定有序。

由于社会上的重教传统,加上政府对教育投资的加强,包括中国在内的儒家文化圈内的东亚各国和地区的就学率和教育水平不断提高,积累了大量的高素质人才,从而为社会经济发展奠定了坚实的基础。对此,海外新儒学代表人物之一成中英先生评述道:"儒家对学习的重视,使中国家庭普遍重视对子女的教育。毫无疑问,对于教育的强调,为引进新思想新技术打下了基础,并且能大量提供现代化和经济发展所需要的有文化有技术的人力资源。"①可谓一语中的。"自 1959 年以来,新加坡迅速发展的最重要因素是什么? 我可以毫不迟疑地回答:那是因为新加坡拥有素质良好的人民。我国人民不但勤劳、学得快、又重实际,而且我国还拥有一大批杰出和训练有素的人才。"②

(二)教育原则与方法

孔子在长期的教学实践中总结、提炼出的一系列教育原则与方法,形成了一套相当完整的理论体系,是教育思想理论宝库中的瑰宝,在中外教育史上具有重要地位。

在教育理念上,孔子提出了一系列重要理念,涉及为学目标、方向、方针、内容、目的、任务等一系列问题,是教育中带有根本性的重大问题。例如,"学以成人""学为君子"的为学宗旨,集"知、仁、勇"为一身

---

① 李翔海、邓克武编:《成中英文集》(第三卷),湖北人民出版社 2006 版,第 93 页。

② 李光耀:《李光耀 40 年政论选》,现代出版社 1994 年版,第 452 页。

的健全人格教育目标；推行"文、行、忠、信"的"子以四教"的教学内容；倡导"志于道，据于德，依于仁，游于艺"的教学要求。这与现代社会中提倡的"立德树人"以及德智体美劳全面发展具有高度的契合性。在教育方法上，孔子提出了一系列重大教学原则，诸如教育为先、有教无类、博文约礼、因材施教、循循善诱、不愤不启、不悱不发、诲人不倦、为己之学、敏而好学、学无常师、学思结合、博学笃志、切问近思、不耻下问、温故知新、举一反三、学以致用、当仁不让、教学相长，等等，不一而足，均已成为教育工作中长期奉行的金科玉律。所有这些，对于当今教育发展仍具有重大智慧启迪，尤其是对革除现实中应试教育的弊病、全面推进素质教育具有重要借鉴价值。

结　语

成圣之道

孔子在世之时，自己并不以"圣人"自居。但是，他的弟子与当时的不少人已经认为孔子是"圣者"了。到了战国时期，孟子就直接把孔子称为"圣之时者也。孔子之谓集大成"（《孟子·万章下》），直到汉代，汉武帝采纳了董仲舒的主张，"罢黜百家，独尊儒术"，儒家学说从此"柳暗花明又一村"，一跃而为官方哲学，孔子也由此得到空前的尊崇，后被尊为"大成至圣先师"。

　　现在有人说：去圣乃得真孔子。然而，非圣哪来真孔子？让我们去探寻一下孔子的成圣轨迹，也许从中能够得到一些别样的人生体悟。

　　子曰："吾十有五而志于学，三十而立，四十而不惑，五十而知天命，六十而耳顺，七十而从心所欲，不逾矩。"（《论语·为政》）

　　这是大家所熟知的一段文字，是孔子晚年对自己的一生所作的一个总结。这段文字言简意赅，信息量很大，几乎可以说是孔子的自我小传。鲍鹏山先生以此为大纲，写就了一本较为全面、生动的大众普及读物《孔子传》。其中"而立之年""不惑之年""知天命之年""耳顺之年"，已经成了现代的人们标记人生的重要说法。下面就让我们根据孔子的这个自我小传，结合相关史料，对孔子的人生轨迹作一个梳理，从中体悟孔子的成圣之道，汲取丰富的人生智慧。

　　孔子的一生，可以分为前半生与后半生，以"三十而立"为界。

一、孔子的前半生

关于孔子的前半生,可以用以下三句话来概括。

(一)少也贱

孔子说:"吾少也贱,故多能鄙事。"(《论语·子罕》)孔子小时候生活艰难,所以会干一些粗活。这算是孔子对自己的家庭背景的一个交代。

孔子的出生日期至今没有定论,根据《谷梁传》记载,是在公元前551年9月28日(农历八月二十七)。汉武帝时期,儒家思想被定为正统思想,孔子的地位得到了前所未有的提升。每逢农历八月二十七,汉朝皇帝便会带领文官祭祀孔庙,宴请太学老师,赏赐礼物,并且放假。当时虽然没有教师节这个说法,但是这一天几乎和教师的节日无异。

孔子大约活了七十三岁,这在当时算是高寿了。那么,孔子的长寿秘诀是什么呢?除了遗传,应该就要归之于养生之道了。《论语》中的确有一些关于孔子的养生之道的记述,初步可以用几个字来概括:一是仁,"仁者寿";二是乐,"乐而忘忧";三是节,"乐而不淫,哀而不伤";四是食,"食不厌精,脍不厌细""惟酒无量,不及乱";五是戒,"君子有三戒",等等。

孔子出身于没落的贵族家庭。他生于鲁国昌平乡陬邑(今山东曲阜)。祖先是宋国贵族的后裔,生父叔梁纥曾任陬邑宰,武将出身,身材高大,英勇善战,"以勇力闻于诸侯"。孔子也身材高大,"身长九尺有六寸,人皆谓之'长人'而异之"①。叔梁纥与正妻施氏有九个女儿,

---

① 司马迁:《史记》,中华书局2009年版,第321页。

没有儿子。他的第二个妻子,终于为他生了个儿子,叫孟皮,这是孔子同父异母的哥哥,因为有足疾,现在看来很可能是小儿麻痹症,不能做继承人。六十六岁那年叔梁纥娶了年仅十五岁(一说十八岁)的少女颜徵为妻,她就是孔子的生母。有个学生曾经问笔者:"文化大革命时期,为什么把孔子称作'孔老二',是不是在中国文化史上老子第一,孔子第二?"这个问题让人啼笑皆非。为什么把孔子称作"孔老二"?就是因为他有个同父异母的哥哥,在家庭的男性同辈中他排行老二的缘故。"孔老二"这个称呼有不敬的元素,现在已经很少有人这样称呼孔子了。

讲到这里,顺便讲一个略微有些"八卦"的问题。国内外学术界有一个比较流行的说法,说孔子是个"私生子"。主要根据就是司马迁在《史记·孔子世家》中的一段记载:"纥与颜氏女野合而生孔子,祷于尼丘得孔子。"①纥即孔子的父亲叔梁纥,颜氏即孔子母亲,其中"野合"两字,给了人们想象的空间,于是就有了这样一种说法。但是,仅有这个资料不足为据,如有学者就认为"野合"不过是当时的一种婚姻风俗。还有人根据以下史实得出孔子是私生子的结论:孔子三岁时其父去世,其生母颜徵带着孔子搬出了孔家大院,孤儿寡母,相依为命;孔子十七岁时其母去世,他想依礼把父母合葬,但却不知父亲之墓所在何处,因为其母亲生前"讳之",如此等等。当然,孔子是否是私生子的问题,是一桩历史公案,无法证实,只好存疑。吃瓜群众喜欢名人绯闻,经常把孔子是否为"私生子"、"子见南子"等作为茶余饭后的谈资。这个问题其实没有多大意思,更何况英雄不问出处,无须纠缠。

---

① 司马迁:《史记》,中华书局 2009 年版,第 321 页。

不过，至少有一点是可以肯定的，至孔子父亲时代，家道已经衰落。孔子三岁时，其父去世，母子俩也搬出了孔家大院，孤儿寡母，相依为命。孔子少年、青年时期，家境比较贫寒，这是可想而知的。司马迁在《史记·孔子世家》中也说"孔子贫且贱"①。这与孔子自述"吾少也贱"是吻合的。按照现在的话来说，是从小康坠入了困顿。鲁迅先生说过："有谁从小康人家而坠入困顿的么，我以为在这途路中，大概可以看见世人的真面目。"(《〈呐喊〉自序》)的确是这样，孔子十七岁时其母亲去世服丧期间，鲁国权臣季氏为了笼络人心，故作礼贤下士之举，大宴宾客，遍请士人。孔子自以为是士阶层人士，腰间系着麻带随同前往。但是，季氏家臣阳虎不让孔子进去，理由是："季氏飨士，非敢飨士子也。"②意思是季氏宴请的是士人，又没请你。世态炎凉，可见一斑，这件事情应该对孔子的触动是比较大的。

(二)十有五而志于学

孔子十五岁时开始立志做学问，初步确定了他的人生志向。年轻时代孔子立志做学问，向一切可以学习的人和事学习，年轻的孔子甚至适周问礼于老子。他学无常师，应该说主要是自学成才的。

青年时期，孔子曾经做过鲁国权臣季氏家族的官吏，做过"委吏"(仓库保管员)、"乘田"(牧场管理员)，究其原因，看来主要有两个：一是迫于生计；二是有志从政。据载，孔子为"委吏"，把府库的账目记得清清楚楚，为"乘田"，把牛羊养得肥肥壮壮，可谓恪尽职守了。

---

① 司马迁:《史记》,中华书局 2009 年版,第 584－585 页。
② 司马迁:《史记》,中华书局 2009 年版,第 321 页。

（三）三十而立

三十而立，不是现在所理解的成家立业的意思，而是说孔子三十岁之时，学业已初有所成，在社会上已经较有影响。于是他辞去在季氏家的职务，开始创办私塾，聚徒讲学。创办私塾，一方面解决了孔子的生计问题，另一方面打破了"学在官府"的垄断局面，使学术下移，广大平民子弟也获得了受教育的权利，这在中国教育史上具有划时代的意义。这对孔子来说，是人生事业的重要转折点。

孔子推行的不是精英教育，他走的是大众教育路线。其弟子来源也非常多元，开始多为平民子弟，包括子路、颜渊的父亲颜路、曾参的父亲曾点，后来渐渐有王公贵族子弟慕名而来，比如鲁国大夫孟僖子临死时就曾嘱咐他的两个儿子孟懿子和南宫敬叔要拜孔子为师，后来这两个人果然做了孔子的弟子。凭借其思想学说以及众多弟子，孔子声名鹊起，一时成为社会名人。

这一时期，孔子一方面聚徒讲学，另一方面也有志于从政，但是始终未能如愿。大约三十五岁那年，由于鲁国被称为"三桓"的最有权势的三个家族孟孙氏、叔孙氏和季孙氏（即季氏）发动政变，鲁昭公逃到了齐国。孔子也去了齐国，这应该是孔子第一次"出国"。当时，孔子见了齐国国君齐景公，双方相谈甚欢，齐景公也一度想重用孔子，"欲将以尼溪田封孔子"①，但是被时任齐国宰相的晏婴劝阻。孔子对此是知情的，但是他对晏婴的评价依然很高。

孔子前半生的经历，对我们有什么重要的人生启迪呢？

第一，家境贫寒，不是问题。一般来说，家境跌入困顿，会导致两种

----

① 司马迁：《史记》，中华书局 2009 年版，第 322 页。

可能:或者从此沉寂,或者逆境奋起。孔子选择了后者。现在有一种"阶层固化"说。其实,"自古雄才多磨难,从来纨绔少伟男"。只要坚持勤奋与努力,就没有什么阶层固化之说,孔子就是典范。对现代青年来说,"躺平""佛系"等言行是十分有害的。

第二,立志学习,才是关键。王阳明先生曾说:"志不立,天下无可成之事。"(《教条示龙场诸生》)一个人能否成才,有一个重要的方面就在于是否有鸿鹄之志。孔子说:"人无远虑,必有近忧。"(《论语·卫灵公》)人没有长远的打算,那么近期的事情就会多有忧虑。记得路遥在他的小说《平凡的世界》中写过一句话:这家里只要有一个上学的就有希望! 这就是人们常说的知识改变命运。孔子十五岁时开始立志做学问,三十光景,学业已初有所成。这为他以后的人生事业奠定了根基。

第三,从基层做起,爱岗敬业。青年时代的孔子,做过季氏家的"委吏"(仓库保管员)、"乘田"(牧场管理员),"执事敬,与人忠",按照现代话来说,就是从基层做起,爱岗敬业,干一行爱一行。

第四,自主创业,走向成功。孔子创办私塾,聚徒讲学,走上了一条独特的创业之路,这是孔子人生的一大转折点。

孔子前半生的经历,为后来人生事业的发展,及大放异彩奠定了坚实的基础。没有人能随随便便成功。孔子用前半生诠释了这句平凡的哲理,亦讲述了一个十分动人的励志故事。

二、孔子的后半生

不知大家有没有发现,孔子后半生的自述中,均以十年为周期。其实,十年是一个很有意思的周期。当然,由于人类社会与自然界不大一样,有很多人为的因素在其中,因此,十年是一个大致的周期,有的可能七八年,有的可能十一二年,但是大致十年是一个周期。中国古诗词中有关十年的诗句就非常多,例如,"浮云一别后,流水十年间""桃李春风一杯酒,江湖夜雨十年灯",等等,数不胜数。以前有一首流行歌曲叫《十年》,富有沧桑感。无论对人生还是对社会来说,十年左右可能就是一个周期。孔子后半生的人生经历,也可以用以下几句话来概括。

(一)四十而不惑

孔子十五岁立志,但是当时年轻,对未来的人生目标还不十分明确,会有动摇,直至四十岁,就不再迷惑。现在有一句流行语:人生四十才开始。而在古代,四十岁,人生事业也就基本定型了。对此,孔子有过两次论述:

子曰:"四十、五十而无闻焉,斯亦不足畏也已。"(《论语·子罕》)人到了四五十岁了,也并无多大建树,那恐怕就没有什么可敬畏的了。

子曰:"年四十而见恶焉,其终也已。"(《论语·阳货》)一个人如果四十岁还被人厌恶,他这一生也就算完了。

孔子认为,一个人到了四五十岁,还没有什么大的成就,那么他这辈子也就这样了。这与张爱玲说的"出名要趁早",多少有些不谋而合。

在这一时期,当时鲁国季氏家臣阳虎擅权日重,季氏亦时有僭越之举。阳虎想请孔子做官,但是孔子没有答应。这件事在《论语》中也有记载:

阳货欲见孔子,孔子不见,归孔子豚。孔子时其亡也,而往拜之,遇诸涂。谓孔子曰:"来!予与尔言。"曰:"怀其宝而迷其邦,可谓仁乎?"曰:"不可。""好从事而亟失时,可谓知乎?"曰:"不可。""日月逝矣,岁不我与。"孔子曰:"诺,吾将仕矣。"(《论语·阳货》)

这段文字很生动,画面感极强。阳货即阳虎,以前曾经羞辱过孔子,这时夺取了季氏家的重权,想拉拢孔子,而孔子却避而不见,于是阳虎派人给孔子送来一只蒸熟的乳猪。这就给孔子出了一道难题:按照礼数,孔子要还礼,但他又实在不想见阳虎,怎么办呢? 孔子想了个办法,打听到阳虎不在家的时候前往拜见。谁知冤家路窄,两人还是在路上碰到了,好不尴尬。阳虎对孔子说:"过来,我跟你说句话。"阳虎接着说:"身怀才能而听任国家混乱,这可以叫作仁吗?"孔子回答:"不可以。"阳虎又说:"有志从政而又屡屡丧失机会,这可以说是智吗?"孔子回答说:"不可以。"阳虎说:"时间一天天过去了,岁月是不等人的。"孔子说:"好吧,我将开始从政了。"从这段文字中可以发现阳虎口才了得,这"日月逝矣,岁不我与"也不失为一句名言,竟说得连孔子也无言以对。

但是,孔子还是没去当官。对孔子来说,他虽然有志从政,但也是有原则的。有人说孔子是"官迷","官迷"是这样的吗? "道不同,不相为谋",君子"藏器于身,待时而动"。时机不到,唯有等待。因此,孔子"退而修诗书礼乐。弟子弥众,至自远方,莫不受业焉。"[①]孔子继续整理古代文献资料,他的学问有了更大的长进,治学之名越来越广,弟子也越来越多,从四面八方聚集到他的身边,接受他的教诲。

(二)五十而知天命

孔子自述五十岁时已知天命所归。他在《论语》中几次讲到天命。

子曰:"不知命,无以为君子也。"(《论语·尧曰》)不知道天命,就不能成为君子。所谓天命,是指自然社会中冥冥存在的人力不可抗拒

---

① 司马迁:《史记》,中华书局2009年版,第323页。

的力量。孔子认为对天命应有敬畏之心,以便安身立命。

五十四岁时,孔子终于得到了一个从政的机会,在鲁国当了官,始为"中都宰"(鲁国中都这个地方的行政长官),"一年,四方皆则之",可见政绩颇佳,由"中都宰"升为"司空"(掌管水土之事),五十六岁时,升任"大司寇"(相当于司法部部长),并"摄行相事"。这是孔子一生当的最大的官了,自然免不了喜形于色。有弟子看在眼里,有些不理解,不禁问道:"闻君子祸至不惧,福至不喜。"意思是听说君子有祸临头而无所畏惧,有福到来而不喜形于色。孔子说:"有是言也。不曰'乐其以贵下人'乎?"意即的确有这种说法,但不是还有一句"乐在身居高位而礼贤下士"的话吗?这段对话蛮有意思的,弟子直言不讳,孔子却为自己辩护,而这种辩护多少显得有些苍白。当然,人逢喜事精神爽,也无可厚非。

这一时期,孔子把鲁国治理得很好。内政方面,国内呈现出社会稳定、风清气正、欣欣向荣、蒸蒸日上的局面。外交方面,在代理宰相期间,曾经随同鲁定公和齐景公在夹谷会盟,以自己的才智和学问,使齐国君臣折服,取得了外交上的重大胜利,迫使齐国归还了以前侵占的鲁国土地。这些都展现出孔子卓越的政治才干。

但是,好景不长。当时鲁国国君权力很小,实权掌握在三大家族即"三桓"手中。孔子想加强君权,削弱"三桓"势力,堕毁"三桓"的私邑,即"堕三都",招致三大家族的忌恨。加上当时鲁国的邻国齐国,担心孔子在鲁国当权会使鲁国强大,从而威胁到齐国,就故意挑拨孔子与鲁定公、季桓子的关系,给鲁定公和季桓子送去八十名美女和一百二十匹宝马。鲁定公和季桓子果然上当,沉醉于声色犬马,不大过问朝政,并且故意冷落孔子。孔子见此被迫挂冠而去,从此,只得抛家别子,带着众弟子依依不舍地离开他的母国鲁国,开始了十多年的周游列国生涯。孔子周游列国期间,颠沛流离、历尽人间沧桑。尤其是困于陈、蔡之时,绝粮七日,弟子们多数饿病,但是,孔子并不气馁,面对困境,初心不改。

(三)六十而耳顺

什么是"耳顺"呢? 很多人对此颇为费解。其实,这"耳顺"也可以倒过来说"顺耳"。无论好话、坏话都能听得进去,并能明辨是非,从善如流。这是不太容易做得到的,尤其是人到老年容易固执,只想听顺耳的"好话",不想听逆耳的"坏话"。这是人的一大缺点,尤其是上了年纪的人要注意克服这个毛病,向孔子学习。

孔子六十八岁时,弟子冉有获得季康子的重用,冉有乘机劝季康子请回孔子。于是季康子携带重礼,恭请孔子回国。孔子这才结束了十多年的周游列国生涯,重新回到了母国鲁国。

从六十八年到七十三岁,孔子除了作为德高望重的"国老",接受一些政事咨询以外,极少参加政事活动,而把主要精力集中于从事教育及文献整理工作,删订六经,专心讲学,铸成了一生中最辉煌的黄金时期。

(四)七十而从心所欲不逾矩

从心所欲不逾矩,就是到了自由的境界。司马迁说:"盖孔子晚而喜易。易之为术,幽明远矣,非通达人才,孰能注意焉。"[1]孔子是一位哲人,虽然他对人性与天道谈得不多,但是这并不意味着他对哲学问题不重视。大凡人到晚年,对哲学问题大约都会有些兴趣。孔子晚年喜读《周易》,与他的心境非常契合。

然而,天命难违。六十七岁时,孔子周游列国回来前一年,他的妻

---

① 司马迁:《史记》,中华书局 2009 年版,第 320 页。

子去世了。七十岁时,他唯一的儿子孔鲤去世了。七十一岁时,他最得意的弟子颜回英年早逝。七十二岁时,他另一个钟爱的弟子子路也在卫国的战乱中死于非命。这一连串的打击,终于把这位老人击垮了,尤其是颜回去世,对他的打击最大,他为之失声痛哭。孔子对颜回之死的哀痛甚至大于丧子之痛,这是可以理解的,因为一个人的自然生命需要靠子子孙孙延续,但是学术生命却要靠一代一代弟子中的英才来传承。他把学术生命视为比自然生命更重要,自然会因最心爱的弟子英年早逝而悲痛欲绝,因此,他痛哭着说:"天丧予!"(《论语·先进》)

七十三岁那年,孔子生病了。子贡来看望他,孔子拄着拐杖在门口徘徊等待,见子贡后说:"子贡啊,你为什么来得这么晚!"孔子知道自己大限将至,便歌咏道:"泰山坏乎!梁柱摧乎!哲人萎乎!"并潸然泪下,不久,一代哲人就逝去了。

孔子后半生的曲折经历,对我们有什么重要的人生启迪呢?

第一,教师的魅力源自人格力量。孔子弟子三千余人,身通六艺者七十二人,一生教育成就,不可谓不大。在弟子心中,孔夫子永远是这样的圣者:品行高洁,博学多识,循循善诱,平易近人,非常有个人魅力,很多学生都是一直追随他。他们敬佩孔子的多才多艺,敬仰孔子高尚的人生追求。所以,他们愿意在交通不发达又兵荒马乱的年代,跟着孔子颠沛流离地周游列国。

第二,精神力量源于使命担当。孔子是有强烈的使命感的人。他在周游列国的过程中,在匡地被围困,几陷险境。他说:"文王既没,文不在兹乎?天之将丧斯文也,后死者不得与于斯文也;天之未丧斯文也,匡人其如予何?"意思是说,文王既死,大道不就保存在我这里吗?如果天想废弃此道,后来的人也不会得知此道;如果天不想废弃此道,匡人又能把我怎么样呢?(《论语·子罕》)当时的宋国司马桓魋,生怕孔子师徒到来后会影响自己的权势,于是派兵前去截杀孔子。孔子在率众离开时,有人怕追兵赶到,不断催促孔子加快速度。孔子说:"天生德于予,桓魋其如予何?"(《论语·述而》)意思是,老天将此德赋予我,桓魋能把我怎么样呢?

孔子在周游列国的过程中,多次遇险。但他对自己所从事的事业,充满自信,这也许就是孔子的力量源泉,可以说是一种信仰的力量。

三、孔子的人格特征

孔子之所以能够成为"时之圣者",万古师表,不是自封的,是有着深刻原因的。这一方面取决于时代因素,另一方面取决于孔子的人格特征。

前文我们讲过,现代心理学中讲的个性或人格主要是由智、情、意三大要素组成的,这与孔子讲的理想人格有"知、仁、勇"三达德完全相通。从人格特征的三个方面入手,考察孔子的成圣之道,也许对我们的人生事业会有不少启迪。

(一)孔子之情

所谓情,就是情绪情感。按照现在的话来说,就是情商。情商对一个人取得成功有多重要? 2013 年 5 月 14 日习近平在天津和高校毕业生、失业人员等座谈时,问大学生村官杨代显"情商重要还是智商重要",杨代显回答"都重要"。习近平强调:"做实际工作情商很重要,更多需要的是做群众工作和解决问题的能力,也就是适应社会的能力。"①老话说,万贯家财不如薄技在身,情商当然还要与专业知识和技能结合。

那么,作为一个伟人,必须具有特别的情怀,包括家国情怀、炽烈的激情、仁爱之心等。这在孔子身上,有明确的体现。

1. 深厚的家国情怀

孔子深厚的家国情怀主要体现在他经常讲的"志于道"。关于这一方面,《论语》中记载很多。**子曰:"士志于道,而耻恶衣恶食者,未足与议也。"**(《论语·里仁》)志士仁人以追求大道真理为天职,而对于一味追求物质享受的人,不足以与他谈论大道。那么,孔子所追求的大道,主要是什么呢?孔子说过,他平生的志向是**"老者安之,朋友信之,少者怀之"**(《论语·公冶长》)。让老年人得到安顿,让朋友彼此信任,让孩子们得到关怀。这就是他修身齐家治国平天下的志向。可见,孔子是有鸿鹄之志、家国情怀的。

2. 炽烈的激情

叶公问孔子于子路,子路不对。子曰:"女奚不曰,其为人也,发愤忘食,乐而忘忧,不知老之将至云尔。"(《论语·述而》)叶公向子路打听孔子是个什么样的人,子路没有回答。孔子得悉此事后就对子路说:"你为什么不这样说呢?我老师这个人啊,发愤图强忘了吃饭,快乐得把一切忧虑都忘了,都不知道自己已经快要老了。"这"发愤忘食,乐而忘忧"八个字,正是孔子积极进取的人生态度的真实写照,也可以成为

---

① 刘晓琳:《习近平"情商论"为青年就业传递正能量》,中国新闻网官方账号,2013 - 05 - 14。

我们的座右铭。

3.仁爱之心

孔子推崇仁,强调"仁者爱人"。他是这么说的,也是这么做。

<u>子于是日哭,则不歌。</u>(《论语·述而》)孔子在这一天为吊丧而哭泣,就不再唱歌。<u>颜渊死,子哭之恸。</u>(《论语·先进》)颜渊死了,孔子哭得十分悲恸。这些都是孔子真性情的真实流露。

(二)孔子之智

所谓智,就是认识问题、处理问题的才能。

作为一代伟人,必须具备深厚的知识储备与超强的才能。孔子之智,主要体现他的三大人生志业上。

1.作为思想家的孔子

孔子是一个视学问如生命的人,他的好学、博学是众所周知的。在《论语》中,这方面的记载非常多,前文我们也讲得很多了,在这里不再重复,只讲一个有争议的问题。

《论语·学而》篇记载:

<u>子曰:"学而时习之,不亦说乎?有朋自远方来,不亦乐乎?人不知而不愠,不亦君子乎?"</u>

这是《论语》开宗明义的一句话,几乎家喻户晓,但是,对此怎么理解,看来还是个问题。一般的注释是:每天学习并且经常地加以复习,不是很愉快吗?有朋友从远方而来,不是很快乐吗?别人不了解我也不生气,不是君子的作风吗?有个初中生对我说:"老师,我对这句话有一些不理解。每天学习做作业,有什么快乐的呢?别人不理解我而我却不生气,这样就算君子了吗?"这番话很有意思。但这种质疑却是因为传统的解释有问题!《学而》属于《论语》的开篇,带有挈领提纲的

总论性质,具有十分重要的地位。朱熹说:"此为书之首篇,故所记多务本之意。乃入道之门,积德之基,学者之先务也。"①此句还是开篇中的首章,能够这样按照字面的意思来简单地理解吗?

其实,这三句话是连贯的,主要讲的是学习、求道的快乐。本句合理的解释应为:学习大道并经常温习且付诸实践,不是很愉快吗? 有志同道合的朋友来一起论道,不是很愉快吗? 别人对自己求道的行为不理解也并不介意,不是君子的作风吗? 这就是李泽厚先生讲的中国文化的一大特色:乐感文化。

孔子的可贵之处,不仅仅在于好学、博学,而且在于在继承的基础上有创造、有发展,并且自成一体。虽然孔子说过他对于古代文化"述而不作,信而好古"(《论语·述而》)但是,这是孔子的自谦之辞。事实上,孔子"信而好古,述而且作"。在《论语》中,孔子两次讲到自己不仅仅"博学而多识",而且"吾道一以贯之"。

在这里,要指出的一点是学问家与思想家的联系与区别,学问家不等同于思想家,但思想家要以学问家为基础,总之,思想家要比学问家高一个层次。孔子是一个有大学问的大思想家,所以才成为一代文化宗师。

2. 作为政治家的孔子

在青年、中年时代,孔子一方面在聚徒讲学,另一方面的确有志于从政。

《论语》记载了子贡与孔子的一段对话:**子贡曰:"有美玉于斯,韫椟而藏诸? 求善贾而沽诸?"子曰:"沽之哉,沽之哉! 我待贾者也。"**(《论语·子罕》)子贡对老师说:"有一块美玉,是藏在柜子里边,还是

---

① 朱熹:《四书章句集注》,上海古籍出版社1995年版,第61页。

寻找那些识货的商人把它卖了呢?"孔子回答说:"要把它卖了,要把它卖了!我是等待着那些真正识货的人来买。"

这段对话很有意思,恐怕当时只有子贡与孔子能够心领神会,这才是知音呢。"待价而沽"这一成语就典出于此,说明孔子期待能够得到明君重用,更好地发挥自己的才能。

但是有人据此认为孔子是个官迷。真是燕雀安知鸿鹄之志!孔子虽然有志于为政,但不是没有原则的,不只是单纯地为做官而做官。在这里,也有必要区别两个概念:政治家与政客。虽然两者有一定的联系,都是政治人物,但是,这两者是有根本性的区别的,政治家是有原则的,而一般政客是没有原则的。孔子是政治家,不是政客。

孔子在鲁国做过官,而且取得了重大成就,体现出孔子有一定的政治才能。他的为政思想更是出类拔萃,光耀后世。不能以一时成败论英雄,孔子作为一个政治家、政治学者是名副其实的。

3.作为教育家的孔子

教育是孔子一生的志业,也是他的最爱。

子曰:"默而识之,学而不厌,诲人不倦,何有于我哉?"(《论语·述而》)孔子说:"默默地记住所学的知识,学习不觉得满足,教人不知道疲倦,除此之外,我还做了什么呢?"这与其说是孔子的自谦,还不如说是他的自得。孔子作为一个教育家,取得了非凡的业绩,之前已讲得很多,在这里就不多讲了。

在孔子生活的时代,他虽然在从政方面不是很成功,但是在为学、教育方面却是相当成功的。

(三)孔子之意

所谓意,就是意志。一个人要取得成功,必须要有坚强的意志,百折不挠的精神,勇敢的心。

孔子的坚强意志,典型地体现在他带领弟子周游列国的过程中,历尽艰辛而矢志不渝。

在陈绝粮,从者病,莫能兴。子路愠见,曰:"君子亦有穷乎?"子曰:"君子固穷,小人穷斯滥矣。"(《论语·卫灵公》)孔子周游列国期间,在陈国曾经断粮,跟随他的人都饿病了,躺着起不来。子路生气地来见孔子说:"君子也有困窘没有办法的时候吗?"孔子说:"君子在困窘时还能固守正道,小人一困窘就会胡作非为。""君子固穷,小人穷斯滥矣",这是孔子的一句名言,告知人们如何度过困难的岁月。面对各种人生境遇,孔子认为最重要的,是要有对理想的执着和高尚的操守。

《论语》中还有一段文字也很能反映问题。

子路宿于石门。晨门曰:"奚自?"子路曰:"自孔氏。"曰:"是知其不可而为之者与?"(《论语·宪问》)子路在石门过夜,有个看城门的人(应该是个隐士)问:"你从哪里来?"子路回答说:"从孔子那里来。"看城门的人说:"就是那个明知做不到却还要去做的人吗?""知其不可而为之",从一个侧面反映了孔子百折不挠的意志品质。"天行健,君子以自强不息",这正是对孔子的写照。

梁启超先生早在《孔子》一文中作过分析,他从知情意三方面综合分析、观察孔子,指出:"试把中外古人别的伟人哲人来比较,觉得别人或者一方面发达的程度过于孔子,至于三方面同时发达到如此调和圆满,直是未有其比。"①从情、智、意三大要素去分析孔子的人格特征与成圣之道,是一个很好的视角,值得我们细细玩味。

---

① 梁启超:《孔子与儒家哲学》,中华书局 2016 年版,第 87 页。

后　记

我们从事《论语》的研究与教学已有二十余载,在西安交通大学开设了通识类课程——"《论语》的智慧",被学校评为人文通识类标杆课程,被教育部评为"国家级线上一流课程",并在教育部爱课程网、学习强国平台、喜马拉雅平台、美国大学 Coursera 平台上线,传播甚广。我们合著的《论语智慧与现代文明》一书,在 2019 年已由高等教育出版社出版,2022 年获陕西省第十五次哲学社会科学优秀成果二等奖。这是比较正规的学术著作,也可以作为高校通识类课程的教材。

在此基础上,我们"久有凌云志",或者说是为了了却一个强烈的心愿:再写一本有关《论语》的经典的大众化、普及化、通俗化的义理读本。因为,中华文化经典的大众化是一项伟大的事业,在经典与大众之间架起一座桥梁,这是功在当代、利在千秋的事业,不仅对弘扬中华优秀传统文化大有裨益,而且对推进中华文明的国际影响力与传播力也功不可没。

"文章是案头之山水。"经典普及化、大众化工作,表面看起来似乎有些"下里巴人",其实也完全可以胜似"阳春白雪",其难度并不亚于做高深的学术研究与学术报告,甚至有过之而无不及。本书系国家重大课题"中华优秀传统文化与科学社会主义价值观主张高度契合性研究"(项目编号 23ZDA008)的阶段性成果,既是学术专著,也是国家线上一流课程的精品教材。

　　本书主要由西安交通大学陆卫明、李红撰写,其中梁家滩国际学校陆书天参与撰写第三编"为学的智慧",西安交通大学人文学院刘千瑞参与撰写第五编"《论语》的现代价值",陆书天、刘千瑞还为本书进行全面的校对。

　　本书在写作、出版过程中,西安交通大学出版社社长李重、副总编辑秦茂盛始终高度关注、热情鼓励、大力支持,王斌会、张娟编辑对本书提出了很多宝贵意见,认真负责,一丝不苟,令人动容,在此深表谢忱!

　　特别感谢著名的文化学者、书法家李功名老师为本书题写书名,为本书增添了极大光彩。

　　由于时间匆忙,水平有限,本书所存问题与缺憾在所难免,敬请广大同人与读者不吝赐教!

陆卫明　李　红

2023 年 7 月 30 日,于采芹斋。